U0449265

弈藏天下
围棋棋具文化经典收藏

李昂 李忠 著

绮丽瑰宝之棋墩棋盘卷（第一卷）

成都时代出版社
CHENGDU TIMES PRESS

李昂：男，1981年生人，中国围棋协会职业三段注册棋手，围棋文化学者，围棋文化艺术品藏家。1998年开始出版围棋专著，著有《本因坊秀策全集》《围棋宗师坂田荣男》《儿童早教学围棋》等作品30多部，一千余万字。并专注于围棋早教课题研究，发表了极具影响力的论文《围棋早教课题研究》。

1999年，任北京棋院(大宝)围棋少年队教练，并曾任杏泽围棋学校冲段班教练，其间指导过几十位活跃在当今职业棋坛的青年才俊，其中不乏世界冠军。

2004年，通过互联网指导世界各大洲20多个国家的世界棋友，并从2006年开始受德国、瑞士等国家围棋协会邀请出访欧洲9国讲学指导，进行海外围棋推广普及活动。

李昂幼承家学，对围棋文化艺术品收藏几近痴迷，藏有棋具、棋笥、棋子、书画、古籍及其他有关围棋杂项藏品逾千件，被誉为围棋文化艺术品收藏第一人。

李忠：字正中，号拍涛子，黑白轩主，听风听雨楼主。男，1945年生人，工诗词、书法，北京市原宣武区书法家协会会员，曾多次在全国书法、诗词大赛中获奖。

围棋文化学者，围棋文化艺术品藏家。围棋业余5段，曾出版《世界冠军名局精解》丛书等多部作品。

李昂弈道弈藏天下公众号

《五蕴堂黑白轩『弈藏』刊布记》并序

郑板桥《十六通家书》卷前《小引》（家书自序）云："板桥诗文，最不喜求人作叙。求之王公大人，既以借光为可耻；求之湖海名流，必至含讥带讪，遭其荼毒而无可如何，总不如不叙为得也。几篇家信，原算不得文章，有些好处，大家看看；如无好处，糊窗糊壁，覆瓿覆盎而已，何以叙为！郑燮自题，乾隆己巳。"

板桥此论，过于激烈，未免有些偏颇，然求人作序，确有诸难。宋人何应龙有《柴门》诗曰：

何必逢人尽说贫，自来求己胜求人。梅花落尽青山远，深掩柴门过一春。

子曰：君子求诸己。是以故，撰《五蕴堂黑白轩"弈藏"刊布记》，并求己自序。

宋人赵希鹄《洞天清录》云："人生一世，如白驹过隙，而风雨忧愁，辄居三分之二，其间得闲者才三之一分耳，况知之而能享用者又百之一二；于百一之中，又多以声色为受用，殊不知吾辈自有乐地，悦目初不在色，盈耳初不在声。尝见前辈诸老先生多蓄法书、名画、古琴、旧砚，良以是也。明窗净几，罗列布置，篆香居中，佳客玉立相映。时取古人妙迹，以观鸟篆蜗书，奇峰远水；摩挲钟鼎，亲见商周。端砚涌岩泉，焦桐鸣玉佩，不知人世所谓受用清福，孰有逾此者乎？是境也，阆苑瑶池，未必是过，人鲜知之，良可悲也。"

余每读此，不禁唏嘘！人生叹苦短，行乐须及时，然吾辈之乐，不在声色，其悦目盈耳者，在所好也，所好成痴，称之为癖，《正字通》释："'癖'为嗜好之病。"然此病人多有患者，却无良药可医。白香山有句："人皆有一癖，我癖在章句。万缘皆已消，此病独未去。"乃知癖之为病，乃雅好之疾，其病愈笃，其情愈雅，讳疾忌医可也。正所谓："花不可以无蝶，山不可以无泉，石不可以无苔，水不可以无藻，乔木不可以无藤萝，人不可以无癖。"明人张岱《陶庵梦忆》云："人无癖不可与交，以其无深情也；人无痴不可与交，以其无真气也。"此语至当。

吾儿李昂，幼承家学，韶年习弈，名籍同龄，舞勺之年而入职业，遂徜徉于黑白世界，敲枰覆图，不知寒暑。忘机之余，它无所好，唯爱围棋古物收藏，渐痴渐迷，其情至深，不觉炼就可交至性！余以白头舐犊，不惧囊空，竟如唐张彦远之藏书画："爱好愈笃，近于成癖。每清晨闲景，竹窗松轩，以千乘为轻，以一瓢为倦。身外之累，且无长物，唯书与画，犹未忘情。既颓然以忘言，又怡然以观阅。"吾庐窗前无竹，轩外无松，然每清晨闲景，却也以豪车为轻，美食为倦，一箪一瓢之乐耳。身外之累，更无长物，唯枰与笪，犹未忘情，既颓然以忘言，又怡然以赏鉴，凡古枰老子，笪奁旧籍，书画文房，但与围棋有关之物，略入眼者，则不惜所费，无不入手。其痴亦如唐张彦远之藏书画："昼夜精勤，每获一卷，遇一画，必孜孜葺缀，竟日宝玩，可致者必货敝衣，减粝食。"愚父子虽未昼夜精勤，却也每获一卷，遇一画，必孜孜葺缀，竟日宝玩，每得一盘，进一奁，必拭污除秽，据史考鉴，可致者虽未至货敝衣，减粝食，却也费资甚巨。日搜月探，积年既久，竟集藏品千数件，其为可鉴玩者，处则充栋宇，出则汗牛马，遂致蜗居盈满，地仅容膝。是林少穆"师友肯临容膝地，儿孙莫负等闲书"。之谓也。

然陋室虽小，却是厅大格局，厅堂已被足跗棋盘堆满，早无待客功能。所藏之盘多老榧木盘，其香醇厚，又有檀香木盘，其香甘甜，屋久杉盘，其香恬淡，金丝楠阴沉木盘，其香幽渺，更兼有未事雕琢之硕大熟料崖柏根雕三架，其香清冽，每至花残梓月，阴雨霏霏，五木香气，清馥馤馣，丝丝入鼻，沁人心脾，悠悠然，馨馨然，而不知斯时斯味，何香先至。板桥有"室雅何须大，花香不在多"联，吾堂无花而木异，蕴五味香气，故名之为"五蕴堂"；吾室虽小而枰铭，彰"弈德雅集"，故名之曰"黑白轩"，五蕴堂中，心逐识幻，黑白轩里，道法阴阳。两柜古籍，一床书画，四壁名盘，五木香气，"不知人世所谓受用清福，孰有逾此者乎？是境也，阆苑瑶池，未必是过"，斯是陋室，唯弈德馨，子曰：何陋之有！

堂轩之所藏，图籍录绝传之秘谱，书画写邃古之遗风。屋久杉，檀香，阴沉，枰罗绝世稀存之异木，玉化蛤，象牙、鲸齿，石聚古今罕觅之宝子。图籍书画，鲜有世存，棋枰棋笥，多为古物，香榧阴沉，葑绘剔红，或流转有序，大名遗世，或有史可考，名人传袭，或大师题字，其情高致，或名匠斫制，其工隽逸，或漆艺精湛，美轮美奂，或雕技神奇，如活如鲜。

文徵明曾孙，文彭孙文震亨《长物志》棋具篇有云："古人制器尚用，不惜所费。故制作极备，非若后人苟且……今人见闻不广，又习见时世所尚，遂致雅俗莫辨。更有专事绚丽，目不识古，轩窗几案，毫无韵物，而侈言陈设，未之敢轻也。" 文启美此论，即为今日棋具收藏圭旨，亦为玄要。然古人尚用，制作极备，非只不惜所费，实为古人见闻既广，且具匠心，以大雅之情，注大美之器，故能神乎其技，灵乎其韵。今人功利，其工浮躁，以敷衍之心，制俗流之物，车钳铣刨，营利苟且，千器一面，死气沉沉，如此制器，今之棋具，岂有神韵哉！

棋器收藏，小众也，然一局枰，一副子，却"有天地方圆之象，有阴阳动静之理，有星辰分布之序，有风雷变化之机，有春秋生杀之权，有山河表里之势。"枰涵宇宙，子布辰星，拈稀世之宝子，敲蕴古之珍枰，启劫余之古木，布鲸象之异石。黑白道里，神游物外，经纬方中，心住缘空。奚为奚乐？荡局里乾坤，从心而动；何往何来？度人间日月，任性而游；何以异哉！何其快哉！宋释 慧开《禅宗无门关总颂》有句：

大道无门，千差有路。透得此关，乾坤独步。

大道无门，千差有路，棋具收藏，可为一途。鉴古明今，念心无住，透得此关，乾坤独步。

藏中之乐，何异神仙！然此乐不敢独享，乃举凡所藏，择其精妙者，图文刊布，与同好藏家共赏，是为引玉之砖，恳请方家指正。

并序

明人曹昭《格古要论》序曰："先子（曹昭父）真隐处士，平生好古博雅，素蓄古法书、名画、古琴、旧砚、彝鼎、尊壶之属，置之斋阁，以为珍玩。其售之者，往来尤多。予自幼性亦嗜之，侍于先子之侧，凡见一物，必遍阅图谱，究其来历，格其优劣，别其是非而后已。迨今老尤弗怠，特患其弗精耳。尝见近世纨绔子弟，习清事古者亦有之，惜其心虽爱，而目未之识矣。因取古铜器、书法、异物，分其高下，辨其真赝，正其要略，书而成篇，析门分类，目之曰《格古要论》，以示世之好事者。"

愚父子未敢标格古人，却也每得一物，必遍阅图谱，究其来历，格其优劣，别其是非而后已。不辞劬劳，不敢弗怠，考图还旧，探史循踪，孜孜不倦，患其未精。今见世之好者，多循标表，不辨真赝，但追时尚，弃古迷新，惜其心虽所爱，而目未之识矣。因取古棋盘、棋笥、棋子、书画、古籍、杂项，分其高下，辨其真赝，正其要略，书而成篇，析门分类，目之曰《弈藏天下》，以示世之好事者。

己亥露月毂旦　黑白轩主人　正中于五蕴堂黑白轩

目 录

围棋文化探源（代前言）

第一章　棋盘的演变

一、从画地为局到极尽奢华　/ 002
二、木画紫檀棋局　/ 005
三、木质楸局　/ 010
四、石枰　/ 015
五、玉盘金枰　/ 018
六、便携棋枰及其他　/ 020

第二章　传入日本

第三章　榧木独大和棋盘鉴别

一、制盘之木——榧为上　/ 028
二、榧木的辨别——日本榧、云南榧和新榧　/ 033

三、棋盘养护　　/037

1. 防止开裂变形　/037
2. 防止磕碰　/037
3. 去污除垢　/038
4. 常规养护　/038

四、藏品鉴别　　/038

（一）材质、工艺及新老鉴识　/038

1. 选材　/038
2. 木取　/039
3. 目盛工艺　/045
4. 材质、工艺鉴识方法　/046

（二）年代、新老鉴识　/052

1. 切子和盘足工艺的时代特征　/052
2. 制式寸法的时代特征　/057
3. 包浆和其他　/063
4. 名师斫作真伪　/064
5. 文化内涵和题字真伪　/065

第四章　鉴　赏

一、围棋名家题字签名盘　　/068

1. 井上幻庵因硕题"仙林橘树馨"盘　/068
2. 井上幻庵因硕题"竹里棋声夜雨寒"盘　/076
3. 井上幻庵因硕题"安不忘危"盘　/080
4. 远藤茂久题"局里乾坤大"盘　/083
5. 秀策题"战罢两奁收黑白"盘　/088

6. 稻垣兼太郎题"不屈不挠"盘　／096
7. 本因坊秀哉题"千岁"盘　／101
8. 本因坊秀哉题"玄"盘　／105
9. 本因坊秀哉题"松风"盘　／109
10. 本因坊秀哉题"葆光"盘　／112
11. 本因坊秀哉题"雨影"盘　／115
12. 本因坊秀哉题"流水"盘　／117
13. 濑越宪作题"清高"盘　／120
14. 濑越宪作题"怡乐"盘　／122
15. 岩本薰和（岩本薰）题"静观"盘　／125
16. 桥本宇太郎签名盘　／130
17. 前田陈尔题字签名盘　／133
18. 宫下秀洋、岩田达明、岐阜县知事平野三郎题"忍"字盘　／135
19. 吴泉（吴清源）题"正气"盘　／137
20. 本因坊秀格题"松韵"盘　／141
21. 高川秀格题"三昧"盘　／145
22. 坂田荣男题"富岳"盘　／148
23. 坂田荣男题"灿灿"盘　／152
24. 杉内雅男、杉内寿子伉俪签名盘　／154
25. 藤泽秀行为"黑泽"签名盘　／157
26. 三王裕孝题"清和"盘　／159
27. 名人加藤正夫签名盘　／161
28. 武宫正树题"遊""慈"螺钿盘　／164

二、文化历史名盘　／167

1. 武田信玄题"攻防在手里"盘　／167
2. 日本第七位女天皇女一宫御手游盘　／174
3. 最后的将军德川庆喜所用盘　／177
4. 德川家徽盘　／182
5. 唐草三叶葵盘　／186
6. 萨摩藩嵌螺钿总梨地肉合莳绘盘　／187

7. 萨摩藩岛津氏盘 / 189

8. 琉球王室纹徽盘 / 193

9. 四家徽盘、棋笥 / 195

10. 本因坊秀哉、二代中川龟三郎、岩佐铿、濑越宪作签名"大会纪念"盘 / 200

11. 太宰府天满宫盘 / 203

12. "桥本宇太郎奖"优胜纪念盘 / 208

13. 木南道孝家纹盘 / 212

14. 赠原内阁官方副长官道正邦彦先生盘 / 215

15. 日本兄弟公司销售株式会社成立纪念盘 / 216

16. 得寿庵盘 / 218

三、历代制盘宗匠珍品盘 / 221

1. 正德二年名人棋盘师九兵卫作文化二年名人棋盘师町田平七郎修复盘 / 221

2. 天明八年町田平七郎修复、文化十年高梨清兵卫再修复盘 / 227

3. 宽政四年町田平七郎修复、文政十年高梨清兵卫再修复盘 / 230

4. 明治十年白井繁吉修复盘 / 234

5. 明治二十七年青柳吉太郎修复江户时期魔除盘 / 237

6. 大正十二年名人棋盘师平井芳松作盘 / 239

7. 昭和十一年平井芳松作盘 / 241

8. 大正十四年吉田虎义（一代吉田寅义）作盘 / 243

9. 一如（二代吉田寅义）作九点四寸红桧盘 / 246

10. 吉松三治作屋久杉近七寸盘 / 250

11. 泉繁藏88岁作银杏木盘 / 253

12. 山木大元作台桧盘 / 254

13. 日本棋院地方棋士　加藤荣四段制盘 / 257

四、金莳绘工艺盘 / 259

1. 本梨地四方金莳绘盘 / 259

2. 总梨子地四方肉合莳绘蝶戏牡丹盘 / 265

3. 螺钿镶嵌凤凰衔草莳绘盘 / 268

4. 日向榧金贝两面梅竹图莳绘盘　/271
5. 江户唐草纹迷你金莳绘盘　/273

五、木雕工艺盘　/275

1. 檀香木龟形盘之一　/275
2. 檀香木龟形盘之二　/279
3. 银杏木龟形盘　/280
4. 桃花芯木雕花盘　/282
5. 轮岛塗雕花盘　/285
6. 精雕"竹林七贤"盘　/286

六、魔除四方木口斜切盘　/289

1. 或在日本南北朝时代魔除古盘　/289
2. 御藏岛桑根杢魔除古盘　/292
3. 宽政三年魔除盘　/296
4. 江户时期本榧根杢魔除盘　/298
5. 南条家魔除盘　/300
6. 屋久杉斜切魔除盘　/303
7. 四寸六分魔除盘　/305
8. 四寸六分魔除盘　/307
9. 三寸五分魔除盘　/308
10. 银杏魔除盘　/310

七、杢木埋木盘　/312

1. 金丝楠阴沉木盘　/312
2. 绚丽虎皮杢盘　/318
3. 御藏岛黄金桑杢木"秋韵流金"盘　/321
4. 大名松叶氏古盘　/326
5. 山水纹杢春潮古盘　/328

6. 明治大正期日向榧赤口杢木四方柾盘　/330
7. 四寸八分总杢盘　/332
8. 日向榧五寸五分总杢盘　/334
9. 五寸根杢盘　/336
10. 屋久岛榧六寸七分埋木盘　/338
11. 笹杢屋久杉桌上盘　/341
12. 神代杉龟纹杢桌上盘　/343

八、年代盘　/344

1. 嘉永元年高见氏盘　/344
2. 江户时期明治二十八年改坂田本家用盘　/346
3. 昭和九年海部藏盘　/348

九、江户便携盘　/350

1. 江户小笠原岛桑便携盘　/350
2. 幕末便携迷你盘　/353

十、棋桌　/355

1. 幕末秋田杉屋柱足棋桌　/355
2. 明治三十五年猫足棋桌　/356

围棋文化探源（代前言）

2016年，我曾在新浪专栏连载数篇《围棋文化史谈丛》，本欲成书，后因故停载，遂搁笔偷闲，今奉蜀蓉邀约，拾笔再耕，不揣浅陋，敢窥围棋文化艺术品收藏之门径，正好将前文略做增删，以为本书卷前之引。

1996年1月，我刚刚在汕头国际城市邀请赛中打上了业余6段，棋力已接近专业水平，那时，父亲的案头总是有几册棋书古谱，一有闲暇，便认真地钻研，一个偶然的机会，我在书中看到一笺诗稿：一卷吴图一豆灯，两窗雨雪两袖风，三间草舍无俗韵，四壁图书有雅情。五岳登山寻翰墨，六合觅古会纹枰，不逐功名不逐利，身自清凉心自明。

我于古诗词未窥门径，问过父亲，方知诗中吴图是古代对围棋棋谱的称谓，也代指围棋，典出唐朝杜牧《重送绝句》："绝艺如君天下少，闲人似我世间无。别后竹窗风雪夜，一灯明暗覆吴图。"《敦煌棋经》中就两次提到过"汉图一十三势"和"吴图二十四盘"。

此时，距离三国已经差不多300年了。晚唐诗人张乔亦有《送棋待诏朴球归新罗》"海东谁敌手，归去道应孤。阙下传新势，船中覆旧图"句。

棋待诏

敦煌藏经洞

其中旧图也指吴图，所谓复旧图，便是打谱。父亲告诉我，诗中"六合觅古会纹枰"句便是在古人的棋谱中体味围棋的六合之道，品味父亲的诗，我忽然对古谱以及围棋的古文化产生了浓厚的兴趣，但毕竟是二十年前，社会虽已进入信息时代，要找到一些围棋的有关资料，真比登天还难，还记得为了写《秀策全集》，还是多亏了父亲的老友当时在北京图书馆任职的孙大成先生"利用职权"办了贵宾证才借阅出来，每忆及此，感慨万千，对比今日，我几乎已收藏到了所有我能搜求到的古今中外的棋经棋谱，各种全集、大系，查阅资料，信手拈来，幸福感油然而生！在浩瀚的围棋文化史中荡起一叶扁舟优哉游哉，品味围棋文化，荡涤求道心灵，其乐何极！幸福之余，忽然想起范文正公名句："先天下之忧而忧，后天下之乐而乐。"

想到还有那么多的棋友也许如二十年前的我那样对于围棋文化正在饥渴，于是不敢再乐，乃殚竭心智，著此文与天下同好品味围棋文化，并与同好一起开始对于围棋文化的思考。

葛洪的《西京杂记》卷二载："杜陵杜夫子善弈棋，为天下第一。人或讥其费日，夫子曰：'精其理者，足以大裨圣教。'"

范文正公祠

易经八卦

元邵庵老人虞集为《玄玄棋经》所作序中曰:"夫棋之制也,有天地方圆之像,有阴阳动静之理,有星辰分布之序,有风雷变化之机,有春秋生杀之权,有山河表里之势。此道之升降,人事之盛衰,莫不寓是。唯达者为能,守之以仁,行之以义,秩之以礼,明之以智,夫乌可以寻常他艺忽之哉!"寥寥数语,古人对围棋文化的博大精深做了精辟的概括总结。

本书旨在追寻围棋历史的痕迹,徜徉于围棋棋具、书画及各种艺术品的精美殿堂,细细品味围棋文化。

那么,首先要搞清何为"文化"。

文化一词的出现,最早大致是在汉代,西汉时刘向《说苑·指武》中,有"圣人之治天下也,先文德而后武力。凡武之兴,为不服也,文化不改,然后加诛"。意思是指治天下当以文教化,教化不成,然后加诛。其实以文教化的意思,早在战国时期便已出现,此语出自《易·贲卦·彖传》:"刚柔交错,天文也。文明以止,人文也。观乎天文,以察时变。观乎人文,以化成天下。"

文化二字分而析之,文:汉代许慎的《说文解字》称:"文,错画也。象交文。今字作纹。"

汉末刘熙的《释名》释为:文者,会集众采,以成锦绣。合集众字,以成辞义,如文绣然也。说明文的本意是指纵横交错的符号,随着时代的发展,后人不断给"文"以更多的引申意义,司马迁就大大丰富了文的释义,《史记·谥法》曰:经纬天地曰文,道德博闻曰文,勤学好问曰文,慈惠爱民曰文,愍民惠礼曰文,赐民爵位曰文。

《史记·礼书》进而说：贵本之谓文，亲用之谓理。两者合而成文，以归太一，是谓太隆。将文提到"以归太一"的高度。

化：汉代许慎的《说文》解释为："匕，变也。"段注曰："上匕之而下从匕谓之化。"《周易·系辞上》开篇第一章就说：

天尊地卑，乾坤定矣。卑高以陈，贵贱位矣。动静有常，刚柔断矣。方以类聚，物以群分，吉凶生矣。在天成象，在地成形，变化见矣。

《易·系辞传》也称："知变化之道"，虞注："在阳称变，在阴称化，四时变化。"荀注曰："春夏为变，秋冬为化，坤化为物。"另如《荀子·正名》称："状变而实无别而为异者谓之化，有化而无别谓之一实。"注曰"化者改旧形之名"。《国语·晋语》称："胜败若化。"注曰："言转化无常也。"《吕氏春秋·察今》称"因时而化"等。都足以说明"化"的最初意义即应当是变化。

《易经》就是一本探索宇宙、人生变化的书，书中自始至终贯彻观变、习变、应变的生化之理，周易之易便蕴含简易、变易、不易等的辩证关系；《史记·太史公自序》有云："是故《礼》以节人，《乐》以发和，《书》以道事，《诗》以达意，《易》以道化……"所谓"穷神知化，德之盛也"，"知变化之道者，其知神之所为乎"。

《易·系辞下》："天地氤氲，万物化醇；男女媾精，万物化生。"而"天地之大德曰生"（《系辞下传》）"天地感而万物化生""生生之谓易"（《系辞上传》）。《易经》说到根本便是窥探天地之机、深究生化之理。

回到"刚柔交错，天文也。文明以止，人文也。观乎天文，以察时变。观乎人文，以化成天下"句。短短三十字，概括了中国古代最朴素的刚柔并济，道法自然，阴阳交错，互为消长的辩证哲学思想以及天人合一，万法归元的宇宙观。天乾地坤，阳刚阴柔，阴阳交错，日月行焉，四时有序，这便是天文；男乾女坤，乾坤和合，阴阳交泰，为家为国，上下尊卑，人伦有序，这便是人文，观察天文，可察日月循环，四时变化，可辨四方八位，五行六合，从而掌握天道自然之规律，以利渔樵耕猎生产活动之趋进退息，观察人文，可明君臣之义，父子之情，夫妇之纲，兄弟之爱，朋友之谊，从而理顺人伦序位，道德纲常，以利社会发展，推进文明礼仪，以化天下。察天文，知人文，遵天道，礼人道，则天下可化。这便是以文教化的最早含义。

随着时代的发展，后人不断地赋予文以更多的含义。时至今日"文化"一词已经成为一个非常广泛和最具人文意味的概念，迄今为止，对于文化一词尚无准确的权威定义，而对文化这一概念的解读，亦是众说纷纭。但无论东西方的各种辞书都有一个基本意思相同的解释：文化是指人们在社会历史实践过程中所创造的物质财富和精神财富的总和。精神财富当涵盖诸如对教育、科学、文艺、哲学、军事、商业的历史传承，美学观念的思考等。笔者认为，文化的定义更准确的表述应该是：文化是人类社会历史实践过程中所创造且无时不在发展变化的物质财富与精神财富的总和。

上述关于文化的基本定义，并非笔者杜撰而是引用于《现代汉语词典》。

文化：①人类在社会历史发展过程中所创造的物质财富和精神财富的总和，特指精神财富，如文学、艺术、教育、科学等。②考古学用语，指同一个历史时期的不依分布地点为转移的遗迹、遗物的综合体。同样的工具、用具，同样的制造技术等，是同一种文化的特征，如仰韶文化、龙山文化。③指运用文字的能力及一般知识。

《现代汉语词典》的这一关于文化的定义当是来自于我国著名的学者梁漱溟的总结："所谓文化不过是一个民族生活的种种方面"；"文化，是社会和人在历史上一定的发展水平，它表现为人们进行生活和活动的种种类型的形式，以及人们所创造的物质财富和精神财富"；当然，《现代汉语词典》对文化的定义也未见得就是对文化一词的权威解读，但无论如何应该算是较为浅显易懂的，可以为非专家学者类的普通人所能够理解和接受的概念。

哲学家黑格尔说：凡熟知的概念，往往是无知的。正是由于人们对文化一词的熟知，才显得人们对这一概念的片面和无知，总之，对于文化这一概念的解读，众说纷纭，不胜枚举，各个学科的专家学者们都试图从诸如历史学、哲学、社会学、人类学、语言学、自然科学等各自学科的角度界定出各具特征的概念。又有专门研究人类

陶六博俑，东汉，现藏于美国大都会艺术博物馆

文化的学者提出了文化广义和狭义的概念，如1871年，英国文化人类学家泰勒在《原始文化》一书中对文化含义表述为：文化或文明就其广泛的人种学而言，是一个复杂的整体，包括知识、信仰、艺术、道德、法律、风俗及作为社会成员的人所获得的才能与习惯。而英国学者马克·J.史密斯甚至专门著述了《文化：再造社会科学》一书，提出了对文化的再认知。

笔者无意也无力对文化的定义做深度研究，只不过是为了借助对于文化一词的笼统定义引出关于围棋文化的思考而已。那么，究竟什么是围棋文化呢？要回答这个问题，首先要从围棋的产生谈起……

对于围棋的起源，迄今为止，史学界也并无定论，最广为流传的说法是：尧造围棋，丹朱善之。此说最早见于先秦典籍《世本》，但《世本》的作者不见于史，而现代有学者因书中称赵王迁为"今王迁"，认为此书是由战国末年的赵国人所作，成书年代约为秦始皇十三年至十九年（公元前234年—前228年）。且《世本》历经秦汉，几经儒者改易增补。西汉，司马迁作《史记》时亦曾采用、删定《世本》。故此说也未见得经得起考证。而晋张华在《博物志》中据此更明确"尧造围棋，以教子丹朱。或云：舜以子商均愚，故作围棋以教之"。强调了围棋的教化作用。《历代神仙通鉴》有"尧至汾水之滨，见二仙对坐翠桧，划沙为道，以黑白行列如阵图。帝前问全丹朱之术，一仙曰：'丹朱善争而愚，当投其所好，以闲其情。'指沙道石子：'此谓弈枰，亦名围棋，局方而静，棋圆而动，以法天地，自立此戏，世无解者。'"

另有"尧往觅仙人蒲伊问教子之良方，至汾水之滨，见二人对坐苍桧下，划沙为道，以黑白小石子行列如阵图。右一人戴箬笠，左一人披蒲衣，袒腹露臂，毛长数寸，两目更方，帝知即是蒲伊。尧帝上前施礼，请教全丹朱之术。蒲伊曰：'特易矣！丹朱善争而愚，当投其所好，以闲其情。前翠桧下沙道石子，是谓弈枰，废兴存亡，于此可见。'帝问其理，蒲伊曰：'夫万物之数，从一而起，局之路三百六十有一。且一者，生数之主，据其极而运四方也。三百六十，像周天之数，分四隅以象四时，各九十路以象其日，外周七十二路以象气候，亦名围棋，为具攻围征之用。其子白黑相半，以法阴阳。局之道谓之枰，道之间谓之罫。局方而静，棋圆而动，以法天地，自立此戏，世无解者。棋虽小数，实与兵合，千变万化，弈无同局。苟非精虑深思，不能求其胜负之由也。子归以教丹朱，彼必专心致志，何暇争夺天下哉？'"书中描述神像，但如书中所述，则围棋实为神仙传来，弈非尧帝所造。此书为明末清初成书刊印，小说家言，不可尽信。

明朝陈仁锡在《潜确居类书》中又提出"乌曹作博、围棋"，似有所据。乌曹相传是尧的臣子，又有人说他是夏桀的臣子。后来，董斯张的《广博物志》、张英的《渊鉴类函》等也采录了这种说法。这里有一个问题，根据《文选·韦昭〈博弈

陶六博俑（博局），东汉，现藏于大都会艺术博物馆

论）》李善 题注引《系本》称："乌曹作博。" 宋代高承《事物纪原·博弈嬉戏·陆博》："《说文》曰：古乌曹氏始作博，盖夏后之臣也。《事始》曰：乌曹始置博陆之戏。"都证明乌曹只是作博，博并非围棋，大概是因为孔子曾说过"饱食终日，无所用心，难矣哉！不有博弈者乎，为之犹贤乎已"，便有博弈便是围棋的误解，其实博、弈是完全不同的两种技艺。其实古人对此也含混不清，以"博弈"专指为"博"，清代周悦让《倦游庵椠记·丛考》"博弈"节言："《论语》皇疏：'博者，十二棋，对而掷采者也。弈，围棋也。'按：《说文》：'博，局戏也。六箸，十二棋，从竹，博声。古者乌曹作博。《晋阳秋》：'陶侃曰：博弈，纣所作。'"以樗蒲、围棋、博弈为三事。前面说博者，十二棋，对而掷采者也。弈，围棋也。后边又说以樗蒲、围棋、博弈为三事，将博弈定位为博，有些含混不清。

笔者倾向于博、弈为两种完全不同的棋类游戏，博有六箸，故又称为六博。三国时期著名的政治家、文学家，曹魏的开国皇帝魏文帝曹丕的《艳歌何尝行》就有对搏蒲六博的描写：

何尝快，
独无忧？
但当饮醇酒，
炙肥牛。

长兄为二千石，

中兄被貂裘。

小弟虽无官爵，

鞍马驳驳。

往来王侯长者游。

但当在王侯殿上，

快独挹蒲六博。

坐对弹棋。

可以佐证的还有《关尹子》："曰：习射习御习琴习弈，终无一事可以一息得者，唯道无形无方，故可得之于一息。曰：两人射相遇，则巧拙见；两人弈相遇，则胜负见；两人道相遇，则无可示。无可示者，无巧无拙，无胜无负。""道虽丝纷，事则棋布"等句。《关尹子》原书已佚，今本为宋人所辑，传为老子的嫡传弟子周人尹喜所作，据《史记·老子列传》记载，尹喜是函谷关关令，老子去周过关，尹喜曾邀他写下五千言文，当非杜撰。这里传达给我们的信息是，关尹子将习弈与习射、习御、习琴并列，而射、御、琴（乐）均在周六艺之列，其实将弈归之于六艺之一，并非关尹子的独创，我们大家都耳熟能详的关于弈秋的故事就明确地给"弈"下了定义。

《孟子·告子章句上》说道：今夫弈之为数，小数也。不专心致志，则不得也。弈秋，通国之善弈者也。使弈秋诲二人弈，其一人专心致志，唯弈秋之为听；一人虽听之，一心以为有鸿鹄将至，思援弓缴而射之，虽与之俱学，弗若之矣。为是其智弗

弈秋诲二人弈

若欤，曰：非然也。"这段故事的最重要的史学价值在于首句：今夫弈之为数，小数也。今夫是语气词，不去管它，注意"弈之为数，小数也"！留给后人的重要信息是，弈作为数学范畴的技艺，是小的数学技艺。此处的"数"当指"六艺"之一的数，而不是作为技艺讲。元欧阳玄在《玄玄棋经》中说："古者人生八岁入小学，比及弱冠，而礼、乐、射、御、书、数六艺之事遍习矣。他日因射之余意为投壶，且寓礼焉，因数之余意为弈，且寓智焉。"晏天章《玄玄棋经》："弈之为数，即六艺之数也。"都对此做过注释，却不知为什么，很多语文老师们都把这句话翻译成"下棋作为一种技艺，只是一种小技艺"。庸师误人子弟，流毒不浅！《关尹子》"习射、习御、习琴、习弈，终无一事可以一息得者"句互为佐证，可以想见，至少在周时，围棋就已经跻身于六艺之一"数"的高雅殿堂了。

需要特别说明的是，同为孟子，据《孟子·离娄下》载："孟子曰：'世俗所谓不孝者五。惰其四肢，不顾父母之养，一不孝也。博弈好饮酒，不顾父母之养，二不孝也；好货财，私妻子，不顾父母之养，三不孝也；从耳目之欲，以为父母戮，四不孝也；好勇斗狠，以危父母，五不孝也。"在此，孟子认为从世俗的角度来看，不孝行为表现为五种行为：其一，四体不勤，不尽赡养父母之责；其三：贪财吝货，娇妻溺子，不尽赡养父母之责；其四：放纵声色，辱及父母；其五：逞勇好斗，危及父母。其中第二不孝即为博弈好饮酒，不顾父母之养，其一、三、四、五之不孝均好理解，唯第二不孝之"博弈"到底应作何解？笔者以为此句应解释为：赌博酗酒，不尽赡养父母之责；也就是说，此处的博弈，应专指博戏，而非弈棋，这与前面谈到的孔子所说"饱食终日，无所用心，难矣哉！不有博弈者乎？为之犹贤乎？"中的博弈当作同一解释。

可是经常有人将孟子"博弈好饮酒"句解释为赌博、下围棋、酗酒，并据此得出结论，如下面所摘引的两段具有代表性的观点：

1. 士大夫阶层最初是瞧不起围棋的。孔夫子在《论语》里说，下围棋的都是些饱食终日，无所用心的人，是成不了贤人达士的。他把围棋看作无聊消遣的东西了。他的这一观点影响深远，以后有人攻击围棋时，常说些类似的话。

孟子师承孔子，在这方面持同样见解。他曾说："下围棋的人嗜好饮酒，甚至能够不顾父母养育之恩，不尽孝敬之义。"

甚或有人得出更为偏颇的结论：

2. 战国时期，出现了对围棋贬斥得十分尖锐的言论。《孟子·离娄下》载："孟子曰：'世俗所谓不孝者五。惰其四肢，不顾父母之养，一不孝也。博弈好饮酒，不顾父母之养，二不孝也……'"善事父母为孝，古人对孝极为重视，被视为人伦之大节，孔子就有"弟子入则孝，出则悌（敬兄）"（《论语·学而》）的训导。将围棋列为五不孝的行为之一，足见世上一些人对围棋已到了深恶痛绝的地步。孟子是邹（今山东邹县东南）人，曾游历齐、宋、魏等北方诸国。五不孝的说法既然是"世俗所谓"，足见在北方一些国家的社会下层中，围棋已经流行开来了，而且以钱财作注赌棋的风气也开始出现，以至于有的人沉迷围棋而不顾奉养父母。

若如上述，则孟子《孟子·离娄下》与《孟子·告子章句上》岂不是自相矛盾？笔者以为，既然孟子将围棋列于六艺中的"数"，当然不可能再将其与博相提并论。

其实博也好，以及后来出现的樗蒲也好，都是一种棋类游戏，晋人张湛在《列子·说符》的注里，引用了一段《古博经》，具体记载了小博的玩法，是至今能找到的最详尽的纪录："博法：二人相对为局，局分为十二道，两头当中为'水'，用棋十二枚，古法六白六黑。又用'鱼'二枚，置于水中……二人互掷彩行棋，棋行到处即竖之，名为'骁棋'。即入水食鱼，亦名'牵鱼'。每牵一盔，获二'筹'，翻一盔，获三'筹'……获六'筹'为大胜也。"这里我们无须去研究博的具体玩法，只需注意"二人互掷彩行棋，棋行到处即竖之，名为'骁棋'"句即可，《战国策·魏策》也有："夫枭之所能为者，以散棋佐之，夫一枭不敌五散也明矣！"足证古人将博归类于棋类游戏。

汉代扬雄著，晋代李轨注《扬子法言》中对"博""弈"的区别早有阐述：或问："公孙龙诡辞数万以为法，法与？"曰："断木为棋，挽革为鞠，亦皆有法焉。不合乎先王之法者，君子不法也。"对于"断木为棋"的注疏：《说文》"棋，博棋。"系传云："棋者，方正之名也。古通谓博弈之子为棋。"按：有博棋，有弈棋。博、弈异法，而所用之子通有棋名。这段注疏首先确定，古时将"博"的子和"弈"的子都称作"棋"，接着又强调虽然"博"和"弈"所用的子的名字都称作"棋"，但二者的玩法是不同的——

《方言》云："博谓之蔽，或谓之箘。秦、晋之间，谓之博；吴、楚之间，或谓之蔽，或谓之箭里，或谓之博毒，或谓之夗专，或谓之䳾璇，或谓之棋。所以投博谓之枰，或谓之广平。所以行棋谓之局，或谓之曲道。"说文："博，局戏也，六箸、十二棋也。"《楚辞》云："菎蔽象棋，有六博些。"王逸注："投六箸，行六棋，故谓六博也。"此博棋也。《方言》云："围棋谓之弈。自关而东，齐、鲁之间，皆谓之弈。"班固《弈旨》云："北方之人谓棋为弈。"《说文》："弈，围棋也。"《广雅》释言云："围棋，弈也，此弈棋也。"进一步解释何为"博"，何为"弈"。

焦循说得就更明确了："孟子告子，焦疏云：'博盖即今之双陆，弈为围棋，今仍此名矣。以其局同用板平承于下，则皆谓之枰。以其同行于枰，皆谓之棋。'是也。"焦循为清乾嘉时人，可见，直至清乾嘉时期，博即双陆，弈为围棋，绝无混同！

对于"博""弈"的根本区别，如果说上述还不足以令人信服，那么班固在《弈旨》中论述得更为透彻：大冠言博既终，或进而问之曰："孔子称有博弈。今博行于世，而弈独绝。博义既弘，弈义不述。问之论家，师不能说。其声可闻乎？"曰：

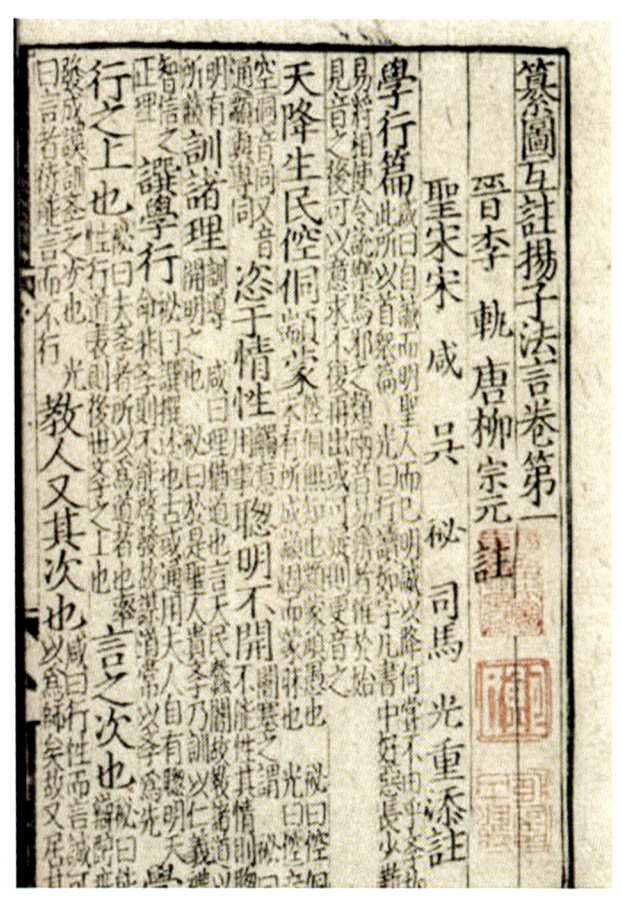

扬雄著《扬子法言》

"学不广博，无以应客。北方之人，谓棋为弈。弘而说之，举其大略，厥义深矣。局必方正，象地则也。道必正直，神明德也。棋有白黑，阴阳分也。骈罗列布，效天文也。四象既陈，行之在人，盖王政也。成败臧否，为仁由己，道之正也。夫博悬于投，不专在行。优者有不遇，劣者有侥幸。跨拏相凌，气势力争。虽有雄雌，未足以为平也。至于弈则不然，高下相推，人有等级，若孔氏之门，回、赐相服。循名责实，谋以计策，若唐、虞之朝，考功黜陟。器用有常，施设无祈，因敌为资，应时屈伸，续之不复，变化日新……"虽只短短几十言，却道出了"博""弈"本质上的不同："博"艺的胜负悬念在于投六箸，行六棋（王逸《楚辞注》：投六箸，行六棋，故云六博），根本不用专门去学习什么技艺，便是技高者也有不中的时候，技低者也可侥幸得中，全靠"跨拏"（注：意为一方抵撑，一方拉引）。拼搏争持，虽然分出胜负，也并不足以令人信服。而"弈"则全然不同，棋艺高低，互相考量，各有等级，就好比孔门弟子的颜回和端木赐，各有擅长，互相钦佩，名实相符，行棋善于谋略，多用计策，就好像唐、虞那个时代，考量功过，根据敌方的情况制定策略，审时度势，或屈或伸，这就是下棋要遵循的法度。也就是说，"博"的胜负，靠的是运气，而"弈"之胜负，靠的是谋略，技艺。

晚清时人黄铭功对"博""弈"所论鞭辟入里："孔子不知弈，与博并论，犹其轻视医，而与巫并论。巫岂足以较医，则博岂足以匹弈？而吴韦曜且踵事而讥之，讥之而无所轻重，则失相衡之道。夫弈者，有定力以持胜者也。博者，恃亿中以取赢者也。弈以萌计学之思，而博以长侥幸之习。故弈有品，而博无品。弈有名，而博无名。"

"博"有实物可证：（1973年长沙马王堆3号西汉墓出土一套完整的漆盒装六博棋具，盒内有方形博局盘一件，上有12个曲道，4个飞鸟图案，大象牙棋子12枚，6白6黑，灰色小象牙棋子20枚，箸分长短两种，长箸12根，短箸30根，象牙削刀一件，灰黑色，呈竹叶形，两边有刃，有木柄，通长17.2厘米。象牙割刀一件，木骰一件，为球形+八面体，每面均阴刻篆体文字：一面刻"骄"，相对的一面刻"口"，其余各面分别刻数字一至十六。是迄今所见配套最齐全的博具。该墓遣策中有记博竹简一组八枚：博一具；博局一；象棋十二；象直食其廿；象筭三十；象割刀一；象削一……所记与出土实物相符。该墓年代为汉文帝十二年（公元前168年），墓主为列侯。（《长沙马王堆二、三号墓发掘简报》，《文物》1974年7期。熊传新：《谈马王堆3号西汉墓出土的陆博》，《文物》1979年4期）

1975年12月湖北云梦睡虎地 11号、13号秦墓均出土博具。11号墓出土的博局盘长方形，盘面以中部方框为中心阴刻12个曲道纹和4个圆点。棋子12枚，其中6颗为长方体，博箸6根。13号墓出土的博局盘长方形，盘面也有以方框为中心的12个曲道4个圆点，盘的一侧有一个长凹槽，内置骨棋子6枚竹箸6根，槽外盖有一有圆孔的长木片，骨棋子一大五小，竹箸亦为半边细长竹管制成。据11号墓竹简知该墓年代为秦始皇三十年（公元前217年）。

以上所述无论是文献记载，还是考古实物发现，都有力地证明：

1. "博""弈"同是棋类游戏。
2. 博具是赌博工具，而博类的棋类游戏是赌博游戏。
3. 通常所说的"博弈"系指"博"而非"弈"。

需要指出的是：在第五版《现代汉语词典》中对博弈一词给出的注解：古代指下围棋，也指赌博；比喻为谋取利益而竞争。其中对"古代指下围棋"的解释，值得商榷。

当然，弈也并非全无赌博功能，如古来延续至今的下彩棋，不过，若以围棋专事赌博，则每局颇耗时间，当然不如六博等赌局痛快，所以弈棋挂彩，不过是小赌怡情，聊以助兴而已。与"博"在本质上截然不同的是："博"注重的是游戏胜负结果所获筹彩多寡，胜则进账，败则割肉；而"弈"更多的是注重享受胜负结果的精彩过程，胜固欣然，败亦可喜。而且，文人弈棋，有时也挂些彩头，亦可称之为赌，不过，此赌非彼赌，围棋之赌，多为雅赌，最著名的就是赌墅，如唐王维《同崔傅答贤弟》所用围棋赌墅之典：

洛阳才子姑苏客，桂苑（一作杜宛）殊非故（一作旧）乡陌。
九江枫树几回青，一片扬州五湖白。扬州时有下江兵，兰陵镇前吹笛声。
夜火人归富春郭，秋风鹤唳石头城。周郎陆弟为侪侣，对舞前溪歌白纻。
曲几书留小史家，草堂棋赌山阴墅。衣冠若话外台臣，先数夫君席上珍。
更闻台阁求三语，遥想风流第一人。

赌墅，典出《晋书》卷七十九 谢安列传。苻坚率众百万，次于淮淝，京师震恐。晋孝武帝加谢安为征讨大都督。"安遂命驾出山墅，亲朋毕集，与玄围棋赌别墅。"此赌是围棋第一雅赌。

此外还有赌声名者，如唐刘禹锡《观棋歌送儇师西游》：

忽思争道画平沙，独笑无言心有适。蔼蔼京城在九天，贵游豪士足华筵。此时一行出人意，赌取声名不要钱。

又如郑谷与来华之日本、新罗僧人赌棋以山果为彩头：《寄棋客》"几局赌山果，一先饶海僧。"

斗棋赌酒，更增雅趣。白居易《刘十九同宿》诗（时淮寇初破）：

红旗破贼非吾事，黄纸除书无我名。唯共嵩阳刘处士，围棋赌酒到天明。

总之，文人围棋雅赌，不拘物事大小，彩头高低，只是绝不谈钱，如明风流才子唐伯虎赌棋，只为买鱼。《题画四首》其一：

万仞芝山接太虚，一泓萍水绕吾庐。日长全赖棋消遣，计取输赢赌买鱼。

文人雅赌，大抵如此。

再回到本节《围棋探源》开篇时所述：无论是"尧造围棋，丹朱善之"还是"尧造围棋，以教子丹朱。或云：舜以子商均愚，故作围棋以教之"，都强调了围棋的教化作用。姑不论尧造围棋此说确否，但围棋的功能是教化而非赌博应是古人的一致认同！

也许正因为古人一致认同围棋的教化作用，才有了《世本》"尧造围棋，丹朱善之"之附会，又有了晋张华在《博物志》中据此更明确"尧造围棋，以教子丹朱。或云：舜以子商均愚，故作围棋以教之"的再附会，尧发明围棋说虽无更多史料可考，却流传甚广，《不列颠百科全书》和《美国百科全书》根据尧舜在位的时间推算出来，并分别据此把围棋的起源时间定于公元前2356年和前2300年。

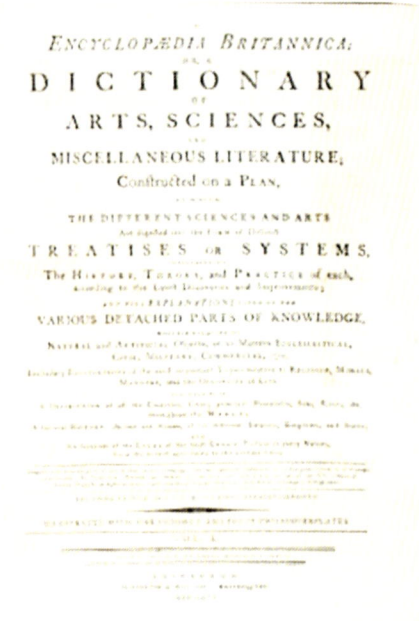

《不列颠百科全书》

当然，尧造围棋或是舜造围棋都仅仅是古人的推测，只是传说，并非定论，既非定论，则必有其他可能。而笔者大胆推测，通过古人经常博弈并提的习惯，可以肯定的是，围棋应该是与六博同时或先后出现的棋类游戏。明代的《潜确类书》记载："夏人乌曹作赌博围棋。"乌曹为夏朝末年夏桀之臣，被认为是造砖的始祖。此未知所据，却也说明古人何以将博、弈相提并论故。

最早见诸史书文字的有关围棋的记录是在公元前548年。《左传·襄公》二十五年："今宁子视君不如弈棋，其何以免乎？弈者举棋不定，不胜其耦。而况置君而弗定乎？""举棋不定"也成为至今仍在广泛应用的成语。

而六博的出现据可考的史料所载，至少要早于商代的帝武乙和穆王满。《史记·殷本纪》载："帝武乙无道，为偶人，谓之天神。与之博，令人为行。天神不胜，乃谬辱之"；《穆天子传》卷五载："是日也，天子北入于邴〔邴，郑邑也，音丙〕，与井公博，三日而决。"《史记》为汉司马迁所著，鲁迅称之为"史家之绝唱，无韵之离骚"，当可作为史据旁证。而《穆天子传》出土于西晋太康二年一座战国时期魏国墓葬，此墓葬位于现今河南汲县，在墓中发现有一大批竹简，所记载均为重要文化典籍，人称"竹书纪年"，即文献所称《汲冢竹书》，后将《穆天子传》《周穆王美人盛姬死事》二篇合并统称《穆天子传》，由荀勖校订全书六卷。（荀勖（？—289年），字公曾，颍川颍阴人，汉司空爽曾孙也。父早亡。勖依于舅氏。岐嶷凤成，年十余岁能属文。从外祖魏太傅钟繇曰："此儿当及其曾祖。"为西晋开国功臣，三国至西晋时音律学家、文学家、藏书家。此批文献记载了从夏始至战国时魏安釐王二十年的重大历史事件，所记录多为中国上古史之珍贵史料、其中大概事件虽与《春秋》所载差相对应，然其中经传所录诸多事件却与史记等记载则大相径庭。正因为《汲冢竹书》藏于地下，得以幸免始皇焚书之祸，得以流传至今，令后人有机会还原历史真相。

出土史料所载当更无可疑。而武乙活动于公元前12世纪，此两种史料互为佐证，可以肯定："博"的起源早于公元前12世纪商、周时期当无疑义。而与"博"同为棋类游戏且每每并提的"弈"的起源也早于公元前12世纪商、周时期也就不是没有可能了。

结论："博""弈"是中国古代同时出现的两种不同的棋类游戏，起源当早于公元前12世纪商、周时期。

尽管并无确切史料和文物可证，但尧造围棋说却是流传最广，且最乐于为人们所接受的关于围棋起源认同，除此之外，还有几种意见，当然也同样没有确切史料和文物可证，如乌曹发明围棋说。

帝武乙

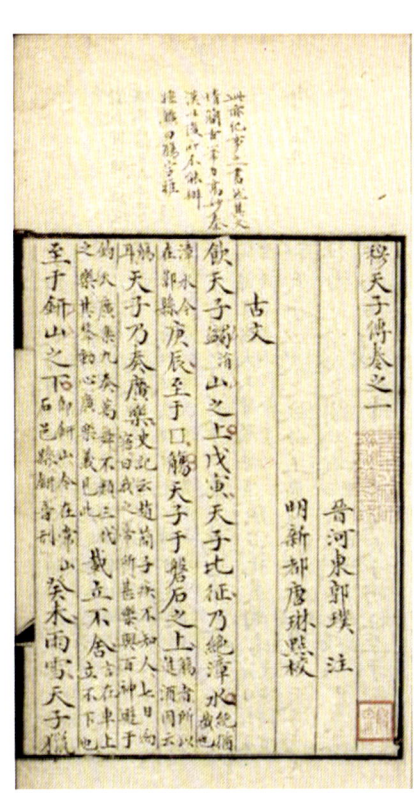

《穆天子传》

荀勖负责整理《竹书纪年》影印件

前面说过,明陈仁锡《潜确居类书》及明末董斯张《广博物志》、清张英的《渊鉴类涵》都有关于乌曹作博、围棋的记载。

陈仁锡(1581—1636)为明中期史官、学者。字明卿,号芝台,长洲(今江苏苏州)人。因宦途坎坷,退而著述,有《无梦园集》四卷,《明史艺文志》及《古文奇赏》《苏文奇赏》《史品》《赤函》《四书考》等,编纂120卷类书。

编纂120卷类书,是为《潜确居类书》。

董斯张(1586—1628),原名嗣章,字然明,号遐周,又号借庵,为明末浙江湖州诗人,只是一个监生。他体弱多病,自称"瘦居士"。沉溺于书籍,手抄书籍不下百部。工于诗词,著有《静啸斋词》,因病早逝,年仅43岁。

董斯张平时注意搜集吴兴(今湖州)掌故,所著《吴兴备志》32卷,采摭极富,于吴兴一郡遗闻琐事,征引略备,为湖州方志上乘。清人评为"典雅确核,足以资考据"。另著有《广博物志》,搜罗既富,唐以前遗文坠简,哀聚良多。又有《吴兴艺术补》。董斯张与通俗小说因缘甚深。章回小说《西游补》作者董说为其子,白话短篇小说"三言""二拍"的编撰者冯梦龙、凌蒙初均为其友。

张英（1637—1708年），字敦复，号乐圃，又号倦圃翁，安徽省桐城人，清朝著名的辅佐康、雍、乾三朝天子的军机大臣张廷玉之父。康熙六年进士，选庶吉士，累官至文华殿大学士兼礼部尚书。先后充任纂修《国史》《一统志》《渊鉴类函》《政治典训》《平定朔漠方略》总裁官。与其有关的著名典故足见其人德品：今桐城市西后街有"六尺巷"遗址，据《桐城县志略》记载：张文端公（即张英）居宅旁有隙地，与吴氏邻，吴氏越用之。张家派人驰书于京都，公批诗于书后，诗云："一纸书来只为墙，让他三尺又何妨。长城万里今犹在，不见当年秦始皇。"张家人见诗，遂撤让三尺。吴氏闻之感其义，亦退让三尺，遂成六尺之巷。

上述三位虽为学者，却更是文人，尤其是董斯张，更与冯梦龙、凌蒙初等小说家游，其文中或有穿凿附会之语，小说家言也就不足为奇了。他们虽都在其著述中提及乌曹作博、围棋。但仅仅只是提及，并无考证，不过是文人雅兴，笔墨逸致，或以《说文》称"古者乌曹作博"，《世本》亦称"乌曹作博"故，而将博弈统而并之了。不过，明朝人罗颀，著有主要介绍我国古代先民的发明创造的《物原》一书却记载"桀臣乌再作赌博围棋"，该书所列甚详，考之有据，甚至连铞子、豆腐之类的发明者都有所载，故此条记录当有出处。

六尺巷

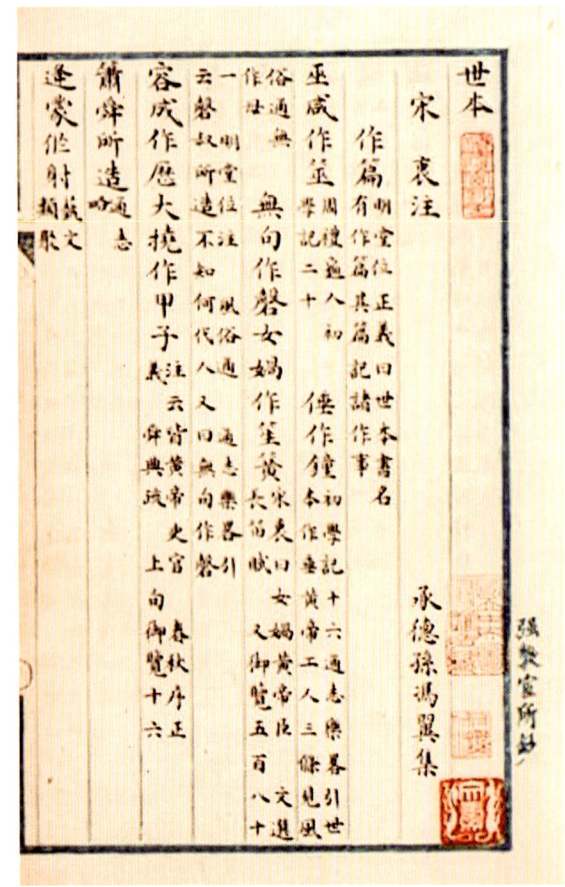

《世本》

此外，容成子造围棋说值得在此一书，迄今为止，笔者所能查阅到的所有资料均认为此说不可信，原因是容成公是古代汉族神话传说中的仙人，黄帝之臣子，是指导黄帝学习养生术的老师之一。并引西汉末年刘向撰《列仙传》："容成公者，自称黄帝师，见于周穆王。能善补导之事，取精于玄牝。其要谷神不死，守生养气者也。发白更黑，齿落更生。事与老子同。亦云老子师也。"

其实容成公最早见于先秦道家典籍《列子·汤问》："唯黄帝与容成子，居空峒山之上，同斋三月，心死形废。"

《列子》又名《冲虚经》，是由春秋战国时期著名道家思想家列子（御寇）所著经典。后汉班固《艺文志》"道家"部分录有《列子》八卷，早已散失。今本《列子》录有《天瑞》《仲尼》《汤问》《杨朱》《说符》《黄帝》《周穆王》《力命》等八篇，晋张湛注释并作序。今人根据其内容多为民间故事、寓言和神话传说，认为从思想内容和语言使用上来看，可能是晋人所作，为东晋人搜集有关的古代资料编成的。然而，笔者以为所谓"可能是晋人所作，为东晋人搜集有关的古代资料编成的"。并不足信，所谓可能，仅为推测，何况容成子其人在《世本·作篇》中亦有记述：

"容成作历。大挠作甲子。"宋衷注曰：容成，黄帝史官。《左传序正义》《舜典正义》《广韵·二十三锡注》均引此说案：此说亦为《吕氏春秋·勿躬》《淮南子·修务训》所沿袭。

《史记·五帝本纪》也有："《正义》："黄帝受神荚，命大挠造甲子，容成造历是也。" 汉郑玄撰，清黄奭辑《易乾坤凿度》曰："昔燧人氏仰观斗极以定方名。庖牺因之而画八卦。黄帝受命。使大挠造甲子。容成次历数。五行九宫之说自此而兴。故说卦云。阳数九者。立天之道曰阴与阳。阴二阳一则天有三焉。立地之道曰柔与刚。柔二刚一则地亦有三焉。立人之道曰仁与义。义二仁一则人亦有三焉。三三合九。阴阳相包以成万物。"

黄帝

以上可证，容成子应是黄帝时人，即使不是黄帝的老师，最起码是黄帝的臣子，而且对天文历法颇有研究。至于说容成子是神仙中人，那是由于后来道家的演绎，容成子曾于太姥山炼药，后隐居崆峒山，寿二百岁。其声名事迹载于《黄帝内经·素问》《神仙传》《列仙传》《轩辕本纪》等。汉书《艺文志》亦称其为"阴阳家"，有《容成子》十四篇，又有《容成阴道》二六卷，主要内容为方技、房中术。

东晋著名道家葛洪《神仙传》谓："容成公，行玄素之道，延寿无极。"南宋《三山志》记载："太姥山，旧名才山，《力牧录》云：容成子先生尝栖之，中峰下有石井、石鼎、石臼存。"

既然容成公在史上确有其人，则容成公发明围棋一说当亦非空穴来风。笔者以为明林应龙在其围棋著述《适情录》中提出围棋作于容成公或有根据。

首先，《适情录》说到围棋作于容成公前后是有上下文的，《适情录》第二十卷，图说二引出《五音谐律吕局图》《五行协历纪局》《五位乘会数局》三图后的一段文字：

右诸图见王仲宣弈旨，故号混元局者。其数以九乘八得七十二，内函三百六十一以生无穷之变，乃数学之纲维，围棋之关键也。粤（《徐曰》凡言粤者，皆在事端句首，未便言之，驻其言以审思之。书召诰，粤三日丁巳是也。心中暗数其日数，然后言之，其声气舒亏，故从亏会意。）自伏羲画卦由数起，至黄帝尧舜而大备，三代稽古，法度章焉。下逮汉晋，以迄于今，世修其法，较若画一，曰备数，曰和声，曰审度，曰嘉量（"嘉量"是我国古代标准量器），曰权衡，五者实切于世用，然皆可以按图推之，是知弈者非特为游戏设也。易统（应为《易纬》）云：围棋作于容成公，其黑白输赢之机，即阴阳消长之道，盖因历法而错综之耳。

需要注意的是，五音、五行、五位三局图中间均为纵横十九路方局，恰似一具围棋盘，所以说"右诸图见王仲宣弈旨，故号混元局者。其数以九乘八得七十二，内函三百六十一以生无穷之变，乃数学之纲维，围棋之关键也。"那么，"数学之纲维，围棋之关键"起自何时呢？回答是"粤自伏羲画卦由数起，至黄帝尧舜而大备，三代稽古，法度章焉。下逮汉晋，以迄于今，"也就是说，围棋源自伏羲画卦。而且"是知弈者非特为游戏设也。"——围棋并不是专为游戏而设定的，是和历法有关的。"易统（应为《易纬》）云：围棋作于容成公，其黑白输赢之机，即阴阳消长之道，盖因历法而错综之耳。"之所以说围棋作于容成公，不仅仅是根据《易统》（应为《易纬》）的记载，其根据是围棋所反映出来的黑白输赢的机变即是阴阳消长的大道，正是历法所反映的错综复杂的阴阳交替。

以上才是明林应龙在《适情录》中提出围棋作于容成公的根据，我们当然不能据此就得出围棋作于容成公的结论，但从上面的完整信息中，我们起码可以得出这样的结论：

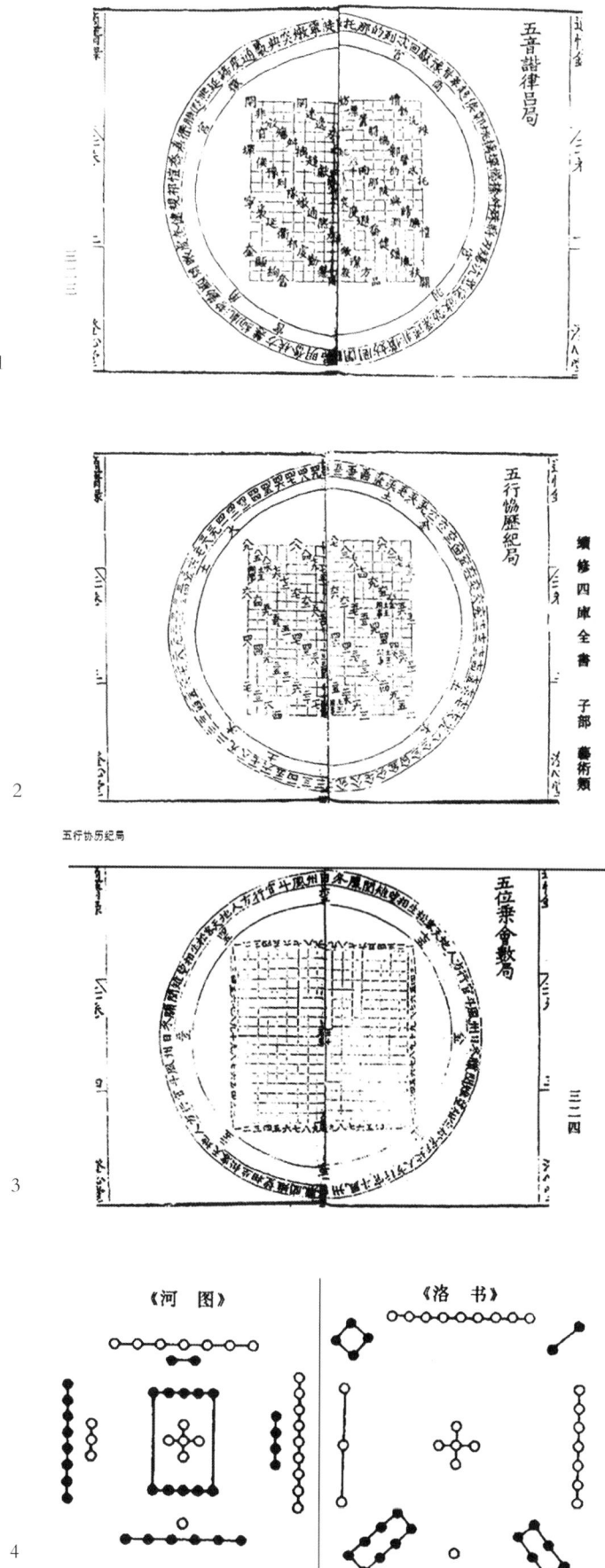

1. 五音谐律吕局
2. 五行协历纪局
3. 五位乘会数局
4. 河图洛书

1. 明林应龙认为围棋源自历法，而容成公始作历，是为围棋作于容成公之根据。
2. 《易统》（应为易纬）记载围棋作于容成公当有根据。

对于《易纬》一书，东汉史学家、政论家，思想家荀悦在《申鉴·俗嫌》中说："世称纬书仲尼之作。"清人张惠言在《易纬略义》中称："纬者其原出于七十子之徒，相与传夫子之微言。"可见此书传为孔子所作，不知确否。

总之，从围棋源于历法这个角度反证"易统（应为《易纬》）云：围棋作于容成公"一说，虽不能成为定论，但也并非全无根据。

还有围棋起自战国说以及围棋传自异域说。

围棋起自战国说出自唐人皮日休《原弈》："弈之始作，必起自战国，有害诈争伪之道，当纵横者流之作矣。岂曰尧哉！"正如前文所述，早在春秋时期，诸多先贤典籍中就已不乏对于围棋活动的记述，足证此论之谬。

异域传入说源自日本松井明夫所著《围棋三百年史》："围棋与象棋有它们的共同的祖先，就是中亚细亚的一种'盘戏'。它流传于西方成为国际象棋，流传于东方而受到中国天文及其他科学的影响，改良成为十六道的围棋。"

此说无根无据，凭空臆造，更不值一驳。

其实，围棋作为一种游戏一定不是一朝一夕出现的，也一定不是某个人的心血来潮造出来的，而应当是民族文化积淀的产物，也就是说，正是我们华夏民族的伟大的文化基因孕育出了带有明显华夏文明符号的围棋游戏，而我们华夏民族的伟大文化基因的原细胞就是早在文字出现之前的河图、洛书的原始符号和数字概念。甚至可以毫不夸张地说，正是这原始符号和数字概念的出现，才产生了人类文明。河图、洛书的出现，进而衍生八卦、九宫……可以说河图、洛书与八卦是远古先民对天地关系，阴阳消长，天文历法等等宇宙观认识的总和，是中华文明的源头，也是围棋产生的源头，清黄龙士所著《弈括·序》曰："棋本太极，法象乎天地，统归于河图，有阴阳至德之臻，无微不在是也。"而清围棋大家施定庵就更加肯定，在《弈理旨归·序》中指出："弈之为道，数叶天垣，理参河洛，阴阳之体用，奇正之经权，无不寓焉。是以变化无穷，古今各异，非心与天游、神与物会者，未易臻其至也。"

其实早在南宋时，著名学者罗大经在其所著极具文学史料价值的《鹤林玉露》一书中就曾记一实例："陆象山少年时，常坐临安市肆观棋，如是者累日。棋工曰：'官人日日来看，必是高手，愿求教一局。'象山曰：'未也，三日后却来。'乃买棋局一副，归而悬之室中。卧而仰视之者两日，忽悟曰：'此《河图》数也。'遂往与棋工对，棋工连负二局。乃起谢曰：'某是临安第一手棋，凡来着者，皆饶一先。今官人之棋，反饶得某一先，天下无敌手矣。'象山笑而去。"此虽笔记小说家言，未免有些夸张，但亦可佐证围棋与"河洛"之渊源。古人认为：正是因为围棋"数叶天垣，理参河洛"，才得以"寓阴阳之体用，奇正之经权"，"是以变化无穷，古今各异"。

东汉李尤《围棋铭》云："局为宪矩，棋法阴阳，道为经纬，方错列张。"吴清源也说："棋盘不是胜负，是阴阳。在阴阳之前是神。神在宇宙之内，宇宙在神之内。在远古无文字的时代，尧造棋问天。下棋本身不是为了胜负，是要调和阴阳。万物无生无死，只有文化。求胜的心理是多余的，是杂念。只要尽力就行了。"阴阳合和，是为大道。

正是因为"弈之为道，数叶天垣，理参河洛，阴阳之体用，奇正之经权，无不寓焉"。所以邵庵老人在《棋玄玄经·序》中说："夫棋之制也，有天地方圆之象，有阴阳动静之理，有星辰分布之序，有风雷变化之机，有春秋生杀之权，有山河表里之势。此道之升降，人事之盛衰，莫不寓是。唯达者为能守之以仁，行之以义，秩之以礼，明之以智，夫乌可以寻常他艺忽之哉！"

综上所述，围棋源于"河洛"，起源当早于公元前12世纪商、周时期，而围棋的源起是："棋本太极，法象乎天地，统归于河图。"

围棋文化源远流长，在历史的长河中，伴随着围棋文化的不断发展，其所伴生的各种围棋文化的艺术品也不断完善，走向辉煌，并且走出国门，走向世界。

工欲善其事，必先利其器。围棋作为独一无二的具有教化作用的神秘的益智游戏，围棋棋具也就在历史的不断发展中越来越趋于精致、奢华，而作为高大上的艺术品在世人面前展现。伴随着围棋的发展，除围棋棋具之外，也衍生出了有关围棋内容的书画杂物等具有历史文化价值的艺术品流传于世。可惜中国数千年的历史就是一部战争史，中华民族在不断地改朝换代中重复着战乱频仍，生灵涂炭，中华民族的伟大文明更经历过数次文化洗劫，文明摧毁，古之精美棋具至今存世者如凤毛麟角，反倒是日本自围棋传入后，便受到天皇贵族的喜爱推崇，尤其是江户以降，更受到德川幕府官方佑护，而正是由于日本天皇至上，"万世一系"的传承制度，因此日本历史上虽亦有武士争雄，群藩割据之社会动荡，但也无不在表面上维持天皇为尊的社会相对稳定，这就使得日本历史的文化传承相对平和，历代文物几无有损，至有诸多具有历史文化价值的围棋棋具得以保存至今，流传于世，遗泽后人。便是我国只能从文字资料记载中才能了解到的唐代衣冠、家具、器乐、包括围棋棋具等实物都能在日本东大寺正仓院所藏中见到。

正因为如此，本书所收录的笔者多年收藏的包括围棋棋具，有关围棋内容的书画艺术品及杂项、古籍等择其优者共二百余件，其中所蕴含的丰富的人文历史文化内容及其本身焕发的艺术之美确可涵今茹古，陶冶情操，可惜能反映我国围棋棋具文明者，不过数件而已，作为围棋艺术品收藏爱好者，虽汗颜无地，却也深感无奈！一叹！但日本围棋棋具，围棋书画艺术与汉文化一脉相承，所集藏品也无不镌刻着汉文化的深深烙印，又聊以慰怀。

第一章 棋盘的演变

一、从画地为局到极尽奢华

虽然我们也许永远无法知道最早的棋具材质和形制到底是什么样子，但古人揣测，围棋诞生之时，或许并无棋具。

明徐道编辑的《历代神仙通鉴》给我们做了如下描述："尧至汾水之滨，见二仙对坐翠桧，划沙为道，以黑白行列如阵图。帝前问全丹朱之术，一仙曰：'丹朱善争而愚，当投其所好，以闲其情。'指沙道石子：'此谓弈枰，亦名围棋，局方而静，棋圆而动，以法天地，自立此戏，世无解者。'"

值得注意的是对于二仙对弈所用弈枰的描述，最初的弈枰当是"画沙为道"，即为弈枰，可以想见，最初的"棋具"当是石子为棋，画沙为枰。"画沙为道"虽然可能是最早的"弈枰"，但毕竟不能称之为棋具，那么，最早的棋具其材质和形制又是如何的呢？

1974年甘肃永昌县鸳鸯池考古遗址曾出土属于仰韶文化类型的陶罐，其中一些绘有黑色、红色的彩色图案，线条均匀齐整。纵横交错，酷似围棋棋盘纹图案，考古学家将这种罕见的图案称之为（围）棋盘纹图案，经过测定，这批文物所处时代为原始社会末期，亦即4150年前。陶罐上所绘的方形条纹图案有十一至十三道，与今标准的十九道围棋盘不同，但即使是在现代，也有9路13路等棋盘存在并在有些地方用之于初学者启蒙，这种小棋盘在中、日、韩甚至欧美都随处可见。

甘肃永昌鸳鸯池出土的棋盘纹陶罐

陕西西汉汉阳陵遗址出土的陶砖质围棋盘

　　棋盘纹陶罐的出土，间接以实物证明了围棋出现的时间早于原始社会末期，但棋盘形图案毕竟不是棋盘，迄今为止考古发现最早的棋盘实物是1998年陕西省汉阳陵南阙门遗址出土的一块陶砖质围棋盘，为西汉年间（公元前200年）文物。此盘已经残破，呈不规则五角形。其残长28.5厘米至5.7厘米，宽19.7厘米至17厘米，厚3.6厘米。棋盘两面均有阴刻直线。虽为残片，仍能辨出棋盘盘路不止13道局线。

　　尽管是从皇家陵园出土，但从棋盘残片质地及局线粗粝程度分析，此盘并非皇家之物，当是守陵人于一块铺地方砖上随意刻画出棋道线条所制成的棋盘，是孤独寂寞的守陵人为排遣无聊，临时刻制用以对弈打谱以消磨时日的。此盘的出土，恰好证明早在西汉时期，围棋就已经走出王公士大夫的高雅殿堂，在民间普及了。

　　不过，陕西汉阳陵遗址出土的陶砖质围棋盘虽然是迄今为止考古发现最早的棋盘实物，但这只是临时刻制棋盘，与前文所述古人揣测的"画沙为道"的棋枰并无二致，古人推测，社会上最早普遍使用的棋枰当是木质的。

　　最早见诸文字记载的有关围棋棋具材质的描述，是晋蔡洪《围棋赋》："命班输之妙手，制朝阳之柔木，取坤象于四方，位将军乎五岳，然后画路表界，立质朱文，曲直有正，方而不圆。"但他只说是班输，也就是鲁班"制朝阳之柔木"，却未说是什么木材，对于棋枰的形制倒是有所描述："取坤象于四方，位将军乎五岳，然后画路表界，立质朱文，曲直有正，方而不圆。"可见棋枰形制应该是方形朱文并在四隅和天元处当有标志，以取坤象于四方，位将军乎五岳。宋人章樵注汉马融《围棋赋》做如下解："棋心并四角各有一子，谓之五岳，言不能动摇也。"即棋局四隅星位及天元都予以标志，是为"五岳"。而曹魏大司马曹休曾孙西晋文学家曹摅《围棋赋》中则描述更为具体："局则邓林之木，鲁班所造，规方砥平，素质玄道。犀角象牙，是错是砺，内含光润，形亦应制。"可见古人最普遍使用的棋枰当是木质的。赋中所谓"邓林之木，"据《山海经·海外北经》云："夸父与日逐走，入日，渴欲得饮，饮于河、渭。河、渭不足，北饮大泽。未至，道渴而死，弃其杖，化为邓林。"邓林是古时大能夸父所弃之杖所化，邓林之木，称之为神木亦不为过，当是最名贵木材之代称，曹摅给我们描述的棋枰是用最名贵的木材，用犀角象牙或错或砺，纹饰镶嵌，由鲁班制作而成。鲁班为春秋时制木大家，"规矩"鼻祖，故所造之枰，自然是规方砥平，素质玄道，精美至极，又因为传承久远，包浆沉稳，故此枰内含光润。此枰是否确为鲁班所造，抑或仅仅是当时公卿士大夫实用之物，今日已无从得知，但早在三国、两晋时期，作为围棋文化艺术品的代表作，围棋纹枰制作工艺之精湛，就已经让人叹为观止了！

南朝梁武帝《围棋赋》记录"枰则广羊文犀，子则白瑶玄玉"。以及其后梁元帝《金楼子》卷一"帝尧"条末句也记录"初，尧教丹朱棋，以文桑为局，犀象为子。"都描述了棋枰制作工艺。梁武帝嗜棋成性，乃至斯时围棋已举国成癖。《梁书·到溉传》曾记载武帝与其对弈轶事："每与对棋，从夕达旦。或复失寝，加以低睡。帝诗嘲之曰：'状若丧家狗，又似悬风槌。'当时以为笑乐。"到溉，字茂灌，彭城武原（今江苏徐州）人，聪敏有才学，蜚声朝野，武帝常招之对弈，并设筹彩。《南史·到溉传》："溉第居近淮水，斋前山池有奇礓石，长一丈六尺，帝戏与赌之，并《礼记》一部，溉并输焉……石即迎置华林园宴殿前。移石之日，都下倾城纵观，所谓'到公石'也。"此典故为后人津津乐道，清 赵翼曾有《游网师园》诗："小山堆出华子冈，幽壑嵌来到公石。"记咏。梁武帝对围棋如此痴迷，作为皇上，倾一国之力，所用棋具"枰则广羊文犀，子则白瑶玄玉"，自是不足为奇。不过梁元帝说尧以"文桑为局，犀象为子"不知何据，但梁武帝《围棋赋》中所述"枰则广羊文犀，子则白瑶玄玉"。一定是宫中御用棋具的真实写照，可知梁武帝、元帝父子所用棋枰材质为桑木镶嵌犀角制成，而棋子则由黑、白玉石磨成，棋子当然不止一副，除"白瑶玄玉"外，也有的是用犀角、象牙磨制而成。如此奢华、名贵的棋具堪称是顶级的艺术珍品，已不仅仅是实用棋具了，不仅彰显了古代帝王之奢华，更确凿无误地给后人留下了历史的珍贵记录——南朝时期，也有如此精美的围棋棋具。而这一历史时期的棋枰，在王公贵戚之家，多为木质镶嵌以犀角象牙纹饰，此风延绵不绝，直至唐宋……

著名诗人王绩在《围棋》诗中就有具体描述：

饱食端居暇，披襟弈思专。

雕盘唇胫饰，帖局象牙缘。

裂地四维举，分麾两阵前。

攒眉思上策，屈指计中权。

劲卒冲围度，奇军略地旋。
鱼鳞张九柜，鹤翅拥三边。
逐征何待应，争锋岂厌先。
双关防易断，只眼畏难全。
将骄多受辱，敌耻屡摧坚。
骤睹成为败，频看绝更连。
许知愁越复，恤弱贵邢迁。
诽俗韦弘嗣，邀名葛稚川。
分阴虽可重，小道讵宜捐？
相公摧晨日，樵客烂柯年。
唐尧犹不弃，孔父尚称贤。
博术存书录，壶经著礼篇。
寄言陆士衡，无嗤王仲宣。

其中"雕盘蜃胫饰，帖局象牙缘"句，就是对棋局的制作工艺的写真。蜃即是大蛤蜊，也就是螺钿工艺的原材料。早在商周时期，螺钿工艺就已兴起，至唐时，螺钿工艺已经成熟。螺钿一般多施于珍贵的硬木家具上，比如紫檀、黄花梨、红木等，螺钿掺以如翠玉、象牙、彩石、珊瑚等，在其他镶嵌物之间，通过雕、镂、镶嵌等工艺技法，配成山水、人物、楼台、花卉、鸟兽等图案，被称之为"百宝嵌"，根据诗人的描述，此盘精心雕琢镂刻并镶嵌螺钿，且棋盘四周边缘贴以象牙文线，当是"百宝嵌"工艺，王绩笔下的棋局，极尽精美奢华之能事，可惜没有实物流传下来。不过，值得庆幸的是，日本却保存了一批包括屏风、几案、床榻、椅子、双陆局、棋局、箱柜等几乎囊括了所有种类的唐代家具，其中最著名的就是藏于正仓院的"木画紫檀棋局"。

二、木画紫檀棋局

"木画紫檀棋局"是中国大唐赠予日本圣武天皇的礼品之一，历经一千多年的岁月洗礼，虽几经修复，棋局仍灿然如新，见证着围棋文化在日本的悠久传承。

"木画紫檀棋局"藏于日本正仓院，正仓院藏有大量的唐以来中日以及亚洲各地的珍宝器具，其中包含衣物、乐器、家具、兵器、佛具等各种宝物9000多件，种类繁多，不可胜数。正仓院之所以成为日本最负盛名的珍宝博物馆，缘起于日本天平胜宝八年（即唐玄宗天宝十五年，756年），圣武天皇驾崩，光明皇后缅怀追念，不忍睹物思人，故将其生前常用喜爱之物以及大佛开光仪式时所用佛具、器物等分五批捐赠给东大寺，珍藏于东大寺正仓院中，并在历史的进程中，又源源不断地陆续有各种宝物及信徒捐献物收入其中，形成现在的规模。

民国期间的民俗学家傅芸子在其所著《正仓院考古记》（东京文求堂出版）中的描述最为详尽："正仓院虽不过一素朴无饰之木仓，然迄今已阅一千二百余年之星霜，仓之全体，未见若何残毁；内藏品物，稽之最初入藏文献，亦未见多量损失；其管理有方，保存得法，洵为世界罕与伦比之宝库！就其所藏品物言之，所含种类亦极丰富。举凡衣冠服饰、武备农工、日常器用、游艺玩好诸品，以逮佛具法物，无不赅备，凡二十种，二百四十类，五千六百四十五点。此种品物，言其来源，有为中国隋唐两代产物，经当时之遣隋使、遣唐使、留学生、学问僧及渡日僧等自中土将来者。亦有自中土或自新罗、百济东渡之工匠在日本制作者。亦有日本奈良时代（710—794）吸取唐代文化，或别抒新意匠，或摹仿唐制而成者。亦间有海南产物，舶载来此者。总之除若干可认为唐土传来及纯粹日本之制品外，其余亦多感受唐代文化的影响与夫带有唐代流行的趣味者也。""然而唐代文物以及当时日常生活状态，吾人仅得于史册上，窥见一斑；至其品物如何？亦徒于文字中，想象见之。即如：工艺品中之金银平脱'象牙拨镂、夹缬织成。旧常用品如：古人所称凭轼之轼，挥麈之麈（晋人清谈时，常挥动麈尾以为谈助。后因称谈论为挥麈），人日所用之人胜，熏褥所用之熏炉。唐舞曲中如：《破阵乐》《兰陵王》《三台》《浑脱》所用之衣装舞

东大寺木画紫檀棋局

具。乐器中之五弦、阮咸、尺八、箜篌。及今实物无存，究难获其确解。至今千百年之下，求之国内，欲睹其实物，岂非一绝难之事乎？然院藏于上述诸物，匪唯具存；抑且有多种珍品为吾人求之而不可得者，今皆完整无损，聚于一堂，至足充分显示唐代文化与夫奈良朝日本文化的两种优越性，弥足补吾人对于唐代文化向所不能充分领略之遗憾，其价值固超越西陲发现之一些断纨零缣的残缺品也。"

"吾尝谓苟能置身正仓院一观所藏各物，直不舍身在盛唐之世！故其在考古学美术史文学民俗学各方面所予吾人之观感与丰富的研究资料，其价值岂可以数量计之哉？尤非余区区此文所能尽述者也。"

《东大寺献物帐》记有"木画紫檀棋局一具，牙界花形眼，牙床脚，局两边著环，局内藏纳棋子，龟形器，纳金银龟甲龛"。《东大寺正仓院宝物图》记载："棋盘（图略）一尺六寸三分，四方，石笥 龟形，棋石珊瑚玛瑙，石各系有花鸟绘。"

对于"木画紫檀棋局"，《正仓院考古记》书中描述亦颇详尽："木画亦唐代美术工艺，中尚署每年二月二日，即进木画紫檀尺。法以紫檀或桑木为地，杂嵌染色象牙、黄杨木、鹿角等，巧现人物鸟兽花草及各种图案，穷极瑰丽，或尤胜于螺钿。二局之盘、架皆以紫檀为之，棋局表面嵌以象牙罫线，纵横各十九道，又有木画花眼十七个。边侧四面各界四格，中现染色象牙（分浅红浅绿浅黄诸色）浮雕之雉雁狮象驼鹿及胡人骑射、牵驼诸形象。对局之两侧，附备金环抽屉各一，中设机关，一方启闭，他方亦如之，内有木雕龟形棋笥各一，背容棋子，颇形巧妙。盘架擎柱亦有浮雕之雁鹿，与边侧所现者同。观此棋局所现浮雕人物，具见唐人之酷嗜西域的趣味。"

"木画紫檀棋局"藏于北仓，精巧绝伦，是正仓院所藏唐代家具中的名品之一。从描述中可以清晰地看到，棋局四边为紫檀框架，表面贴以紫檀片，嵌以象牙罫线，纵横各19道，又镶嵌有精致的花眼17个。边侧四面各界四格，界限以黄金嵌饰，格中用染色象牙镶嵌雉雁狮象驼鹿及胡人骑射、牵驼等形象，华丽细致。对局之两侧设有备金环的抽屉各一，中有机关，一方启闭，对方亦如之。内有木雕龟形棋笥各一，备容棋子，颇形巧妙。象牙棋子，上绘有鸟形，制作精良。抽屉之下便是上沿作花牙子、下有托泥的壸门床座。

棋局边长一尺六寸三分（49.3cm），高五寸一分（15.45cm）。

"木画紫檀棋局"有木胎"金银龟甲龛"收纳箱，纵53.7cm，横53.3cm，高15.6cm。箱盖嵌有鹿角龟甲形界线，并有绿彩地金银箔花形交织相配，极尽华丽。

棋子为红牙，绀牙（红色象牙和略泛红色的黑色象牙）制成。

"木画紫檀棋局"出自唐代巧匠之手，是圣武天皇的爱物，至今经历多次修复。1986年3月4日，日本中曾根首相赠中国胡耀邦总理"木画紫檀棋局"复制品，所用材料及形制均与日本正仓院的"木画紫檀棋局"原品殊无二致。

另据《东大寺正仓院宝物图》记：棋盘一尺六寸三分，四方，石笥龟形，棋石珊瑚玛瑙，石各系有花鸟绘。

正仓院所藏棋局，棋盘之下多有壸门座承接，"木画紫檀棋局"当属罕见之宝，

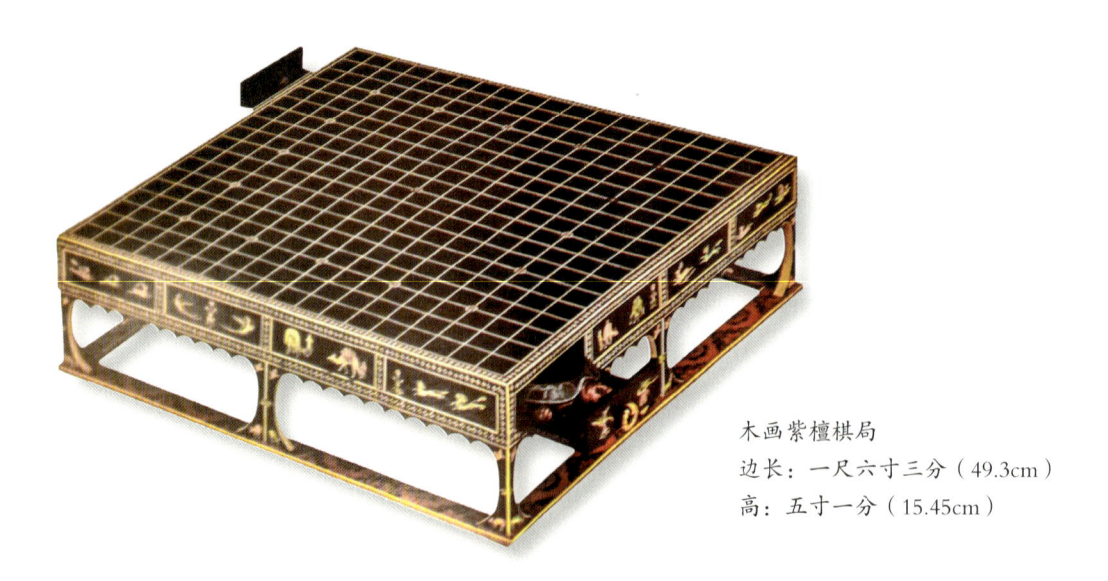

木画紫檀棋局
边长：一尺六寸三分（49.3cm）
高：五寸一分（15.45cm）

而中仓所藏"桑木木画棋局"二具，亦是不凡，其一别名"紫檀家里武庄"，另一别名"螺钿拨镂庄"。棋局为奈良时代后期日本制作，桑木质，边长52厘米，高15.5厘米。形制与"木画紫檀棋局"无异，唯盘面嵌有纵横19道象牙质罫线，并有花文木画眼镶嵌9个（星位设有象牙芯、紫檀边花眼），而非17星点。棋局四围则有螺钿黄牙镶嵌。壶门床脚以泥金描画木纹彩绘。工艺精湛，举世无双。其形制与我国新疆阿斯塔纳出土的唐代木棋盘形制几无二致。

亦与敦煌莫高窟454窟壁画中所绘棋局形制亦相仿佛。

日本人称"木画紫檀棋局"和"桑木木画棋局"这种有壶门床座的棋局为箱型盘。

正仓院　桑木木画棋局
边长：52厘米
高：15.5厘米

敦煌莫高窟454窟壁画
《维摩诘经变》

  棋局随附两副棋子，一副为象牙制，颜色分别为红色和深蓝色，上有花鸟图案；另一副为黑白两色，黑色为橄榄石制，白色为硬玉制。两副棋子大小相同，直径和厚度分别为1.6厘米和0.8厘米，两者的比例为2∶1。有关棋子的数量，据对宝物所作调查的记录，共有"银平脱合子四合，纳棋子六百枚"不过现在"红牙拨镂棋子"仅有132枚，"甘牙拨镂棋子"120枚。另有一副石英制白棋子145枚和蛇纹石制黑棋子119枚。

  总之，藏于正仓院的"木画紫檀棋局"和"桑木木画棋局"以完美的实物验证了梁武帝《围棋赋》中所述"枰则广羊文犀，子则白瑶玄玉。"以及诗人王绩笔下的"雕盘蜃胫饰，帖局象牙缘。"的历史真实，也彰显了古人对于围棋棋具工艺的艺术追求。如此奢华的棋局，直至宋时，仍在王公士大夫之间流传使用，宋人蔡伸有词为证：

花鸟图象牙棋子

《临江仙》

帘幕深深清昼永，玉人不耐春寒。镂牙棋子缕金圆。象盘雅戏，相对小窗前。隔打直行尖曲路，教人费尽机关。局中胜负定谁偏。饶伊使幸，毕竟我赢先。

词中"镂牙棋子缕金圆。"应该就是与现藏于日本正仓院拨镂棋子大同小异，牙质缕金，上镂鸟兽之类的文样，而"象盘雅戏，相对小窗前"之象盘显然就是王绩笔下的"雕盘蜃胫饰，帖局象牙缘"之棋局。

三、木质楸局

当然，如此奢华之器物，平民百姓自是消受不起，无福享用，古人普遍使用的棋枰，大概就是木质或石质制成。

1973年，新疆考古工作者在阿斯塔那墓葬群出土了一件木质的唐代围棋盘，正方形，边长18厘米，高7厘米，每边有两个壶门，纵横各19道，制作工艺十分精巧。

木质棋盘当以"瘿木"亦称"影木"最为珍贵。所谓"瘿木"，并非某一树种名称，而是泛指所有长有"瘿结"的树木，"瘿结"一般生在树腰或树根处，是树木病态增生所形成的木质纹理特征，以瘿木所制器具，会呈现出一种特殊的美轮美奂的绚丽纹彩。瘿结有大有小，小者多出现在树身，而大者多生在树根部，瘿木根据木材的不同，可以分为楠木瘿、桦木瘿、花梨木瘿、榆木瘿、黄金樟瘿等。

明谷泰撰《博物要览》曾描述花梨影："亦有花纹成山水人物鸟兽者，名花梨影木焉。" 明代王佐增补前人曹昭《格古要论》，作《新增格古要论》描述："骰

唐代木围棋盘
长18厘米，高7厘米
1973年吐鲁番市阿斯塔那墓地206号墓出土

柏楠木出西蜀马湖府，纹理纵横不直，中有山水人物等花者价高。四川亦难得，又谓骰子柏楠。今俗云斗柏楠。"与瘿木特征相比，这种"骰子柏楠"就是楠木中的金丝楠瘿木。同时，根据产地的不同，瘿木又可以分为南瘿、北瘿。南方多枫树瘿，北方多榆木瘿。南瘿多蟠屈奇特，北瘿则大而多，《格古要论·木异论》载："瘿木出辽东、山西，树之瘿有桦树瘿，花细可爱，少有大者；柏树瘿，花大而粗，盖树之生瘤者也。国北有瘿子木，多是杨柳木，有纹而坚硬，好做马鞍鞒子。"《古玩指南》也载："桦木产辽东，木质不贵，其皮可用包弓，唯桦多生瘿结，俗谓之桦木包。取之锯为横面，花纹奇丽，多用之制为桌面、柜面等，是为桦木影。"

瘿木纹理奇特，具有特殊扭曲的花纹，有时包括节状生长物，具有极强的观赏价值。在《格古要论》中，"满架葡萄"便是用一串串葡萄来形容瘿木美丽的花纹。

宋代黄庭坚曾有《奉次斌老送瘿木棋局八韵》：

䂓工运斤斧，蟠木破权奇。

离离稻田畦，日静波文稀。

居然有心作，个是偶尔为。

正当合战地，仍有曳尾龟。

胶漆与颜色，金铜利关机。

抱器心自许，成功世乃知。

吾宗为湔祓，枯木更生辉。

背城傥借一，观我凯旋归。

其中"䂓工运斤斧，蟠木破权奇。离离稻田畦，日静波文稀"等句生动描绘了状如蟠虬的瘿木所制成的棋枰，其独特的木质纹理状若水中波纹，枰中方罫，便如日光照映下的稻田方畦，可以想见，诗人纹枰对坐，同时欣赏如此精妙的艺术品，且不论胜负，即此等心境，便何其惬意！

毕竟瘿木可遇不可求，极为稀少，木质棋盘中，单就华贵来说，王公贵戚之家也有用紫檀、黄花梨、红木、桑木等斫制棋具，但从使用的舒适度来说，古人最爱的和最普遍使用的还是楸木枰。

对于楸木，《说文》解释："槚即楸即梓。"《埤雅》："楸梧早晚，故楸谓之秋。楸，美木也。"则楸在早秋落叶，故音秋，是一种质地优良的树木。《通志》："梓与楸相似。"《韵会》："楸与梓本同末异。"陆玑《毛诗草木鸟兽鱼疏》："楸之疏理白色而生子者为梓。"《埤雅》："梓为百木长，故呼梓为木王。"可见槚（榎）为楸、梓一类树木，且楸、梓是美木、木王。早在春秋战国时，古人对楸梓就常有吟诵，如：

《诗经·鄘风·定之方中》："树之榛栗，椅桐梓漆，爰伐琴瑟。"

楸树叶茂荫浓，冠如华盖，古人善作行道树。故在诗人的笔下，长楸又往往成为绵延古道的代名词。

"长楸"一词，最早见之于《离骚·九章·哀郢》："望长楸而太息兮，涕淫淫其若霰。"东汉著名文学家王逸所作《楚辞章句》注："长楸，大梓。言己顾望楚都，见其大道长树，悲而太息。"

曹植《名都篇》也有"斗鸡东郊道，走马长楸间"句，李周翰 注："古人种楸于道，故曰'长楸'。"

唐李商隐《访人不遇留别馆》诗："卿卿不惜锁窗春，去作长楸走马身。"亦曾用此典。

宋苏轼有《韦偃牧马图》诗："至今霜蹄踏长楸，圉人困卧沙垄头。"可见从商周直至唐宋，古时官道多有长楸遮阴。

在古代社会，楸木在人们的日常生活中随处可见，不可或缺，民间有"千年柏，万年杉，不如楸树一枝丫"的谚语。

诸多诗人更不吝华美之辞吟咏之，唐大文学家韩愈就曾专以《楸树》为题赞美道："几岁生成为大树，一朝缠绕困长藤。谁人与脱青罗帐，看吐高花万万层。"

楸木用以制枰始于何时，已不可考，楸木刨面光滑细腻，色泽柔和清晰，且纹理通直，质地坚韧致密，以子敲枰，有金石之声。晚唐傅梦求《围棋赋》中有"枰设文楸之木，子出滇南之炉"句，可见唐时在士大夫之间广泛流行的棋局应该是楸木制成的棋枰，此风一直延续到民国。楸枰、楸局、纹楸、纹枰也就成为历代文人在其诗词作品中不吝吟诵的围棋代名词。如名盛唐末的诗人郑谷《寄棋客》：

松窗楸局稳，相顾思皆凝。几局赌山果，一先饶海僧。

覆图闻夜雨，下子对秋灯。何日无羁束，期君向杜陵。

松窗楸局，夜雨秋灯，与在大唐留学的新罗或是日本僧人对弈赌局，筹码不过是几枚山果，弈趣之雅，淋漓尽致！

楸枰也是古代文人的精神寄托，尤其是在郁郁不得志时，就更需要"时拂楸枰约客棋"了。南宋著名诗人陆游《自嘲》：

野老家风子未知，天教甫里出孙枝。

遍游竹院寻僧语，时拂楸枰约客棋。

是处登临有风月，平生扬历半宫祠。

即今个事浑如昨，唤作朝官却自疑。

楸枰不仅入诗，也是诸大家的名画题材，画必题诗，如元朝王恽《谢太傅弈棋图》：

胜负心中料已明，又从堂上出奇兵。

怡然一笑楸枰里，未碍东山是矫情。

明代唐寅《题画诗四首》之二：

树合泉头围绿荫，屋横涧上结黄茅。

日长来此消闲兴，一局楸枰对手敲。

画中有诗，诗中有画，给后人留下了楸局制式的宝贵资料。

清时文人弈棋，多用楸枰，有关诗作更多，仅举数例。清代王友亮《观弈二首》其一：

半窗花影拂楸枰，兀兀终朝太瘦生。
君自局中能斗智，我方纸上爱谈兵。
偶然逐兔夸先得，等尔亡羊莫苦争。
一笑闲身难拨遣，风帘聊喜听丁丁。

著名词人纳兰性德《于中好》：

小构园林寂不哗，疏篱曲径仿山家。
昼长吟罢风流子，忽听楸枰响碧纱。
添竹石，伴烟霞。拟凭樽酒慰年华。
休嗟髀里今生肉，努力春来自种花。

清代纪晓岚七绝《桐荫观弈图题诗》：

不断丁丁落子声，纹楸终日几输赢。
道人闲坐桐荫看，一笑凉风木末生。

等等，不胜枚举。

清人张潮说："虽不善书，而笔砚不可不精；虽不业医，而验方不可不存；虽不工弈，而楸枰不可不备。"直至清代，楸枰在读书人之间仍然流行，其普及程度，可见一斑。

不仅如此，即使是帝王之家，对"枰则广羊文犀，子则白瑶玄玉"的奢侈也有厌倦之时，虽贵为天子，亦对楸枰情有独钟，如乾隆帝一首御题诗《题十二月人物画册 其三二月》中就曾咏道：

胭脂匀缀小桃枝，别苑春和二月时。
镜户团圞清昼永，楸枰斜倚共敲棋。

十二月人物画册记录的自是宫中生活，可见楸枰在宫中也很普及。

纹楸和侧楸

以楸木制局，应是隋唐以后流行的常用棋具，故有"楸枰、楸局、纹楸、纹枰"之称，除此之外，南北朝以后还有同样以楸木为材质，却通过更加复杂考究的工艺制成的棋局流行于世，这就是用楸木加工为片再纵横编织而成的"侧楸局"

据陶宗仪《说郛》卷十引后蜀冯鉴《续事始》侧楸棋局载："自古有棋即有棋局，唯侧楸之制出齐武陵王晔，始令破楸木为片，纵横侧排，以为棋局之图。"似乎侧楸之局，是五代时齐武陵王晔发明的。然据《南史·齐高帝诸子列传》武陵王晔篇记云："晔常破荻为片，纵横以为棋局，指点形胜，遂至名品。尝于武帝前与竟陵王子良围棋，子良大北。及退，豫章文献王曰：'汝与司徒手谈，当小推让。'答曰：'晔立身以来，未尝一日妄语。'"此篇所记曰晔常破荻为片，纵横以为棋局，与侧楸棋局毫无关系，其实侧楸棋局不一定是"齐武陵王晔，始令破楸木为片，纵横侧排，以为棋局之图。"侧楸之局的出现，不过是受到"晔常破荻为片，纵横以为棋局"的启发，制局匠人才以破荻为片之法，"破楸木为片，纵横侧排，以为棋局之图。"但不管怎么说。侧楸之局自齐武陵王萧晔那个时代始，当无疑义。

侧楸之局的制作方法是：用楸木板制成324块，将每一块侧面向上，黏合起来，便排成了19路围棋盘，镶以边框，制成棋盘。棋盘天面之纹理，不同于板木花纹，而是侧面切口之纹理，故名侧楸。侧楸之局，便如日式桩目棋墩，日式桩目桌上盘之桩目的纹理。

从古人诗句中可以了解到，侧楸之局，在唐宋时代的士大夫阶层中应该是极为流行的。如：

《对棋》（唐·李洞）一诗
小槛明高雪，幽人斗智棋。日斜抛作劫，月午蹙成迟。
倚杖湘僧算，翘松野鹤窥。侧楸敲醒睡，片石夹吟诗。
雨点查中渍，灯花局上吹。秋涛寒竹寺，此兴谢公知。

《题苏仙山》（唐·沈彬）一诗
（郴州城东有山，为苏耽修真之所，名苏仙山）
眼穿林罅见郴州，井里交连侧局楸。
味道不来闲处坐，劳生更欲几时休。
苏仙宅古烟霞老，义帝坟荒草木愁。
千古是非无处问，夕阳西去水东流。

此处以侧楸之局形容苏仙山之景观，凭高望远，井里交连，便如侧楸之局，可见侧楸之局在唐时的普及程度。

又宋著名画家，尤擅画竹的文同《和邵兴宗棋声》一诗
二客与棋酬，寒声满侧楸。急因随行发，断为见迟休。
花下莺翻翼，林间鹤转头。丁丁竹楼下，不独在黄州。

等等，其中"寒声满侧楸"句尤为世人传颂。

总之，纹楸也好，侧楸也罢，由于楸木纹理通直，花纹美观，质地柔韧致密，弹性极佳，又坚固耐用、耐水湿、耐腐，不易虫蛀，故古人棋局，首推楸枰。正如晚清民国时人黄铭功《棋国阳秋》所言："楸木质轻而文致，故枰用楸。"

四、石枰

虽然在古人的诗句，文章中最多出现的是楸枰，但迄今考古发现最早的完整的围棋盘却是石质棋盘。这便是1952年于河北望都一号东汉墓中出土的一件石质围棋盘。此棋盘格局纵横各17道，呈正方形，盘下有四足，其格局与三国时的魏国人邯郸淳所著《艺经》中描述的"棋局纵横十七道，合二百八十九道，白、黑棋子各一百五十枚"完全一致。

石质围棋盘，又称石枰。石枰一词，始见于唐朝柳宗元《柳州山水近治可游者记》："其始登者，得石枰于上，黑肌而赤脉，十有八（九之误）道，可弈，故以云。"后人遂称石质棋盘为石枰。

石质棋盘作为平时居家对弈棋具，不免有些笨重，不便挪动，故石枰多置于庭院，或亭台水榭之间，自成景色，别有雅趣！如明朝郎瑛《七修类稿·事物·冯提学扇诗》便有描述：

白云堆里四公亭，亭下只遗空石枰。相逢莫自夸高手，一遍输来一遍赢。

河北望都一号东汉墓
出土石质围棋盘

至于名山大川，古刹幽洞，更常见石枰，文人骚客至此，每对涧谷流云，松风吹雨，登临览兴之余，小憩敲枰，忘忧坐隐，或输或赢，都增野趣，不免诗兴大发，感慨抒怀，于是便产生了诸多脍炙人口的"石枰"妙句，馈遗后人。

其中较早的一首是晚唐吴融《寄僧诗句》：

柳拂池光一点清，紫方袍袖杖藜行，偶传新句来中禁，谁把闲书寄上卿。

锡倚山根重藓破，棋敲石面碎云生，应怜正视淮王诏，不识东林物外情。

历代诗人和诗评家都对其多有赞誉，与贯休、皎然、尚颜等并称晚唐四诗僧的唐末著名诗僧齐己也有《荆渚偶作》一抒"弈隐"之志：

无味吟诗即把经，竟将疏野访谁行。身依江寺庭无树，山绕天涯路有兵。

竹瓦雨声漂永日，纸窗灯焰照残更。从容一觉清凉梦，归到龙潭扫石枰。

唐宋之际，以"石枰"入诗者渐多，不乏佳作，如：

《夏景 乔木生夏凉》（宋·刘辰翁）

何可无乔木，多年雨露成。是间凉意别，长夏绿阴生。

日度云旗影，风含涧水声。能令霜六月，不待月三更。

翠幄宜琴枕，枯棋就石枰。五楸朝又暮，故国可胜情。

《仙兴》（宋·叶绍翁）

金书宫殿玉阑干，雪瀑泉飞洞口寒。日暮仙翁骑鹤去，碧桃花满石棋盘。

《石棋局》（宋·王履）

弈仙何处石枰空，细细松阴婉婉风。岂为商山难固蒂，共呼风雨上飞龙。

可以想见，"石枰"生在山水之间，常傍幽泉古洞，老树苍藤，或月色溶溶，或日影曈曈，弈者沐松风婉婉，听涧水潺潺，有白云悠悠，翠幄依依，神游局内，意在子先，知机悟道，坐隐参禅，真一大乐事也！

元明时，诗人踵事增华，以"石枰"入诗者更多了，尤其是明人，"石枰"几乎成为指代围棋的专用词，如元朝陆文圭《竹鹤窥棋雪字韵》："石枰落子忽惊飞，五月骊山啄残雪。"明朝许恕《次张士衡员外韵为越上道士赋》："道馆石枰敲落月，仙坛宝剑决浮云。"明朝唐文凤《新安八景诗 其一 屏山春雨》："至今剑光夜不散，石枰棋冷斧柯烂。"明朝区怀年《藕花庄》："石枰供坐隐，沙鸟对忘机。"明朝黄仲昭《寄华岩寺默堂上人诗四首 其一》："林鸟潜窥山殿供，野猿偷动石枰棋。"不胜枚举。

清朝毕沅有一首《观棋》诗：

水晶帘卷午风清，两客无言对石枰。冷眼不难分黑白，当场终自恋输赢。

收容我觉先机好，见劫人俱末路争。指与偏旁休念念，可知余子本来轻。

则不落前人窠臼，以白描手法绘出一副水晶帘卷，午风轻拂，堂前对弈，棋声丁丁的动态写真图，诗中此"石枰"非山中彼"石枰"，其形制当与前文汉墓出土之石质棋盘大同小异。

石枰之上，常备一枰玉子，玉石之争，也便成为诗人笔下弈棋的动态描述：

宋朝毕仲游《次韵和裴士杰库部对棋上贡父学士》诗：

吏散公堂讼已平，东轩一局晚窗明。风云不动星辰灿，樽俎无声玉石争。
意外死生由巧拙，手中舒卷乍阴晴。自怜小数非秋格，坐久唯闻鸿鹄声。

古人以弈棋为"得趣"，明人程良孺云："消夏之趣，莫妙于弈棋。清簟疏帘，深院风清之候，石幢花影，小栏日午之时，焚香煮茗，对峙而博其趣，落子铿然，殊有韵致也！尤其妙者，或诗僧道士，终日棋声，日甚一日，涧水流香，松阴黛古，对弈之际，讵少倚柯而观者乎？"的确，若能终日棋声而不厌，是真得棋趣者！

石枰玉子也许并不是古人棋具的最佳组合，但玉子敲枰，其声剥啄，如聆仙音，更增雅趣。有诗为证。

宋末元初诗人黄庚《棋声》：

何处仙翁爱手谈，时闻剥啄竹林间。一枰玉子敲云碎，几度午窗惊梦残。
缓着应知心路远，急围不放耳根闲。烂柯人去收残局，寂寂空亭石几寒。

玉子敲石枰，棋声剥啄于竹林之间，声声悦耳，直可碎云！

但石枰毕竟沉重，古人更多使用的还是楸枰，玉子楸枰的搭配，似乎是古之士人彰显身份的最佳选择。也有诗为证：

《送国棋王逢》（唐·杜牧）

玉子纹楸一路饶，最宜檐雨竹萧萧。赢形暗去春泉长，拔势横来野火烧。
守道还如周柱史，鏖兵不羡霍嫖姚。浮生七十更万日，与子期于局上销。

七律《春晴》（宋·陆游）

一庭舞絮斗身轻，百尺游丝弄午晴。静喜香烟萦曲几，卧惊玉子落纹枰。
新春易失遽如许，薄宦忘归何似生？安得一船东下峡，江南江北听莺声。

宋朝向子湮《减字木兰花》："画戟森间，玉子纹楸手共谈。"

《西游记》作者吴承恩有《围棋歌赠鲍景远》（鲍景远 "永嘉棋派"首领，与"徽派"的程汝亮，"京师派"的颜伦、李釜，被称为明代第一品。）

河桥鸣冰雪涂树，别我又将何处去？文楸玉子即为家，野鹤闲云本无住。
由来绝艺合烟霄，何事尘中犹布袍。愿尔逢人权放着，世间万事忌孤高。

当然，并非玉子敲石枰才有悦耳棋声，玉子纹楸，亦可发偪剥棋声，宋人王之道一曲《蝶恋花》，道尽偪剥声中之棋中雅趣：

玉子纹楸频较路。胜负等闲，休冶黄金注。黑白斑斑乌间鹭。明窗净几谁知处。
偪剥声中人不语。见可知难，步武来还去。何日挂冠宫一亩。相从识取棋中趣。

玉子楸枰，棋声丁丁然，更别有韵味：
《再赋弈棋五首》（宋·洪炎）其一
荆璞玉为子，井文楸作枰。有求唯别墅，不喜得宣城。
跕跕飞鸢堕，丁丁伐木声。破愁逢一笑，无地著亏成。

将棋声喻为伐木，棋声深远悠长，跃然笔下。
清代尤侗《鹧鸪天》其一和叶小鸾梦中作 松下敲棋，子落丁丁，又别有意境：
口咏金经手采香。自言自笑自相忘。云游瑶碧三山远，舟戏珊瑚一水长。
花筑榭，树回廊。闲持藜杖逐流光。何人松下敲棋坐，子落丁丁犹费忙。

在诗人笔下，丁丁棋声，便如空谷足音，令人几欲出尘。
北宋著名文学家、诗人王禹偁被贬黄州刺史时曾有《黄州新建小竹楼记》一文，其中"夏宜急雨，有瀑布声；冬宜密雪，有碎玉声；宜鼓琴，琴调和畅；宜咏诗，诗韵清绝；宜围棋，子声丁丁然；宜投壶，矢声铮铮然"。以为雨声、雪声、琴声、诗声、围棋落子声、矢声均可助竹楼之雅。清人张潮在《幽梦影》中也说："春听鸟声，夏听蝉声，秋听虫声，冬听雪声，白昼听棋声，月下听箫声，山中听松风声，水际听欸乃声，方不虚生此耳。"可见古人对"丁丁"然的大雅棋声之爱。
棋声丁丁，亦如聆仙音，是何等心境！但无论棋声偪剥，还是棋声丁丁，都是诗人于弈道中所追求的一种超然的物我两忘的空悟之境。

五、玉盘金枰

棋具更奢华者，便是玉质棋枰了。
宋人陶穀《清异录卷下·器具门·方亭侯》中曾记一则明皇与宁王对弈故事："明皇因对宁王问：'卿近日棋神威力何如？'王奏：'臣托陛下圣神，庶或可取。'上喜，呼将方亭侯来。二宫人以玉界局进，遂与王对手。"
方亭侯未知何典，应是宫中对"玉界局"之称谓，玉界局便是玉质棋枰，或以玉界罫之局。
关于玉质棋枰，唐代苏鹗所编《杜阳杂编·卷下》有精彩的描述：大中中，日本国王子来朝，献宝器音乐。上设百戏珍馔以礼焉。王子善围棋，上敕待诏顾师言对手。王子出楸玉棋局,冷暖玉棋子。云:本国之东三万里,有集真岛,岛上有凝霞台,台上有手谈池,池中出玉子。不由制度,自然黑白分明。冬温夏冷,故谓之冷暖玉。更产如楸玉,状类楸木。琢之为棋局,光洁可鉴。及师言与之敌手,至三十三下,胜负未决。师言惧辱君命,而汗手凝思,方敢落指。即谓之镇神头,乃是解两征势也。王子瞪目缩臂,已伏不胜。回话鸿胪曰:待诏第几手耶。鸿胪诡对曰:第三手也。师言实称国手。王子曰:愿见第一。曰:王子胜第三,方得见第二,胜第二,得见第一。今欲见第一,其可得乎?王子掩局而吁曰:小国之第一,不如大国之第三。信矣!今好事者,尚有顾师言三十三下镇神头图。此故事在《旧唐书·宣宗本纪》中也有所记载,虽简短,时间地点却更为详尽:"大中二年(公元848年)三月乙酉,日本国王子入朝,贡方物,王子善棋,帝令待诏顾师言与之对手。"后清人据此断言"今所传范西屏《桃花泉弈谱》,首局即九五镇神头,凡四十四变,大抵即顾师言遗诀也。"

此则故事,日本各种文献中均有记载,虽内容、立场不尽相同,但其中"王子出楸玉棋局,冷暖玉棋子。云:本国之东三万里,有集真岛,岛上有凝霞台,台上有手谈池,池中出玉子。不由制度,自然黑白分明。冬温夏冷,故谓之冷暖玉。更产如楸玉,状类楸木。琢之为棋局,光洁可鉴。"的描述却都一致,足见唐时,日本产楸玉棋局,冷暖玉棋子,并曾带入中国。

不知是否受此则故事影响,有唐一代,玉质棋盘迅速流行开来,拥有一具玉质棋局是皇族贵戚、公卿士大夫的一种身份象征,在唐诗中谈到棋,经常与玉局关联,如唐代李商隐《灯》:"锦囊名画掩,玉局败棋收"句,以玉局对锦囊;自少时即与白居易唱和,时称"元白","元和体"的元稹《酬段丞与诸棋流会宿弊居》诗,其中"运石疑填海,争筹忆坐帷"。"繁星收玉版,残月耀冰池"将棋枰称为"玉版",可知棋局也有以玉雕琢而成的。

此后历代诗人多有以"玉局""玉枰"等入诗,如:
《次大人韵二首》(宋·李流谦)其一
盘礴谁知画史真,向来唯有宋元君。试除学道有底事,为问决科何等文。
棋罢玉枰收碎霰,香残金鸭转微云。独骑一马悠悠去,闲访江头白鹭群。

宋代杨万里七言绝句《正月将晦繁星满天》
兔冷蟾寒不出时,群仙无睡尚游嬉。可怜深夜无灯火,碧玉枰前暗著棋。

宋代姚勉《赠棋翁挟二童皆高弈》诗中:
老仙鬓眉白于雪,双侍女仙冰玉洁。龙牙棋子琅玕盘,消遣洞中闲日月。

清代吴廷桢《杂感》:
弈棋世事太悠悠,覆罢残图玉局收。

可见在中国古代，尤其是唐以后，"玉局"已经不仅仅是王公贵戚之家的奢侈品，士大夫阶层，文人雅士间或纹枰论道，或手谈消遣，枰启琅玕，局收碧玉，似乎也是平常事。

古人以"玉枰"对弈，倒不仅仅是为了彰显其奢华高雅，也许是因为以石子敲玉枰的声音更加悦耳，更增弈趣的缘故。唐人冯贽所著《云仙杂记》卷一摘自《棋天洞览》"棋声与律吕相应"条记载："元顺本棋枰声，与律吕相应。盖用响玉为盘，非有异术也。"其实令棋声与律吕相应也并不一定以响玉为盘，且何为响玉，也从未见有人考证，遍查词典，也只解释为"碰击时能发出声响的玉石"，笔者以为，石子敲玉枰，其音清脆，凡玉石相碰，无不有声，使棋声与律吕相应，在敲枰之节拍韵律，而非所谓"响玉"，声和律吕，在于敲的技巧，无非是文人雅士赏玩玉枰，击节和歌的局外雅趣。

玉枰之外，金枰也时有所见。

《云仙杂记》引《旧相禅学录》碎金面棋盘条载："苏尚书八十犹参禅，大沩访之，以手拍碎金面棋盘，尚书寻有悟解。"所谓碎金面棋盘，不知制作工艺如何，不过从字面理解，似乎是用某种金属丝嵌成界格成罫。正因为整个金枰被目罫界格成324块小小方格，光映之下，才有碎金的影像效果。

唐武周时上官仪在《五言奉和咏棋应诏》其二诗中也有"金枰自韫粹，玉帐岂能传"句，有解释为金枰是镶着金边的棋盘，不妥，应该注意韫粹二字，"金枰自韫粹"是说金子做成的棋盘自身蕴藏着精粹的光芒。如果只是镶着金边，怎么能够内藏精光？因此金枰当是金质的棋盘，也就是最早的碎金面棋盘。

不过如果完全使用金子打造棋盘，也未免太过沉重，并不适用于实战对弈使用，笔者猜想，碎金面棋盘也好，金枰也好，应该只是木胎包金工艺所制，天面贴上一层有界格的纯金，所以叫碎金面棋盘，当然，称之为金枰也没问题。金枰工艺复杂，又耗财力，也不见得很实用，故极罕见。

六、便携棋枰及其他

当然，也不是所有文人名士都有条件奢侈到用得起"龙牙棋子琅玕盘"或者"碎金面棋盘"，而且即使用得起，也不见得就方便实用，便是写出"龙牙棋子琅玕盘"的同一个姚勉在另一首《弈棋有感》诗中又写道：

弈秋鸿鹄未须惊，一着才差败一枰。
不信但来茅屋里，纸棋盘上看输赢。

至于忧国忧民，颠沛流离，老来贫病的诗圣杜甫就简朴至极，有一首《江村》诗：

清江一曲抱村流，长夏江村事事幽。
自去自来堂上燕，相亲相近水中鸥。
老妻画纸为棋局，稚子敲针作钓钩。
多病所须唯药物（一作"但有故人供禄米"），微躯此外更何求。

在古代，纸局也是被广泛使用的对弈工具。

《云仙杂记》引《棋天洞览》文，出游必携围棋短具条还记有一条轶事："积薪每出游，必携围棋短具，画纸为局，与棋子并盛竹筒中，系于车辕马鬃间。道上虽遇匹夫，亦与对手。胜则征饼饵牛酒，取饱而去。"可见"画纸为局"图的是方便。

纸棋盘由于其方便，随时可制，故历代都延习，直至明清，都不乏诗咏，仅举由明入清的著名诗人钱谦益两首：

挑灯画纸已无妻，棋局袈裟伴杖藜。回首平津开阁地，鹅笼何处问鸡栖。
争先一角势匆匆，绿湛余尊烛剪红。复罢残棋何限意，输赢只在纸盘中。

纸局之外，还有特殊棋局。

宋代楼钥有一首《织锦棋盘》诗给后人留下了宝贵的历史资料。

锦城巧女费心机，织就一枰如许齐。仿佛回文仍具体，纵横方罫若分畦。
烂柯未易供仙弈，画纸何须倩老妻。如欲拈棋轻且称，富求白象与乌犀。

诗意虽然平平，但却记述了宋时曾有蜀锦棋盘这一珍贵历史资料，蜀锦织盘，估计也不是批量生产投放市场，因此未见有史料记载，或许也是一种奢侈品而在士大夫阶层小范围内短暂出现过，楼钥的这一首诗是《织锦棋盘》所仅见的文字资料，弥足珍贵。

此外，有一种特殊棋具"鼓枰"值得一提。

清代龚炜《巢林笔谈》卷二"鼓枰"条记载："顾文康喜弈，因桌为枰，冒以牛革，名鼓枰。每落子填然有声。公自言：'饱食后尤宜创制新异。'然亦从竹楼记宜围棋二句来。"

顾文康饱食后所创制"鼓枰"之新异确然有趣，不过也仅只是标新立异而已，全无雅趣，龚炜评所谓"鼓枰""然亦从竹楼记宜围棋二句来"有些道理，只是宋代王禹偁《黄冈竹楼记》写道："冬宜密雪，有碎玉声；宜鼓琴，琴调虚畅；宜咏诗，诗韵清绝；宜围棋，子声丁丁然；宜投壶，矢声铮铮然：皆竹楼之所助也。"宜围棋是因为竹楼可助"子声丁丁然"，而鼓枰之声绝非"丁丁然"而是"怦怦然"了，丁丁然，棋声大雅，怦怦然，其音大俗，不可同日而语。但无论如何，"因桌为枰，冒以牛革"而成"鼓枰"，虽为枰中之奇葩，却也算是围棋棋具发展史上的一件奇闻异事。

最后要着重说一说便携式棋盘。前面说过，古人为了方便携带，常常画纸为局，不过纸局虽然方便，毕竟不够坚牢，极易损坏，且在纸局上对弈，不过是权宜之计，到底与在木质棋枰上对弈的感觉大不相同，为旅行携带方便，便携式棋盘也就应运而生了。

北京故宫博物院藏有一个可以折叠的多功能明代棋牌桌，整体髹黑漆，呈长方形，桌面三折，以活榫衔接。围棋盘黄地黑线，棋盘对角镟有圆形棋盒各一，内装一副料器棋子。盘壁有抽屉，内有"麻将"一副及各种纸牌，此便携式棋牌桌设计巧妙，工艺精良，是一件难得的明宫家具珍品。

便携式棋桌在于方便，当然越轻便简捷越好，笔者藏有两具日本江户时期便携式棋桌，一具为岛桑杢木所制，设计十分巧妙，桌架桌足一体，可以折叠，桌面两折对接，两面分别有围棋、将棋目盛罫线。还有一具更为轻便，不过是一小木箱，上纹目罫，内夋棋笥棋子。可以想见，人们在郊游、野足，或旅行途中，在大自然的怀抱中支起便携棋桌，伴松风声、流水声、鸟鸣声，听落子丁丁声，也是人生一大快事。

总之，围棋传承至今，棋具文化也不断发展至今，有人说，中国是围棋的生母，日本是围棋的养母，仅从围棋棋具文化的传承来看，这话就不无道理，中国古代围棋棋具丰富多彩，但传承至今已是凤毛麟角，以至于今天的围棋棋具只注重实用功能，全无工艺艺术价值。而日本自从围棋文化艺术传入之日起，在围棋棋具方面就不仅继承了中国唐文化的艺术传承，并且发展创新了这种艺术至今，尤其是日本的榧棋盘和蛤棋石，已经成为围棋文化爱好者和棋具收藏者的必藏之物。

第二章 传入日本

围棋何时传入日本，诸说不一，不过根据史料记载，围棋传入日本的时间，最早可推定在东汉初期。《后汉书·东夷列传》说："建武中元二年（公元57年），倭奴国奉贡朝贺，使人自称大夫，倭国之南极也。光武赐以印绶。""安帝永初元年（公元107年），倭国王帅升等献'生口'（奴隶）百六十人，愿请见。""倭"在日语中同"大和"一样都发音"yamato"。

上述所载史实也得到了考古发现的实物佐证：日本天明四年（1784年），福冈县志贺岛上出土金印一方，阴文刻"汉委奴国王"五个篆字。"委"通"倭"，亦通"矮"。经多年考证，中日专家一致认为，此印为真。此印出土，证实了早在汉代，日本与中国就有了广泛的文化、经济、政治的交流活动。《汉书·地理志》燕地条目说："乐浪海中有倭人，分为百余国，以岁时来献。"

根植汉唐的日本汉方医学界最后的巨擘浅田宗伯所著《皇国名医传·藤原永全条》记载："永全，天智天皇侍医……其祖刘伯阳，避王莽乱归化，实我垂仁帝之朝。刘伯阳孙春平，曾出使西域，传来围棋。"日本垂仁天皇是日本《古事记》和《日本书纪》史料所载的日本第十一代天皇，公元1世纪初在位，而刘伯阳之孙出使西域（中国）的时间，与上述《后汉书》中所载大致相合。浅田宗伯号粟园，又称粟园浅田，是一位集医学、儒学、史学等诸学大成于一身的学问家，时人云：粟园之前无粟园，粟园之后更无粟园。如此治学严谨的大儒所采史料记述，当有所据。此条记载虽属孤证，但也证明了围棋在东汉时期就已传入日本也并非全无可能。

此后中日交流，从未间断。

《魏志》也曾记载："景初中，赐倭女王绛地文龙锦五疋。"

之后的南北朝，中日交往愈加频繁。在南北朝，宋（刘宋）齐梁三朝日本遣华使来华就达十次之多。其中仅宋朝（刘宋）便达八次之多，众所周知，宋齐梁三朝恰是皇帝们痴迷围棋，倡导围棋的时代，上有所好，下必甚焉，全社会，至少在士大夫阶层的社交之间，围棋成为一项重要的社会活动内容，遣使来华，怎么可能对此熟视无睹而不参与其中？即使前述浅田宗伯所著《皇国名医传·藤原永全条》所载东汉时"刘伯阳孙春平，曾出使西域，传来围棋。"之说孤证不立，或不足信，那么，全少在南北朝时期，围棋就已传入日本是确切无疑的。且日本《古事记》《日本书纪》等书均有记载，南朝宋（刘宋）时曾应日本之请，派遣大量纺织工匠、制衣匠等往日本传艺，是为汉织、吴织。如此频繁的大规模的文化、工艺交流活动、已经涉及社会活动的方方面面，怎么可能独将围棋排除在外！

《隋书》中《东夷传·倭国》记载："（倭国）无文字，唯刻木结绳。敬佛法，于百济求得佛经，始有文字。知卜筮，尤信巫觋。每至正月一日，必射戏饮酒，其余节略与华同。好棋博、握槊、樗蒲之戏……"

平山菊次郎所著《简明日本围棋史》说："钦明帝十三年（552年），百济献佛像经书等，围棋由朝鲜传入。围棋经过朝鲜半岛传到日本，约在一千五百年前的大和朝初期（大致在中国两晋南北朝时期）"此说不知何据，但如果说围棋是随着佛经传入日本，则早在继体天皇十六年（522年），中国南北朝时期南梁司马达就曾往大和，建草堂，置佛像，较之百济献佛经更早30年。平山菊次郎所著《简明日本围棋史》治学不精。

查中日两国古代信史最早的日本围棋活动的记载当是《大织冠传》记录的日本天武天皇于白雉十四年（686年）的"行事"（日常活动）条："天皇御大安殿，唤公卿，有博弈。"足见围棋已经成为天武天皇日常活动内容之一。

而25年后的文武天皇于大宝元年（701年）修订颁布了日本最早的律令法典，其中《僧尼令》规定："僧尼令第九作音乐条：凡僧尼作音乐及博戏者，百日苦使。棋琴不在制限。"

值得注意的是，日本民间普遍认为围棋是遣唐使传来，之所以如此误传，其根源在于于日本享保十二年（1727年）正月二十九日，江户幕府时代形成的日本围棋"四大家"（本因坊家、井上家、安井家、林家）掌门人在一张共同签署画押的书状上，有一行"围棋创自尧舜，由吉备公传来。"的文字表述。正是由于此文书制作者的失误，导致了围棋到底何时传入日本的错误论断在日本广泛流传开来，并经常为各种报刊杂志书籍作为权威结论引用，其流毒甚至遗祸中韩两国，甚至很多职业棋手也有此错误认识，实在是围棋史学研究的悲哀。

综上所述，围棋传入日本的时间最早可上溯到东汉时期，如果说"孤证不立"，此说不足信，那么在我国南北朝围棋就已传入日本说基本可以确立。

第三章 榧木独大和棋盘鉴别

一、制盘之木——榧为上

因日本天皇至上，"万世一系"的传承制度，自围棋传入日本后，由于天皇的钟爱，藩镇和诸大名家贵族、武士阶层的推崇，尤其是江户时期德川幕府确立了职业围棋制度，官方直接资助扶持围棋发展，与汉文化一脉相承，镌刻着汉文化的深深烙印的日本围棋文化得以不断地繁荣发展，日本围棋棋具工艺也极尽奢美，异彩纷呈，达到了前所未有的高度。

最能体现围棋棋具工艺之美的就是棋盘。古日本棋盘基本为木质棋墩，棋盘以整块木头制成，盘底正中位置有一处方形凹槽，槽内有金字塔型肚脐状凸起，称为切子，又称"血溜""音受"。并榫嵌栀子花形四足支撑整体。日本古代棋盘有四足支撑盘体，称之为足跗棋盘，绝少有无足棋盘，见之于史料记载的只有第一世本因坊算砂曾用过的唐桑棋盘，近现代才有无足之桌上盘普及使用。当然也有例外，在军旅战阵中，足跗棋盘不方便携带，也会有简易棋盘，如战国时武田信玄阵中所用之盘便是无足之盘。虽说棋盘所用材质不拘，但日本古代（大约明治以前）多用木曾桧、枥木、榧木。小松武树著《围棋与将棋之源——话棋具》一书载日本史料有一段文字记述："文禄元年壬辰（1592年），第一世本因坊算砂于后阳成天皇之御宇，受任权大僧都，准其升殿，御座所棋技天览供奉近卫公御褒美，下赐唐桑棋盘，此盘厚一寸，无足。用金泥画路，棋石为唐石，陶器类似，与日本馒头相似。此时围棋着手不定。"书中又说：

"安土桃山时代以枥木、榧木制作的棋盘流行，贵族、武士交游弈棋，棋盘则以象嵌（象牙镶嵌），豪华至极。平安朝时代，出现了豪华的金莳绘盘，江户时期中期，世之平和，金莳绘盘盛行。"

桃山时代利休所用棋盘和金莳绘棋笥

象嵌棋盘，笔者未有所藏，不敢妄加述评，安土桃山时代留存至今的枥木、榧木盘，倒是藏得数具。

不过据正德二年（1712年）出版的日本百科全书《和汉三才图绘》十七嬉戏条载："枰大抵厚六寸，纵一尺四寸，横一尺三寸八分，方罫七分，各十九罫，其木以榧为良，桧次之，桂为下。新榧（指新做成的榧木盘，非指现代新榧盘）如见（左比右皮，岐的异体字，器物出现裂纹的意思。）者，急藏箱，经久则愈如故。"可知日本古代以桧木、桂木制盘的历史也十分悠久。

还有一说，日本制盘匠人素有"一松二榧三银杏"的谚语，松便是指虾夷松，虾夷松还排在榧木之前。虾夷松呈赤色，木性稳定，软硬适中，弹性好，在古代一直被认为是制作棋盘的最佳材料，只是在天正年间织田信长赠给算砂一方榧木棋盘后，榧木才受世人追捧，尤其是现代，榧木以其独特香气倍受弈者青睐，虾夷松反不为世人所知。但"一松二榧三银杏"之说确否，待考证。

在网上曾看过某资深爱好者写的一篇文章，谈及棋盘木种排名，不敢苟同，摘录如下，略抒己见，以正视听：文章写道："听说日本古代先用的桧木，当时应该是日桧，后来皇室用了榧木，成为最高材质，而桂木是明治之后新开发的普及材料，然后又有新榧、新桂（南洋杉）、桧叶（米桧），桧叶还有一些，但大多为拼盘。另外银杏也是传统材料。桧木有不同于榧木的独特香味，木纹没有本榧新榧那么鲜明，可能唯一的优势是木性比榧木稳定。就材质档次来说，日桧，日向榧，其他日本榧，云南榧，台桧，桧叶（米桧），银杏，桂木，新榧，新桂，其中新榧以上的材质都因为日本的原材料资源越来越少而价格渐涨，榧木、日桧台桧应该都禁伐了。"

此说不知何据，日桧制盘，古已有之，在榧木制盘尚未流行之前，木曾桧无疑是最好的制盘材料，但据笔者所掌握资料，未见有何著录载有桧木在榧木之上一说。却有前文提到的"其木以榧为良，桧次之，桂为下"的古书证。当然，《和汉三才图绘》成书在江户中期，此际榧木盘的江湖地位已经牢不可破，故有"其木以榧为良，桧次之，桂为下"之说，其实在1712年的时代，木曾桧盘早已经是凤毛麟角了。另外，需要指出的是，其文关于材质档次的排名也有些奇葩，日桧；台桧的排名似可接受，但银杏应在桧叶（米桧）之前，应无疑义，更何况还有栃木，虾夷松是有据可查的日本古代用以制盘的良材，文中竟然漏记。另外，屋久杉、檀香木等稀有材质价值似也绝不低于榧木。且还有古桑木、红木、紫檀、阴沉等木棋盘，当然，此类棋盘存世稀少，不加入排名也罢。

现代棋盘世所常见的多三大类，以榧木为上，台桧次之，银杏又次之，而不见栃木。除此之外，还有桂木、椹、罗汉柏、枞、杉松、姬子松、樱、榉、枫木等，上世纪末开始，又有所谓新榧充斥市场，当是独木棋盘中最低端者。制盘可用材质虽多，但若作为收藏，一般木曾桧、榧，栃盘，偶见枫杢盘可到代（到代是古董收藏术语，指藏品年代已经达到古董级的对应年代），当然，屋久杉、古埋木、古桑木、红木、紫檀等盘以其稀有罕见，价值昂贵，就更值得珍藏了。

除此之外，还有藤制盘。本因坊家传宝物中就有一具萆薢棋盘。《视听草六集九》棋道珍语条载："本因坊宝物一为萆薢棋盘一面，但（淡）黄色，纹如虎符。一为莳绘棋盘，总金莳绘。一为浮木之棋盘"。

萆薢可入药，是一种多年生藤本植物，根状茎横生，圆柱形，表面黄褐色，用萆薢编制的棋盘，纹如虎符，淡黄色泽，十分漂亮，是为本因坊家盘中三宝之一。

其他二宝，一为总金莳绘盘，一为"浮木之棋盘"，后文详细介绍。

日本古时对栃木情有独钟，是因为其木质的优越性能较为适合制盘。

栃木，又称七叶树，浅黄色，几乎无边材，中间木心呈现黄褐色。质地细密，滑如丝绸，纹如水波，颇具光泽。纹理略斜，细而匀，质重硬，强度高，干缩大。加工困难，切面光滑；胶黏、染色、磨光及弯曲性能均好。且不易变形。

榧木棋盘起于何时已不可考，正如日式足趺独木棋盘起于何时不可考一样，但正治元年（1199年）由僧人玄尊（生卒年不详）编写的《围棋口传》一书所记载的对局行棋诀窍，以及历代沿袭之围棋术语等资料中，有一篇《围棋式》载："棋局寸法长一尺四寸八分，广一尺四寸，高六寸二分（应为六寸六分），木厚三寸四分，足高三寸二分，此为寸法大旨。"可以断定，最晚在奈良时代以后平安时代1199年以前就有足趺独木棋盘流行于世，但榧木盘的盛行乃至被推崇，直至今日仍处于江湖独大的地位，其兴起却是在江户时期，而根源在信长赠日海"浮木盘"之轶事。

织田信长在日本历史上占有极其重要的地位，他以一己之力，推翻了足利义昭，结束了180年的室町幕府统治，开创了安土桃山时代，与丰臣秀吉、德川家康一起被后人誉为战国三杰。三杰都十分热爱围棋，且有不俗棋力。并先后尊寂光寺日渊和尚门下棋僧日海为师，日海就是后来的本因坊开山鼻祖算砂名人。

信长在京都上洛之役后，已奠定统一天下之大势，一日，往寂光寺向日海请教棋艺，受五子鏖战正酣，有消息传来：有人目睹大和路深山河深渊中一条白龙正翻浪逐流。信长以"白龙为吉兆"，命人严查，原来是一段枯木从瀑布倾流而下，落入深渊，随波起伏，恰似白龙浮游戏水。信长命人打捞上来，确认是有数百年树龄的榧埋木，遂延请有名工匠雕凿斫制成一具棋盘，命名为"浮木之盘"，赠予日海，日海宝而藏之，遂成本因坊家传世之宝。后有人著文讹传此盘最后传至第十八世本因坊秀甫手中，却在秀甫辞世时乱中不知所踪，至今下落不明，言之凿凿。不过笔者查到，日本经济新闻昭和五十六年（1981年）三月七日（星期六）文化栏刊载记事一文中有这样一段描述：

"我痴迷于棋盘的契机是四十三年十一月，在东京日本桥东急百货店举办的围棋史展上，排列着据说是丰臣秀吉与德川家康对局所用过的'舞葡萄盘''涟漪波盘''浮木名盘'，日本棋院的'优胜者盘'等天下绝品。特别令人印象深刻的是，从前，名人棋所新年时在将军面前弈棋所用的'雪之名盘'。虽然在那之前对棋盘一无所知，但一看到这些盘的瞬间，就感受到了某种触动灵魂的莫名的精彩。"若果如此，则传言并不可信，浮木之盘尚在，幸甚！

有人说因"浮木之盘"故，江户时期，榧盘大受尊崇，其实并不尽然，榧木之所以为弈者钟爱，更多的原因在于其自身之魅力。

现代著名的制盘巨匠吉田寅义，号"一如"大师曾有专著《棋盘之创造》一书对榧、银杏、桂之木质做过比喻评价："榧如绢，银杏若麻，桂似锦。"此论至为的当。

榧，《尔雅翼》释：榧似柕而材光，文彩如柏，古谓文木。通作棐。

我国很早就有榧木家具，《晋书·王羲之传》载：王羲之"尝诣门生家，见棐几滑净，因书之，真草相半。"宋陆游《初夏》诗："百叶盆榴照眼明，桐阴初密暑犹清。深深帘幕度香缕，寂寂房栊闻燕声。细煅诗联凭棐几，静思棋劫对楸枰。浣花光景应如昨，回首西州一怆情。"

王羲之几留墨宝，陆放翁凭几煅诗，应该是榧木案几的独特香味令人提神醒脑，故为我国古代文人士大夫所独钟。不过如陆游那样凭几煅诗，再置楸枰于榧几之上，静思棋劫，倒也深得诗棋雅趣。

不知为何我国古人未开发榧木棋盘而独爱楸木棋盘，也不知日本人从何时发现榧木较其他木种的优越而开发出榧木棋盘。但榧木盘已经成为高档棋具的代名词已是弈者共识却毫无疑义。上世纪后期，随着日本政府禁止砍伐榧木的禁令实施，榧材枯竭，于是从80年代起，从中国大量进口云南榧，日本称本土所产榧木为本榧，以区别于从中国进口的云南榧，不过近些年，不知从何时起，商家将日本榧和云南榧都一律称之为本榧，以区别于新榧。

榧木，又名香榧、玉榧、野杉子，属红豆杉科，产于日韩及中国云南四川之横断山脉，一般生于海拔3000-4000米的高山之巅，近代因经济利益驱使，人为滥伐，森林遇毁，榧木植株减少，濒临灭绝，无论在我国，还是日本，均被列为国家保护树种。榧木自古便为名木，今仍是世界上稀有经济树种。榧木一般要千年以上方可成大材，材质坚实牢固，纹理细密通直，色泽金黄悦目，气味芳香怡人，实为制作各种高档工艺品以及高档棋盘之珍稀良材。

由于榧木树液多，油脂丰富，水分难以尽除，较易开裂，因此榧木加工前，务须在适宜环境中经过极为漫长的自然干燥工序。榧木之所以如此珍贵，最重要的一点就是因为它只能自然干燥。日本人也曾对所谓榧木干燥窑技术苦心钻研数十载，却未有寸功。因此榧木制盘师须在几十年前囤木，采得原材存于避光、避风、干湿度合适的仓库，以待不时之用，日本制盘师代代相传，所用榧材，往往是上一代所存之木。

榧木干燥所需时间长短以所制棋盘厚度成正比，大致为1cm厚度须一年自然干燥时间，以其制足趺棋盘，至少需要自然干燥10年以上。若制厚20cm以上盘，则需20年以上自然干燥时间。而榧木的价值，也随着干燥年份的时间长短而变化，干燥时间愈长，其价愈昂。

用以制盘的榧木，树龄至少要在250年以上，如树龄不足年，则所制盘会出现白皮，影响棋盘的美观和品质。250年树龄仅仅是对板木棋盘而言，而一具上佳柾木棋盘制作所需的材料，则树龄至少须在400年以上。这是因为柾木木取为半径取材，而板木则为直径取材，故柾木棋盘所需木材树龄是板木棋盘两倍左右。目前世界上产有榧木的国家基本上都禁止采伐，故榧木原材堪称殆尽，日本榧制盘早已一木难求，无材可制。

以榧木的稀缺性及其自然干燥耗时甚巨的原因，致使榧木棋盘价格极其昂贵。不仅如此，榧木的木质特性亦决定了榧木较其他棋盘有如下优势，这也是榧木棋盘江湖独大的根本原因：

1. 榧木油脂丰富，并散发特殊香味，耐腐不生虫，使用寿命长。日本棋界有谚云："桧千年、槙万年、榧无限。"（此说值得商榷，现存世界最古老的木造建筑物"法隆寺"（日本奈良）就是用日桧建造的，距今已经1300年之久，当时所用的桧木材中的65％仍完好无损。曾有人将1300年前的桧木削去2～3mm，仍有桧木芳香溢出。可见桧木远不止千年。）

2. 榧木属黄金色系，色泽艳丽而不轻浮，光华内敛，愈久而弥新，且光色至为柔和，弈棋久视而不疲，令人精神愉悦，大大降低弈者久坐久视之疲劳感。

3. 榧木材质密度高，制成棋盘，纹理通直，且软硬适中，极富弹性，落子手感极佳，盘指之间，有一种特殊韵味仿佛若存，可大大缓解手指肌肉疲劳。

4. 榧木纹理致密，结构坚韧，以子敲枰，如珠落玉盘，其音清脆，悦耳动听。

5. 榧木生长缓慢，可制作棋盘的榧树树龄最低（板木木取）都得在250年以上，自古有"山中宝石"之称，其价之昂，也不逊宝石，上好榧木，一方竟达4000万日元之巨。制成榧盘，贵者达数百万甚至上千万日元。据报道，2011年12月17日，日本著名制盘大师三代目吉田寅义父子访问中国，就曾带来一具价值250万人民币的榧木盘和价值540万人民币的蛤棋石。

6. 榧木耐久，制成榧盘，寿命极长，倘无人为伤碰，便使用数百年，其内部木质、色泽亦无退化，且包浆灿然，更增华美。

二、榧木的辨别——日本榧、云南榧和新榧

榧木与其他木种棋盘极易辨别，最简单的办法就是嗅其味道，凡木各有其味，榧木尤香。就榧木而言，有日本榧和云南榧（又称中国榧）之分，日本榧其香醇厚，甘而不郁，似桂而不辛，嗅之令人安稳宁神。中国榧，又称云南榧，其香气与本榧又略有不同，嗅之更加浓郁而略辛，此中妙味，不易言传，实须细细体味辨别。但不管是日本榧还是云南榧，现在很多卖家则都一律称为本榧，商家口中，本榧似乎已经成为榧木的代名词，但负责的卖家也会向买家说明所售之盘是日本榧还是中国榧。

即使是日本榧，因其产地不同，也有高下之分。榧痴前川先生说宫崎县的"日向榧"和高知县的"大正榧"为榧中之冠，这是因为九州土壤多岩石，地力贫瘠不沃，榧木生长极为缓慢，因此年轮极细，木纹致密，又由于九州气象条件所致，冬旱夏雨，寒暖分明，木纹扭曲，多生奇趣，所以为人推崇，益加珍贵。日向榧又以绫营林署所出产为最佳，1988年宫崎县的绫营林署出产的榧木拍卖便创造出一立方米四千万日元的历史纪录。以绫营林署材制盘，每出一具，更会炒至天价。日本也有玩家称佐渡岛榧木在宫崎县榧横空出世前独领风骚，最为有名，对此，笔者未做研究，不敢妄评。不过九州榧以及四国地区所产榧木为本榧佳品，确是玩家共识，似乎没有疑义。

对于藏家来说，其实所藏之盘榧木产地并非衡量其潜在价值的重要指标，笔者以为，日本榧从其本身品质来看并非如商家所刻意宣扬炒作的那样有多大差别。而且也很难凭肉眼识别，香气和触感也并无大异，若一定要找出分辨标准，那就是九州宫崎地区尤其是日向榧木口分泌油脂泛红，制成榧盘，有黄中透红之色，制盘师业界称之为赤口，而其他地区所产之榧则无此特点，所制之盘整体黄色，被称之为黄口。另外，前面说过，日向榧由于生长条件所致，其纹路较为扭曲多变，时有奇趣，而一般榧木其纹变化较为平淡。前川先生也说："国产本榧根据产地不同，其颜色也各有差异，全国各地所产榧木大多都呈黄色，唯有本榧中最高级的日向榧，带有优雅的红色调，这是因为木口处渗出的丰富油脂使得木纹变得更加细腻，美丽。而中国云南省产榧虽看起来与国产本榧非常相似，也具有与本榧相同的特点，难以分辨。也如日向榧一样地有适度的弹力和打棋时的手感韵味，也在专业的对局当中被使用，但与国产本榧相比，木口竖纹较为整齐的盘更多，价格也相对较低。不过现在中国产本榧的材料也越来越少。"

从收藏的角度来看，衡量一具榧盘的价值高低，只要是本榧，更重要的不是根据其产地，而是以工艺水平之高下，生产年代之远近，是否名工斫制或"大名"传承，有否名人题写等诸多方面的历史文化价值因素综合考量。日本各大棋盘店所售新盘，虽价格略有差异，但大都不菲。一块15CM左右优质柾目榧盘价格在150万日元以上。高级棋盘标价200万至1000万日元（15万至60万人民币）。但真正具有历史文化和考古价值的却多是老盘名盘，这才是藏家寻找挖掘的宝物，尤其是那些具有考古价值的老盘，更是可遇而不可求。

需要注意的是，还有一种贴面盘常常鱼目混珠，被不诚商家冒充实木盘出售，贴面盘出现时间不长，是现代工艺，制盘者为遮掩劣材明显缺陷如树结、疤痕等，便以同质木材薄片贴于表面，制成后几乎与实木盘无异，非在光线极佳的环境下认真仔细查看，不易识别。其实木材瘤节、疤痕是在生长过程中自然形成的，只要不影响整体质量和天面美观，保持木材的原始风貌，便有一些疤瘤结节，也是一种自然的缺憾之美，更具特色，贴面掩饰反而会降低其本来价值。

因为榧木原材料面临枯竭，极度匮乏，从上世纪后期开始，日本人开始在全球范围内寻找能够替代本榧的棋盘材料。恪守传统的日本棋具界在北美亚寒地区寻找到材质、纹理、色彩、弹性以及耐久性等非常接近本榧的云杉等树材，并将这些树材称为新榧。新榧是棋具界对云杉、铁杉、冷杉等杉料树木的总称。目前中国棋具界所称新榧主要是铁杉。

新榧的坚硬度与本榧不相上下，木纹也相当漂亮，但不及本榧细密。木纹整体呈淡黄色泛白，让人感觉是无色的，弹性较好，棋子敲上去的声音很脆，耐久性很好。但油分少，色彩会逐渐变浅，制盘时着上淡黄色。充分干燥以后比本榧重量略轻。新榧树体高大，树干挺拔粗壮。由于树的直径很大，能产出极为漂亮的柾目棋盘，边材多作建筑装饰及制作家具。故现今的新榧棋盘都是柾目盘，没有板木盘。

新榧材质不算名贵，但经过棋盘师用传统工艺精心制作，新榧棋盘也能成为盘中上品。新榧盘的价格一般只有本榧盘的十分之一左右，但是看上去一样赏心悦目，用起来与本榧盘并无太大差异，若不是刻意追求高品质，新榧盘也能以假乱真，因此也受很多爱好者欢迎。当然，如果是收藏，则新榧盘毫无价值可言。

新榧与本榧各种性质特征完全不同，极易辨认，其明显区别处如下：

1. 本榧香气醇厚，新榧几乎无味。
2. 黄口本榧黄色自然，新榧略黄泛白，或不自然染色。赤口本榧黄中夹赤，木口红色油脂丰富，延年轮木纹作条状分布。如图：

赤口本榧黄中夹赤，木口红色油脂丰富，延年轮木纹作条状分布

新榧泛白，或不自然染色，干涩无油脂分布

3. 本榧木口木纹多曲，形状多不规则，新榧木口木纹规则整齐，平直。如图：

本榧木口木纹多曲，形状多不规则

新榧木口木纹规则整齐，平直

4. 本榧比重较新榧略重，按照现代规格标准纵45.45cm，横42.42cm盘，其厚度重量比通常是1：1，大致在每厘米厚度1公斤左右，古盘或超大规格盘则适当增减。而新榧比重略轻，每厘米厚度重量在0.7至0.8公斤，但也有比重如本榧者，此条不是判断本榧、新榧的绝对标准。

布覆罩起

三、棋盘养护

初玩棋具收藏者，往往对榧木盘的保养感到困惑。榧木盘在我国北方较易开裂。虽说完全干燥后的榧木木性稳定，不易开裂变形，但北方如北京的秋冬季节，仍需注意对榧木棋盘的保护和保养。当然，以下逐条也适用于其他木质棋盘。

1. 防止开裂变形

榧木棋盘最忌干燥、多风的环境，因此，在异常干燥、多风的地区和季节，如北京的秋冬季节，首先应注意的是务必将榧木盘置于避光、避风处，尤其不可有阳光直射，不可置于暖气、空调附近。保持室内湿度30度以上，必要时使用加湿器调节室内湿度。

盘覆保护

2. 防止磕碰

榧木棋盘应用布覆罩起，外加木质盘覆保护。如此可以避免尖锐物体刮擦并避免盘体与外物直接碰撞。对于珍贵的高级棋盘，还会设两重箱保护，即将盘罩上布罩，盘覆后，再置于外箱内加以保护。如图：

两重箱之外箱

3. 去污除垢

榧木棋盘长期使用，难免沾染灰尘污渍，需要清理，或新入手旧盘、老盘、古盘，更有可能污迹斑斑，去污尤为必要。不过去污除垢虽然必要，但保持古物的包浆、老气和时代风貌，更加重要。对于藏家来说，掌握清理污垢的技术就是必不可少的研究课题。要去除盘面污垢，切不可以湿布擦拭，更不可使用碱性、酸性等溶液去污。正确方法是，先用柔软的棉质干布擦去灰尘，务必注意擦拭力度，防止过于用力而损伤天面漆线，（笔者初入行时，就曾为此交过学费，教训惨痛）再用植物油如山茶、棕榈、橄榄等油擦拭，一般污渍即可去除，最后用棉质柔软干布擦去保养油。一般情况下，旧盘经过如此处理，就能够焕然一新了。

4. 常规养护

榧木棋盘平时的定期保养也是十分重要的，一般来说，每隔一年进行一次涂油打蜡即可。

四、藏品鉴别

判定一块棋盘是否有收藏价值，除了木种之外，还有诸多参考指标，榧木固然是制盘最佳良材，但日本古代也有许多名盘所用材质为枥木或枫、松、桧、银杏等木，贵重者如屋久杉、阴沉木等，虽然稀珍，但也时有所见。所以，棋盘，尤其是名盘、古盘的收藏价值之高低，当从如下几个方面去判断。

（一）材质、工艺及新老鉴识

1. 选材

棋盘制作工艺是衡量一块棋盘是否有收藏价值的重要指标。众所周知，日式足跗棋盘制作工艺十分考究，尤其是明治中期以前手工斫制的古盘，每一块都倾注了制盘师的心血，堪称一件完美的艺术品。

一块棋盘的制作，从伐木伊始，就开启了其艺术创作之旅。

日本工匠对于能够制作棋盘的榧木伐木时间是极为讲究的，并不是如现代工业生产那样，不分季节，乱砍乱伐，而是有所谓的"砍伐旬"，也就是指一年中正确的伐木季节，那就是一年中最寒冷的冬季，也就是在11月~2月之间。之所以有"砍伐旬"，其中大有学问。因为冬季树木停止生长，正当"收津脉"时，木头棕眼收缩，木质返硬，只有这时采伐的原木质量最好。伐木之后去其枝干便为原木，放置两年以上时间（当然时间越长越好）方可取材，取材的工序是把原木横切成一段一段大小适中的木墩，日人称之为玉切，而制盘之木，只取靠近根部以上一米部分，原木直径至少要在一米以上，以避开树的白边部分（俗称白皮）5~10厘米及树芯部分5~10厘米。玉切之后，将木口封蜡，进行漫长的干燥期，待10~20年自然干燥后制作棋盘。不过笔者以为，只取靠近根部以上一米部分的说法有些偏颇，笔者藏有根杢棋盘，其材就是榧木根材制成，当然，根材木纹扭曲，交织缠搅，加工困难，所以棋盘师选材时，有只取靠近根部以上一米部分的共识。

2. 木取

制木切割工序，日人称为木取。众所周知，榧木盘有柾目和板目两种分类，这是因为榧木盘取材所切方向不同，有弦切和径切两种木取。原木玉切之后便可得到一段制盘木材，其横断面之同心圆称之为年轮，将木材的横切面沿其半径方向切开，则可看到木材的径切面，在径切面会看到年轮以平行线的方式呈现，如果将木材的横切面延圆周的切线方向切开，则可得到弦切面，而在弦切面大致会出现V或U形的木纹纹理，形成诸如山形或波纹等不同图案。

弦切木取所制之盘便是板目盘，径切木取所制之盘便是柾目盘。弦切省工省料，径切费工费料，因此柾目盘远比板目盘价格昂贵。但从视觉效果看，板目盘花纹在天面，十分漂亮，而柾目盘或者没有花纹，或者花纹在两侧面，不如板目漂亮，而柾目盘取材又费时费工，为何反倒较板目盘昂贵？因为木材由生材状态到气干状态必然会引起收缩，有收缩就有异方性，产生应力，于是就产生变形。也就是说，木材横切面在干燥后的变形是因为收缩时的异方性所造成，木材在大气环境下的平衡含水率会随地区的温湿度而有不同，但在同等环境下，一般而言，木材在弦向、径向和纵向收缩率的比值大约为10：5：0.5，所以柾目盘所受应力较板目盘小得多，与板目盘相比，柾目盘木性更加稳定，不易变形，开裂。

板目盘树心在天面称木里，树心在底面则称木表。柾目盘又因其取材位置不同，分为四方柾、天地柾、天柾、追柾盘。如图：

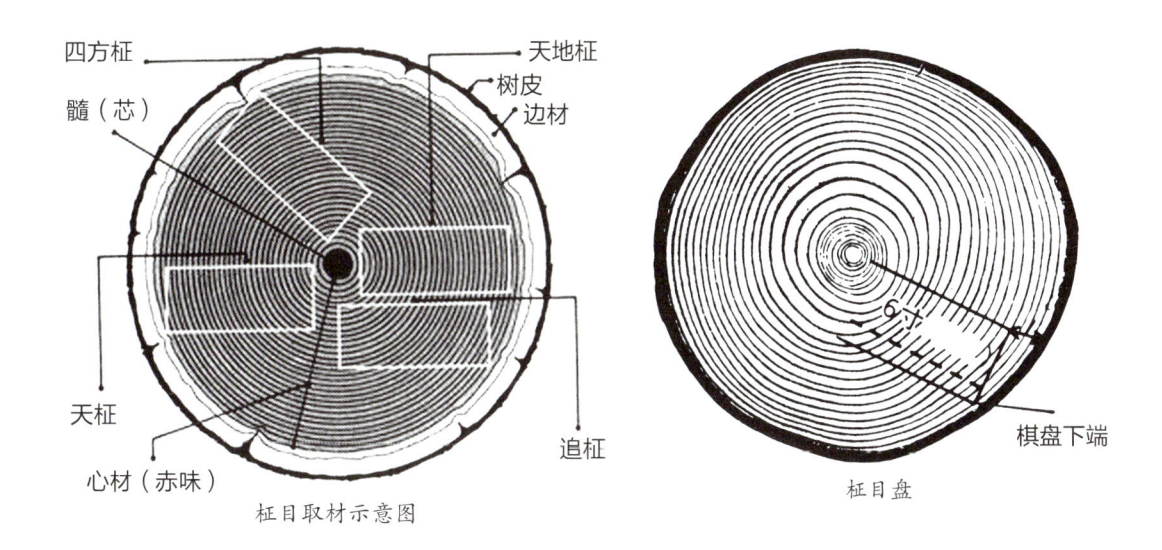

柾目取材示意图

柾目盘

图中可以看到柾目盘虽然都是径切木取，但其取材位置方向还是有所区别的，因此成品木纹及木性稳定程度也略有不同。所耗木材多少也略有不同。如图：

四方柾木取为斜向径切，木口四面均未与年轮形成切面，因此四面都形成柾目纹，天面和盘底自然也是柾目纹，俗称六面柾，四方柾盘木性最稳定，在柾木盘中耗材最巨。

笔者所藏四方柾盘

四方柾、天柾取材示意图

其次为天地柾盘，木取为正向径切，成品盘两侧面形成弦切面，有绚丽花纹。天地柾盘木性也十分稳定，耗材较四方柾盘略少。名棋盘师吉田寅义（二代目）1981年所著《棋具之创造》，其中在棋盘的木取评定标准的记叙中，对天地柾的木取做了如下的解说："天地柾必须采用生长状态良好，直径在120cm以上的材料。因是树心的位置是在棋盘旁边的木取，盘面的柾目通透到盘背，如此被称为天地柾。两个侧面出现板目。盘面出现的柩目如前所述：在盘材的木取的各种类别中最为精彩漂亮。另外反翘、开裂等物理现象也是仅次于四方柾而极少出现。"

笔者所藏天地柾盘

再次为天柾盘，天柾盘木取大致如四方柾，只是斜向角度略有不同，因一侧面有弦切木纹，又称之为片面柾，且取材靠近圆心木髓，故木性较四方柾、天地柾盘稍差。

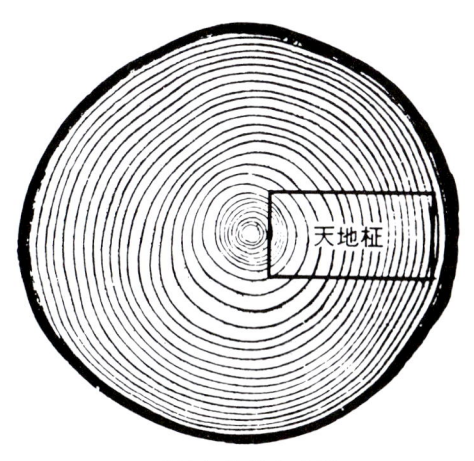

天地柾取材示意图

笔者所藏天柾盘

最后是追柾盘，追柾木取虽也是径切，但为节省材料，或者说因原材料较小，半径达不到以上三种木取所需尺寸，其天面一角已与靠近圆心部分形成弦切面，天面一侧边会出现弦切面花纹，其木性稳定性也略逊于上述三种。天面柾目纹自然也不如上述三种整齐。

综上所述，在诸如木种、材料产地、做工、厚度、色泽等外在条件相同的情况下，柾目盘优劣排名应当是四方柾、天地柾、天柾、追柾。当然，所谓优劣，无论从木性稳定程度还是外观视觉感受来看，四种柾木盘差异并不是很大，柾目纹差异也不甚明显，各有情趣。

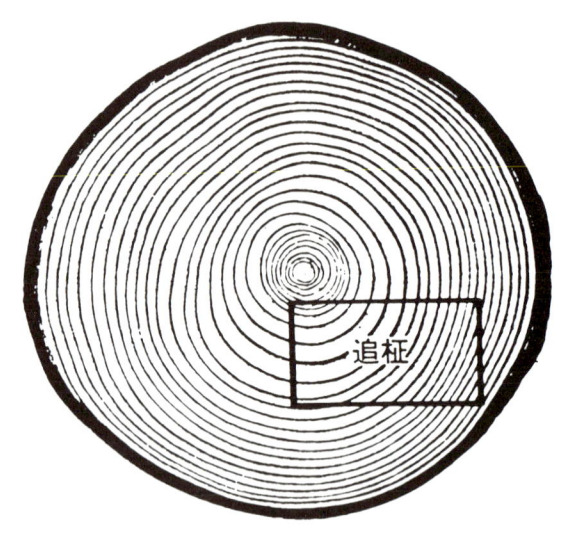

追柾取材示意图

笔者所藏追柾盘

笔者所藏木里盘

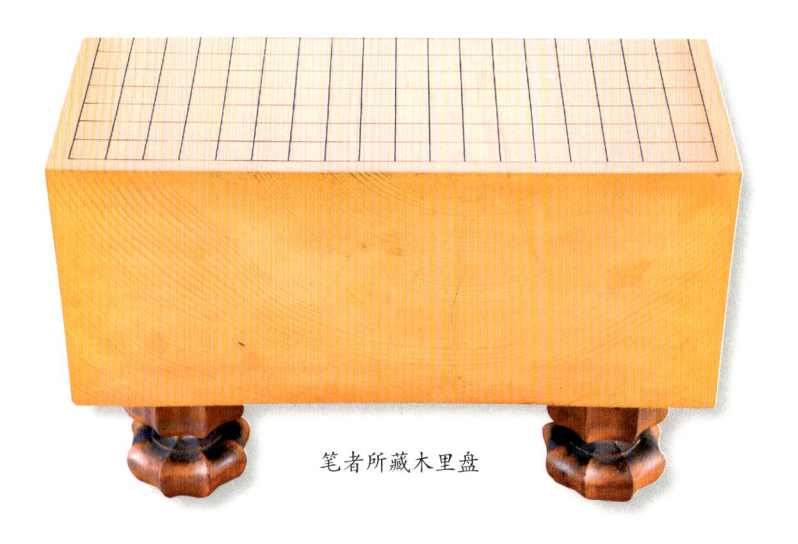

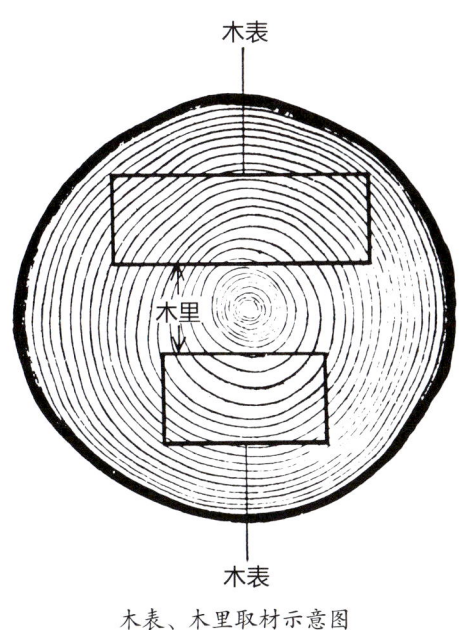

笔者所藏木表盘

木表、木里取材示意图

　　板目木取耗材最小，缺点是木性不甚稳定，对盘材干燥程度要求极高，只要有一点干燥不够彻底，则必变形，木里盘变形上凸下凹，木表盘则相反，上凹下凸。但若是制盘所用是完全干燥之材，也不易变形，笔者所藏有本因坊秀哉签名之松风盘、大会纪念盘等板木盘，距今均已近百年，仍灿然如新，并无变形。

关于木取，最后要重点介绍的是四方木口斜切魔除盘。其木取是以径切方向纵向斜切，故称斜切盘，所制之盘四面皆为木口，故称四方木口。四方目口盘天面，盘底均为对角线斜纹或对角线斜纹中夹有绚丽的弦面图纹。四方目口盘在日本古时被认为有驱邪降魔作用，故称魔除盘。如图：

四方木口斜切魔除盘因其特殊的取材工艺，使得其木性十分稳定，还在各种柾木盘之上，而又因其特殊的取材工艺，所耗之材极为奢侈，要1.4倍于四方柾木取，大大高于四方柾盘，也正是因为其特殊的取材工艺，令其斫制费时费力，非有多年制盘经验且具极高艺术水准之巨匠名师不能完成。以上诸多因素，使得四方木口斜切魔除盘价格昂贵，远高于柾木盘和其他各种工艺盘如金莳绘盘。也正是因为四方木口斜切魔除盘既绚丽华贵，又庄重典雅，自古便为盘中王者，又因其驱邪除魔的象征意义，使得四方木口魔除盘成了古大名诸藩和名宿棋豪的身份象征。可惜此种工艺在江户以后由于费工费料及工艺传承的关系，已经逐渐淡出历史舞台，从江户中期以后就很少有棋盘师制作了。二代吉田寅义曾在《棋具之创造》一书中写道："四个侧面都是木口的罕见木取在日本古时，借四方木口盘的'四方有口'来比喻危难之时有多个出口，另外还有不愁吃饭的比喻，是辟邪除魔、兴业人和之棋盘而备受珍重。四方木口的木取需要通常1.4倍的材料，由于过于奢侈，在元禄时代（1688-1704年）后就不再制作。使用现在的本榧原木制作四方木口盘是不可能的事。"

不过，笔者以为，现代确实已无可能以本榧制四方木口盘，但说"元禄以后就不再制作"则过于武断，有些绝对，笔者就收藏有宽政三年（1791年）所制斜切榧盘，还藏有明治二十七年御棋盘师青柳吉太郎修复之斜切榧盘，此盘制作时间大致应在宽政年间，即在元禄之后。但无论如何，四方木口斜切魔除盘在江户中期以后就已经十分罕见了，今传世甚少，极具收藏价值。

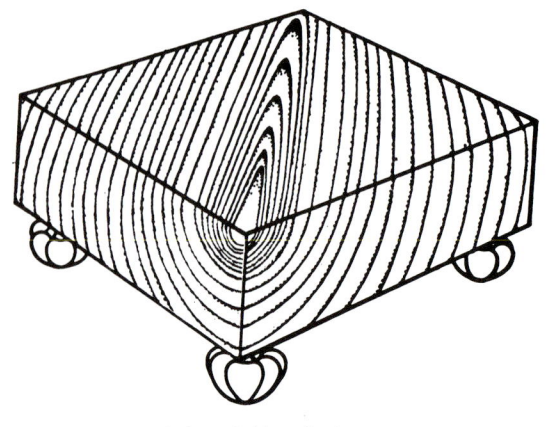

四方木口取材示意图

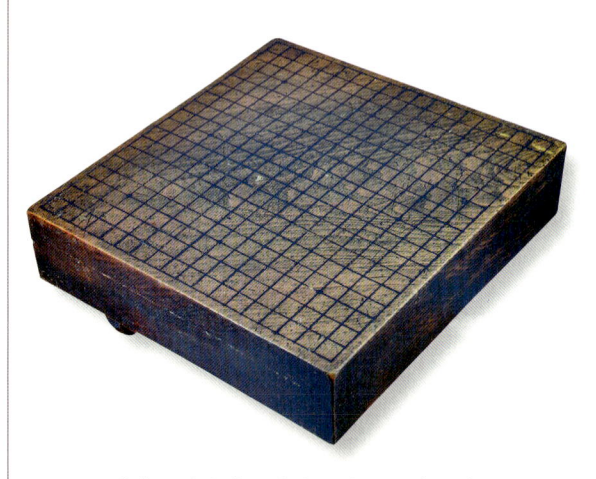

笔者所藏或在日本南北朝时代魔除盘

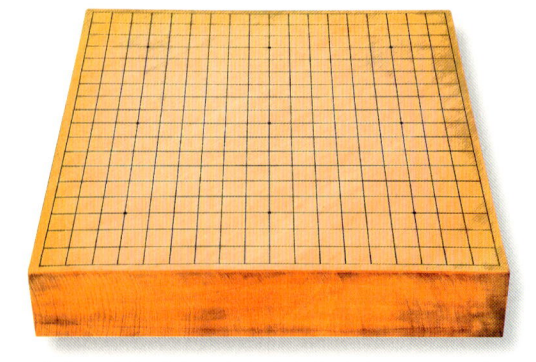

笔者所藏御棋盘师青柳吉太郎修复之斜切榧盘

而在现代，有棋盘店便制新榧四方木口盘出售，也价值不菲，如熊须棋盘店新榧木四方木口五寸独木棋墩售价就高达37400元人民币，三寸四方木口桌上盘也售价9000元人民币。

3. 目盛工艺

最后说说目盛。目盛工艺是日式棋盘特有的划线技术，其特点是目盛工艺所划漆线凸起，盘面质感十足。传统目盛手法有太刀盛、笔盛（使用老鼠的胡须制笔）、箆目盛。目盛工艺的核心便是滤漆，首先将漆充分搅拌研磨，以使漆过滤时具有极强的穿透性，再将研磨好的漆迅速裹在过滤纸里，用力拧绞挤压，以彻底清除漆中不纯物颗粒。如此提取的纯漆再以太刀盛、笔盛或箆目盛的手法划在棋盘之上，线成之后，点九颗星，称为星打。

三种目盛不分轩轾，只不过是以不同的手法和工具将漆线刻于盘上的技术，无论是哪种目盛技术，其将漆线划在盘上的最后结果是一样的。那就是漆线在盘上有凸起的质感，不仅看上去有立体感，美观，漂亮，更重要的是由于漆线的凸起，打棋时棋子落在漆线上而不直接作用于盘面，可以最大限度地保护盘面，减少磨损。

划线之前的准备工作是用界尺将盘面分好区域，以纸条贴边保护边缘不被漆线污染，划横线干燥一昼夜后再划竖线，再一昼夜后做"星打"，完成划线工序。

日本棋盘师极具工匠精神，对自己的每件作品都力求完美，精益求精，而划线是制盘的最后工序，也是最重要的工序，因此，目盛工艺十分讲究，不仅要求适宜的温度、湿度环境，而且还要求极度清洁，无尘的工作环境，包括温度、湿度、空气尘埃微粒等细小因素都将直接影响漆线的张力和黏度，从而导致漆线变形，前功尽弃。

进行目盛工序的客观环境，要求条件十分苛刻，具体地说就是室内无风，空气湿度高于50%，温度在摄氏23度以下，只有在这样的环境下才能够保证目盛漆线粗细均匀，轮廓清晰有质感，漆线凸起高度适中。

由于日本著名的制盘大师吉出寅义曾经访问中国并表演太刀目盛技艺，所以太刀目盛在中国最负盛名。

吉田流的太刀目盛技法始创于初代吉田虎义，其特点是棋盘师在特殊的弧形"太刀"刃上均匀蘸漆，再以娴熟的技法压线，随着太刀伏起的韵律，漆的张力令线轻微凸起，这种技术被誉之为"一线入魂"。

吉田所制之盘至为精美，价格极昂，日本原产六寸以上的本榧棋盘可达十几万甚至数十万元人民币。

箆目盛技法的效果与太刀目盛并无二致。日本制盘名匠棋盘师鬼头淳夫说："目盛有传统的三种技法，笔目盛、箆目盛、刀目盛。我用的是'箆目盛'的技法，也称作'江户箆目盛'（据说是三种传统技法中最难的一种）。关东地方用这种技法的比较多。"又说："先不说技法，主要就是看刻出来的漆线是否平行？漆线的厚度是否均匀？这种技法是用铁制的箆在盘面上将漆刷入的方法，这种技法制作的漆线非常持久。"

目盛技法也是日本自古传承的，起于何时，已不可考，但古盘目盛漆线较近现代略粗，古盘也有刻画红漆线或黄漆线的，但似乎不是目盛工艺，红、黄漆线并无凸起。

4. 材质、工艺鉴识方法

从材料、工艺方面来说，鉴别榧木棋盘的收藏价值当从以下诸因素衡量：

（1）色泽，黄口还是赤口，是否上有底色，若底色过重，则可能是为掩饰某种缺陷。黄口以明快淡黄为佳，若是老盘、古盘，则具明亮怡色或金黄色包浆。赤口则以油脂丰富，质感层次分明为佳。如图：

赤口则以油脂丰富，质感层次分明为佳

（2）木口年轮，年轮木纹应致密紧凑，弯曲多变，若稀疏散淡，纹理间宽，则说明树龄较短，或产地不佳，生长速度快，木质糠松。

致密紧凑，弯曲多变　　　　　　　稀疏散淡，纹理间宽

（3）天面盘底两侧，若是柾木盘，天面木纹可参考木口年轮，若是板目盘，须看花纹，一般来说，以乱、密为好，若是大的山形，则说明木质稍显疏松。盘底两侧应规整无节疤。

还有一种说法不知确否，据说棋盘天面严格说起来并非绝对水平，而是以天元为中心，向四周放射微微下凹，这样下棋时能令棋子打在棋盘上声音更加悦耳。不过笔者所藏之盘，古今新老，各式各样，不谓不多，却未见有一面如此者。姑此备录，求证识者。

（4）声音，以指叩盘，其声应清脆，若发沉闷之声，则说明干燥程度不够，或有疤节。

（5）上乘棋盘目盛工艺应达到漆线平行，粗细均匀，目罫方正，大小一致，轮廓清晰有质感，漆线凸起高度适中。

（6）对榧木盘开裂的认识

日本气候潮湿，而我国北方气候干燥，因此，原装榧木盘运回国内北方地区，需要一个适应过程。一般来说，质量好的（制盘选材干燥时间长）的盘即使有轻微裂纹，过一段时间也会通过榧木自身油脂分泌自我修复，仅留下些许痕迹，非但不影响美观，反而更增情趣。尤其是老盘古盘，经常会看到这样的痕迹，正如《和汉三才图绘十七嬉戏》条说的那样"新榧（指新做成的榧木盘，非指现代新榧盘）如见【左比右皮】（歧的异体字，器物出现裂纹的意思。）者，急藏箱，经久则愈如故。"日本著名的制盘大师前川先生也说：本榧有自愈复原能力，若有小裂，裂缝经过一段时间会自然弥合。如图：

图中数道斜纹便是"久则愈如故"之谓

当然，如果是大裂，不可愈合那就是瑕疵了。如图：

图中之裂便为不可愈合之大裂

还有一种看上去像是裂纹，实际上是如葡萄珠状杢纹，这是靠近根部之材在生长过程中自然形成的杢纹。如图：

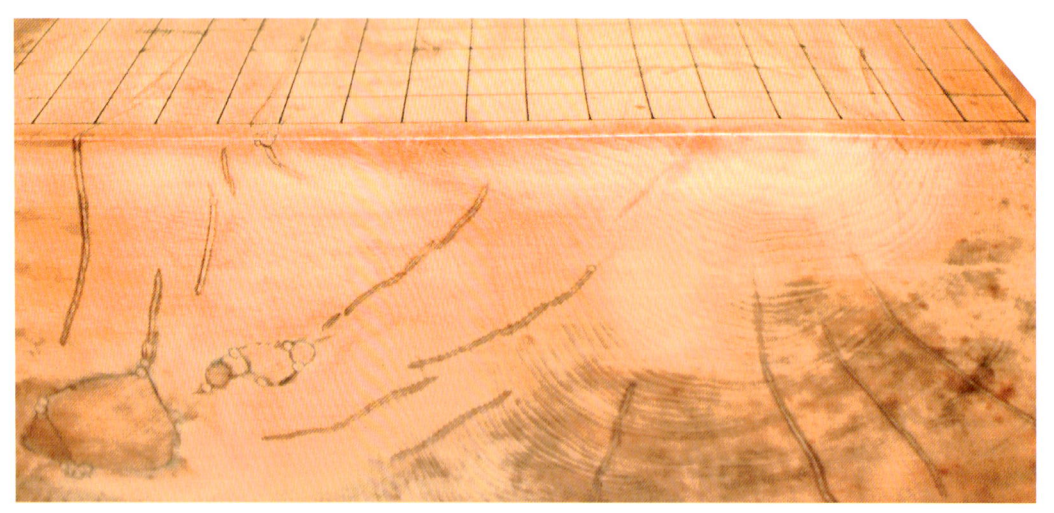

图中所示为靠近根部材所制盘特有之杢纹

除此之外，还有杢木和埋木要特别提及，杢木十分稀少，且少有大料，能够制盘的材料就更为稀罕了，杢木盘以其独特的纹理构成变幻莫测的美丽图案，赏心悦目，至为珍贵。

笔者所藏江户时期榧木榅盘，纹如钱塘之潮，名"春江潮水连海平"

榧木盘除榧木外，枫木，水目樱等材所制盘花纹都绚丽夺目，光彩照人。如图：

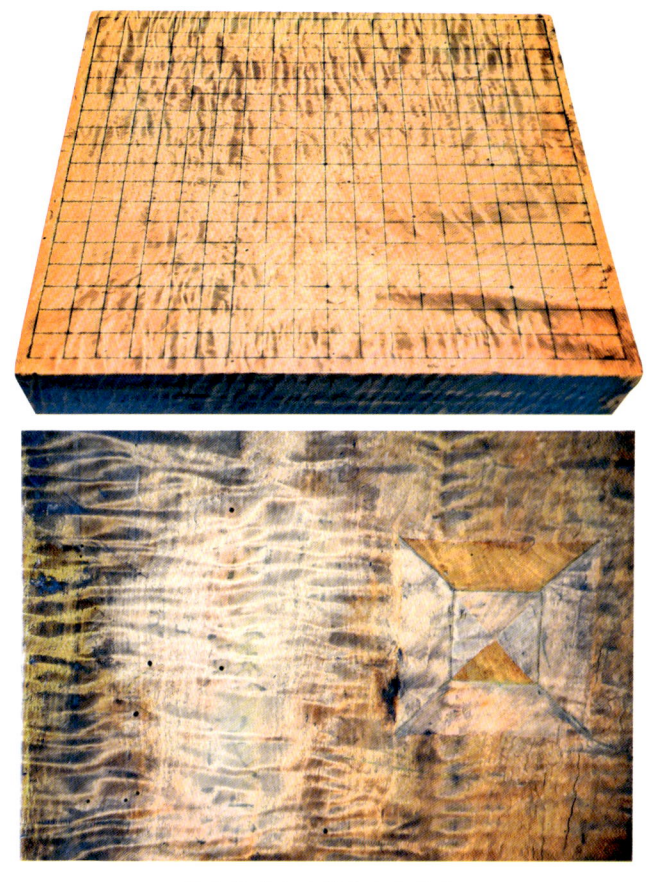

笔者所藏水目樱虎皮榅纹盘

而由于地壳变动以及火山活动致使树木埋于地下数百年甚至数千年，日本称之为神代木，又称埋木，类似于中国的阴沉木。出土的神代木有杉、桧、榧、桂、榉、榆、塔摩、樟、栗、楢、栃、朴、铁杉等。

20世纪80年代日本棋道曾刊有3000年前屋久岛榧五寸四分埋木盘，售1200万日元。

屋久岛榧五寸四分埋木盘，售1200万日元

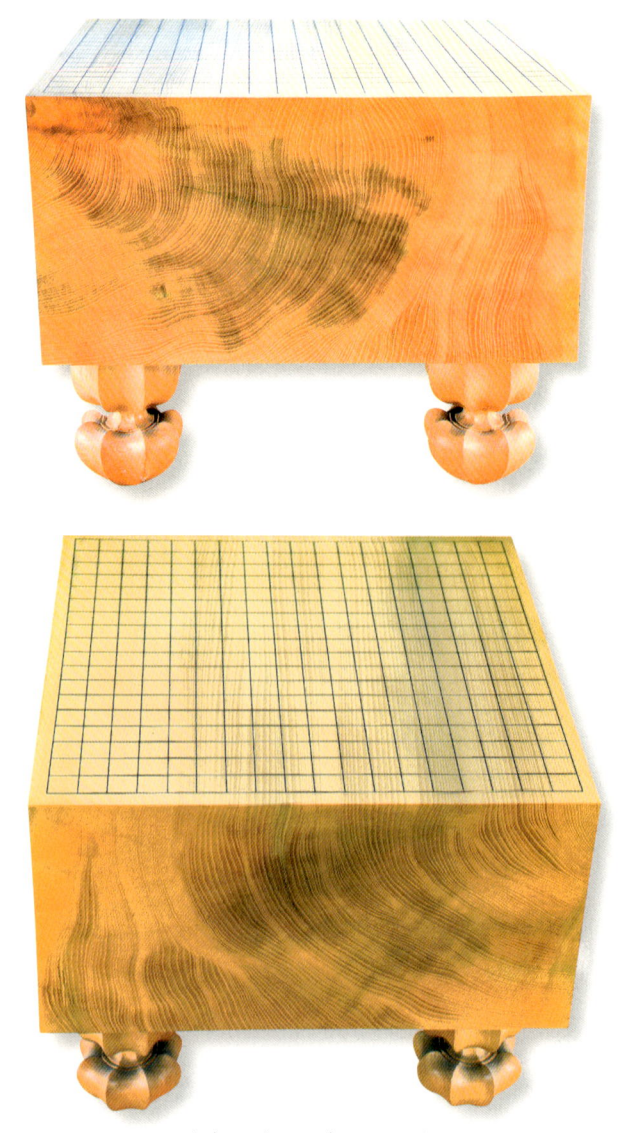

笔者所藏屋久岛榧埋木盘

埋木在我国称之为阴沉木，其中金丝楠阴沉木最为珍贵。如图：

笔者所藏金丝楠阴沉木盘

还必须要重点提及的是岛桑盘，岛桑之最当属享有黄金桑美誉的御藏岛桑，以岛桑制盘太过奢侈，故绝少见到，弥足珍贵。

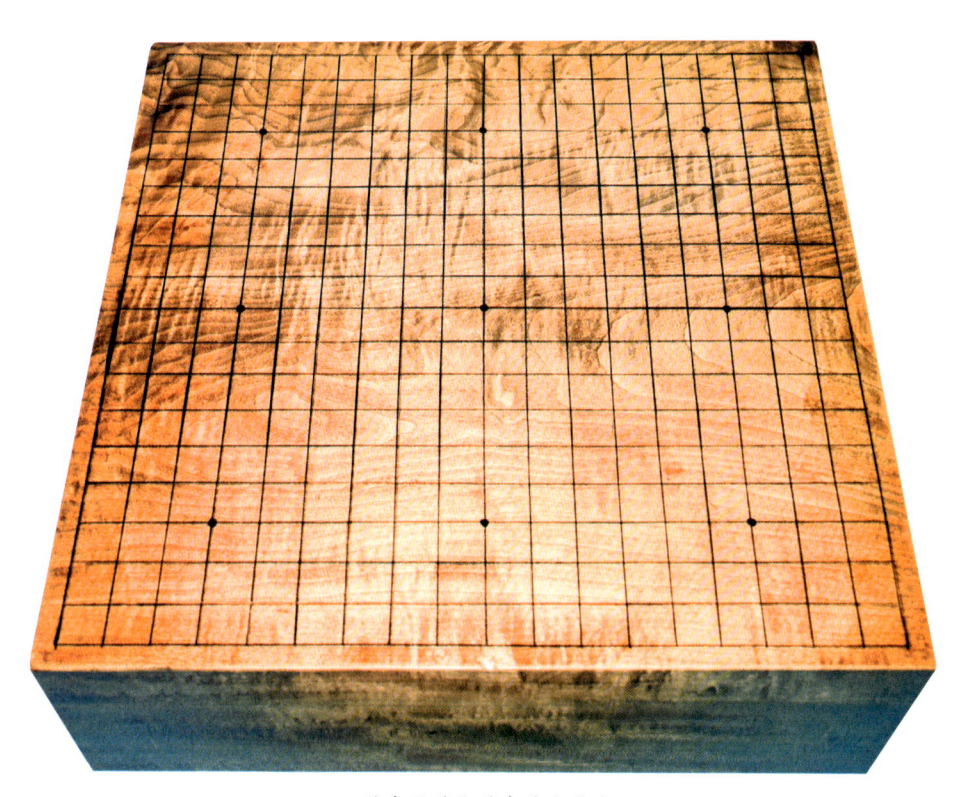

笔者所藏御藏岛黄金桑盘

笔者所藏御藏岛黄金桑盘

以上从棋盘材质及制作工艺角度浅谈日式足跗棋盘收藏鉴别要素，但既是收藏，则藏品价值除其本身的材质，用料和工艺水平等因素外，藏品本身所包含的历史文化内涵，是否为名师制作，是否流传有序等诸多因素才是鉴识衡量其价值的重要参数。

（二）年代、新老鉴识

入手一件藏品，首先要做的功课是对其新、老进行鉴识，断代，这是一个比较复杂的课题，需要藏家通过包括藏品的工艺、造型、寸法制式及其包含的历史、文化、人文等诸多方面的信息进行综合判断，才能准确地识别藏品的历史定位和文化艺术价值，掌握下面的知识是十分必要的。

1. 切子和盘足工艺的时代特征

日式棋盘最明显的工艺特点表现在盘底的"切子"和盘足造型的剞制。不同时代的切子和盘足造型的工艺特征，展现着不同的时代信息。

足跗棋盘盘底正中位置有一处方形凹槽，槽内有金字塔型肚脐状凸起，称为切子，又称血溜，音受。不同时代的不同棋盘师对切子工艺造型不一。切子的作用是为了有利于在湿度变化时散发水分，减少棋盘开裂变形概率，也有子落棋盘产生回音的效果，因此切子又称音受，还有一种自古流行的说法，日本《群书类聚》中《桥庵漫笔五》条载："棋盘足栀子形，盘内面切子又称'血溜'，意在警示观棋者不得支招，若有违者，当切首贮血处置。"宝岛围棋杂志社出版的沙济琯著《日本围棋史话》也曾引述"盘背面刳方寸小切口，称为'切子'（Kiriko）或'血溜'。其用意在提醒观棋者戒助言，倘有犯者，当局者可将助言者杀头，以其血留于切子之内，用示警戒！"此条记述解释了血溜的作用——之所以在盘底刳槽制切子，是古人用以警戒世人，观棋不语，若有违反，则切下人头，血滴槽内，因此切子又称血溜。此论应属戏谈，若只是因为观棋者支招便将其砍头，留其血于切子之内，也未免太过残忍，未见日本有此类法律条款，也未见日本野史有发生过此类事件的记载。但《群书类聚》编纂者又严肃地收录《桥庵漫笔五》记载此条，似又不是空穴来风，《桥庵漫笔五》所载在历史上或有实据，亦未可知，笔者猜想，也许曾有某藩主与人对弈时，旁有助言者，主人怒而斩之，血贮切子槽内，此例当属偶然，但为好事者传出，遂被《桥庵漫笔五》收录附会。

切子造型虽根据棋盘师不同略有差异，但亦可根据其形状大体判断出棋盘生产年代。古棋盘有仅刳一浅槽，内无金字塔造型的。

笔者所藏或在日本南北朝时代四方木口斜切魔除古盘，切子仅刳一浅槽，内无金字塔造型

切子凹槽在江户前期及以前时代较浅，也许是手工开槽造型十分费力，没有必要将切子凹槽开得那么深，而江户后期尤其是明治时期开始，也许是因为机械的助力，切子凹槽越来越深，金字塔型凸起也越来越清晰了，直至现代，切子开槽较古时既大且深。总之，根据切子大小深浅亦可基本辨识出藏品生产年代，小且浅者，一般都是江户时期或以前作品，但江户时期也有将槽开得较深的，还要根据其他如寸法形制等因素判断，不可一概而论，可以肯定的是，江户以后，就没有开槽较浅的盘了。

下面说说盘足，盘足工艺，直接反映棋盘师的制盘水平。

日式足跗棋盘盘足有别于其他所有木质有足器具，其造型是独特的栀子花果实形状，之所以采用栀子花果形状，据说是因为栀子在日语发音中是"不语"的意思。与"血溜"的寓意相同，是告诫世人，观棋不语是一种美德。

上：笔者所藏幻庵题"竹里棋声夜雨寒"盘开槽小且浅者，一般都是江户时期或以前作品
下：笔者所藏昭和九年盘，近代，切子开槽较古时既大且深

栀子花果实为卵状至长椭圆状，有5～9条翅状直棱，盘足则为了彰显对称之美，选择八棱栀子花果形状再加以艺术夸张的加工造型，便成了日式足跗棋盘盘足特有的艺术造型。活跃于日本大正时代的名棋盘师内山茂吉有一句名言："盘足是棋盘师的颜面。"日本制盘业界有"棋盘一年，盘足十年"之谚语，虽说有些夸张，却不无道理，不过是强调盘足做工之难。的确，盘体制作靠木工匠人最基本的平刨技术，一年时间基本可以学会制盘手艺，但制盘足却需要制盘师精湛的砻斫雕刻技术，十年磨琢，亦不为过。盘足最能检验棋盘师的功力，高档名贵之盘，其盘足必定为手工雕刻。

在现代，各棋盘店的盘足形状虽也各有特点，但总体来说，还都带有较粗大圆肥，棱角分明，八棱间的曲槽较深的现代特征，而日本古时的盘足造型与现代大不相同，其形细小瘦长，棱角不利，八棱间的曲面槽较浅。直至江户中期以后到明治大正时期，盘足造型逐渐向现代造型过渡，其造型较古时圆润了些，但与现代风格仍有明显不同，昭和时期就基本与现代造型大同小异了，总体来说，现代盘足造型栀子花果纹造型更加夸张。从盘足造型的时代特征，资深藏家大致可以鉴别出藏品的新老程度。

以上所述盘足造型，仅就一般规律而言，并非绝对，也有江户时期盘足较为丰肥圆润者，制盘师风格不同，所制盘足造型或腴或瘦，也各不相同，不可一概而论，但总体来说，盘足造型还是能够显现出一定的时代特征的，在鉴识藏品时，盘足造型风格是一个重要参考要素，但也须结合其他诸如寸法制式等因素综合判断，才能正确认识藏品新老年代和历史文化价值。

笔者所藏或在日本南北朝时代古盘，盘足细小瘦长，棱角不利，八棱间的曲面槽较浅

笔者所藏昭和九年盘，盘足已向现代造型过渡

现代盘足造型：栀子花果纹造型更加夸张

日式盘足造型上部憨直，下部翘曲，中间较细部分有一层或两层环阶装饰，有一种说法认为："日本关东地区以一层为主，宫崎等关西地区两层较多。"其实并不尽然，据笔者所见，两层饰阶只是现代某些棋盘师追求华丽的工艺造型，如前川棋盘店所产盘，并不能用以区别关东关西地区特征，即使是宫崎，两层饰阶也并非主流，环阶造型还是以一阶居多。另有一种说法，认为盘足有深浅之分，关东型较浅，关西型较深。

盘足和切子之所以能够作为判断棋盘新老、年代的重要依据，是因为日本制盘匠人有传统习俗，即对他人制作的棋盘进行修复时，仅只限于盘之六面翻新，切子和盘足是万不能动的。因此，切子和盘足准确无误地保留了当时的时代特征。

2. 制式寸法的时代特征

玩收藏，所藏无论什么门类的藏品，其值在老，在够年代，棋具自然也不例外。前面谈到藏家可以从棋盘形制中切子和盘足造型的差异中寻找到不同的时代特征，而同样能清楚显示不同时代特征的是棋盘寸法制式。

围棋传入日本，棋盘制式自然也是遵循唐制，但最晚至平安时代，日人就创造了日式足跗棋盘，棋盘寸法规格虽时有不同，但基本形制却一直未变而传承至今。对于自然的断代，除有盘底或盘覆题字题名，或有制盘师签名可据此判断制作年代外，判断一具棋盘是否够老，老到什么年代，首先要从寸法制式方面进行辨识。

曾见某商家撰文这样误导买家："日本标准棋盘的尺寸是43×46，这一标准尺寸在日本已经流传了千年，不论是日本博物馆里的陈列品，还是棋盘匠人刚刚制作的新盘，不管是榧木盘还是桂木，都严格遵守这一尺寸。"此说大谬特谬！所谓43×46是指盘纵46cm，横43cm，这一寸法出现时间较晚，而且并未流行开来，也未作为一种制式在某一时代见诸于任何著录，更准确地说是在上世纪80年代日本榧几近枯竭，云南榧充斥榧盘市场之后才流行开来，此寸法棋盘以中国云南榧材质居多。这也是为了配合所谓日制蛤棋石（墨西哥蛤棋石）流行后规格变大而要求棋盘罫目相应增大，从而解决棋子置于原寸法棋盘过于拥挤的问题。有关蛤棋石日产和日制的区别和寸法后面棋笥棋子部分有详细论述。昭和以前江户、明治、大正时期虽也曾有过大规格寸法棋盘，但只是偶有所见，而且，日本博物馆的陈列品所陈列的历代名盘，其寸法制式大不相同，但似乎并无46×43规格的。如现藏于秀策博物馆的幻庵因硕题书"百战百胜不如一忍×盘及宝泉寺所藏的秀策与其师葆真大师对局所用棋盘就是标准的本因坊道策所定寸法制式棋盘。另如大德寺龙源院藏安土桃山时代秀吉、家康对局所用永青文库藏安土桃山时代千利休爱用的棋盘，"四方梨地金莳绘盘"，日本棋院藏"雪之盘"等，无一是46×43寸法形制。

另有一篇文章写道："在此顺便介绍一下棋盘的尺寸。棋盘的长，宽，厚度的尺寸都是以"八"为最后的数字。比方说：长为一尺四寸八分，宽为一尺三寸八分，厚为四寸八分。棋子的直径是六分八厘。"文章作者只知其一，不知其二，治学不够严谨。此说似是根据小松武树著《围棋与将棋之源——话棋具》一书而来，但原文是："德川时代后期，道悦定制寸法改进为纵一尺四寸八分，横一尺三寸八分厚四寸八分，足高三寸八分。明治中期以前，棋石为手工制作，七分加减，明治后期机械制作，白七分，黑七分二厘。"需要注意的是，小松武树所说棋盘寸法是德川时代后期，而且是从道悦寸法改进而来。棋子寸法古时六分八厘，江户末期到明治中期以前"七分加减"，明治后期机械制作，白七分，黑七分二厘。

北海盘匠1959年版《棋盘的尺寸和制造方法》一书也有这样的说法："各式各样的尺寸的末端以'八'结束，因为'八'自古以来就是吉祥数字……有一种说法认为，这个尺寸是本因坊家的棋盘规格。又被称为标准寸法。进入明治时代后渐渐流行厚盘，纵横共二分延伸，大了一圈。喜欢厚盘的原因是将来要重新削减因为考虑到需要重新调整眼睛的情况。"其实这里所说的各式各样的尺寸也是指的德川后期的寸法，此寸法在之前的日本古代完全不同，而且到明治时代就渐渐结束了，明治以后不但渐渐流行厚盘，且纵横寸法也加大了二分。至于本因坊家棋盘的标准寸法只存在于道悦时代到德川后期这一阶段，而道悦寸法除总高最后的数字是"八"，纵横和厚都恰恰不是以"八"结束。

日本棋盘棋子的规制寸法是随着时代的不同而不断变化着的。

平安时代棋盘形制为唐制，现藏于正仓院的"木画紫檀棋局"，盘为四方形制，纵横均一尺六寸三分，总高五寸一分。还有"桑棋局"等，形制无大差异。正仓院所藏棋局，棋盘之下多有壸门座承接。至少在围棋传入日本的初期，日本棋具仍循唐制，前文已有详述。

日本有记录的最早关于棋盘规格形制的记载是延喜朝平安时代醍醐天皇命令宽莲撰写献上的《棋式》，一条兼良曾著《花鸟余情（1472年）》为《源氏物语》作注，书中有"延喜十三年（913年）五月三日，宽莲奉召著成《棋式》，献与醍醐天皇。"的记载，但《棋式》今无传本，仅有收录在《群书类从》中的《围棋口传》转载了其中一部分内容。《围棋口传》是正治元年（1199年）由僧人玄尊（生卒年不详）编写的。书中记载了对局行棋诀窍，以及历代沿袭之围棋术语。其中《围棋式》有载："棋局寸法长一尺四寸八分，广一尺四寸高六寸二分（应为六寸六分），木厚三寸四分，足高三寸二分，此为寸法大旨。"《群书类从》编纂者塙保己一为江户时人，本书编纂于宽政五年（1793年），所采《围棋式》内容，当有所据。可知在延喜朝平安时代，棋盘形制就已经摆脱唐制束缚，日式足跗棋盘形制也已成熟，形成传承至今的具有鲜明特色的日式足跗棋盘风格。

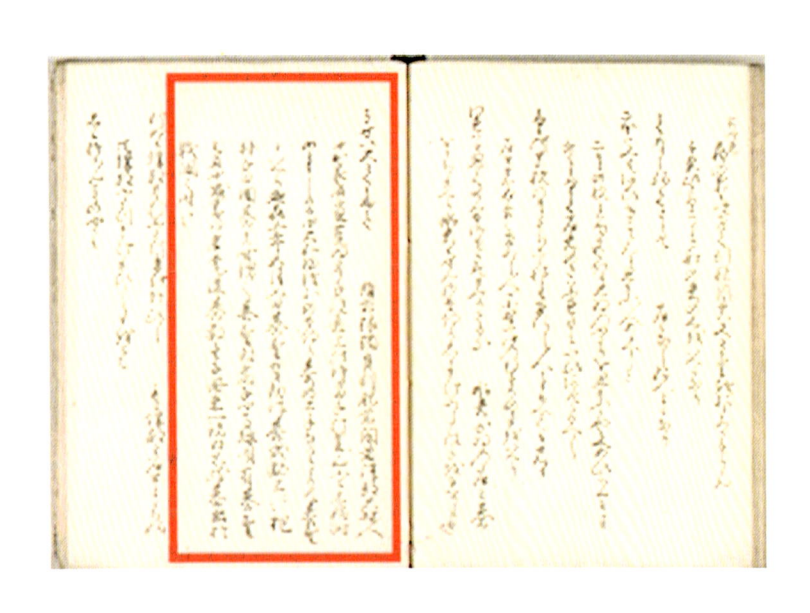

其后据可查的最早关于棋盘规格形制的记载是成书于日本南北朝时代（1331年）的《尘滴问答》一书，其中关于围棋条记："围棋象征十八界，故棋盘广一尺八寸。"此规格形制与正仓院所藏唐制木画紫檀棋局和桑木棋局形制大略相同而略大，可见古日本棋盘规格循唐而制。不过此条记载也未必就是当时广泛流行的棋盘规制，或者说此规制棋盘应该是在皇家和贵族之间流行，因为此后不久，南北朝室町幕府前期武将（1326年－1420年）今川贞世（剃发后称了俊）所著《今川大双纸》（1400年出版）对棋盘规制的记载就与前述大相径庭：大内御物棋盘立目一寸，横目八分，盘厚四寸五分，足三寸五分也。此条虽未直接记载盘纵、横寸法，但根据方罫纵横数据，可知盘纵当在一尺八寸以上，平民棋盘立目八分，横目七分，盘厚四寸五分，足高二寸五分，总高七寸也。

此条虽未直接记载盘纵、横寸法，但根据方罫纵横数据，可知平民所用盘纵在一尺五寸左右，而上条记载皇家所用盘纵当在一尺八寸以上，可见民间广泛流行的棋盘寸法要明显小于贵族阶层所用之棋盘规制。

成书于1446年的《壒囊钞》是日本一部类书，古刊本15册，共收500多条目。广引日本和中国典籍，主要介绍中日两国的佛教与世俗事物知识，据《壒囊抄》记载：棋局做法，高六寸，长一尺四寸（42.4cm），广一尺三寸八分（41.5cm），目七分（2.1cm）。此时棋盘不知为何变小。

后世不断有关于棋盘规制的记载，成书于天正年间（1573年）的《大诸礼》闻书：棋盘寸法内里（目罫）立目一寸，横目八分，盘厚四寸五分，足高三寸五分以上，总高八寸

武家立目八分，横目七分，盘厚四寸二分，足高二寸八分以上，总高七寸。

此条所载棋盘规制与前条《今川大双纸》所载棋盘规制略同，此时又恢复了百多年前古制。

需要说明的是，至少在算砂时代，虽然日式足跗棋盘已经存在了数百年，但唐制棋盘也并未被完全取代，完整保存至今的本因坊算砂曾经用过的一套棋具，棋盘就是唐制桑木盘。

算砂用过的棋具：唐桑棋盘（由近卫家赠送算砂的唐桑棋盘）、朝鲜通信史赠送的棋具和棋子（陶瓷棋笥、玉石棋子）、寂光寺藏、京都

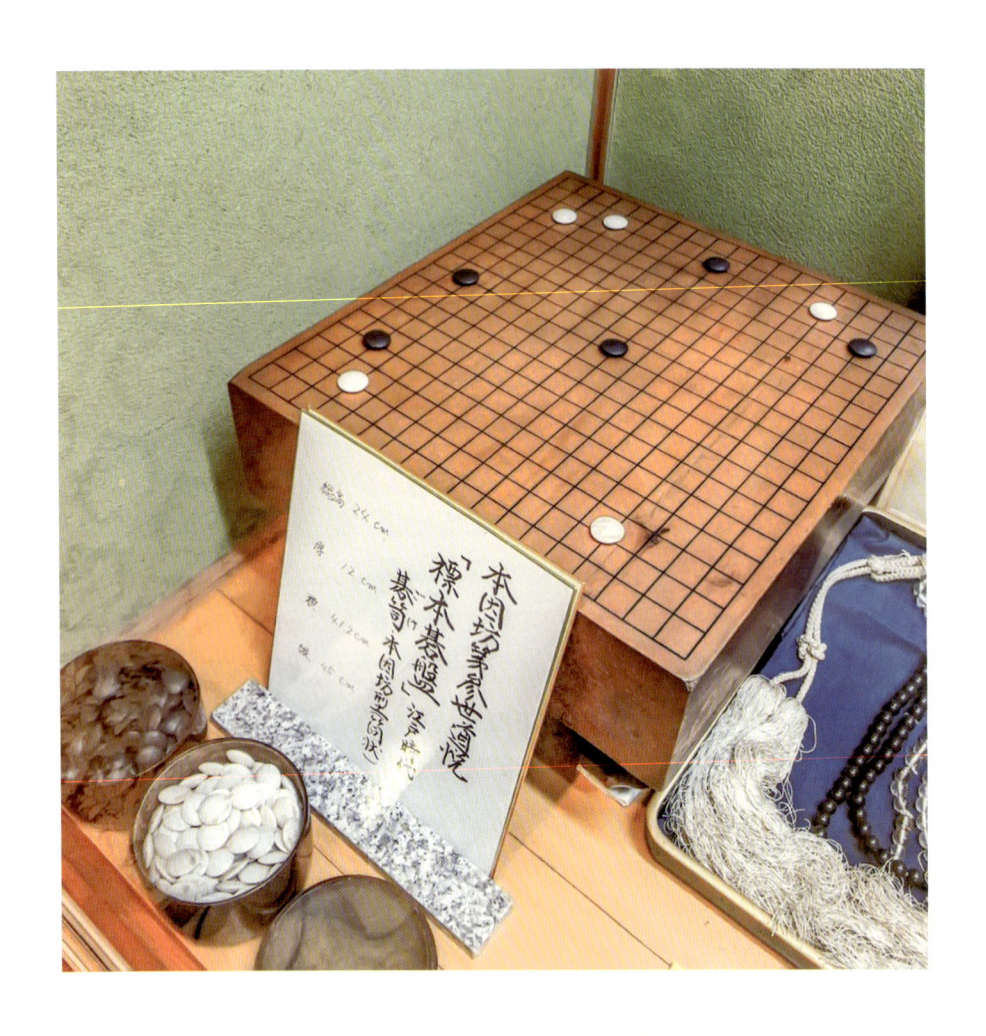

之后《视听草》《和汉三才图绘》等书都对当时的棋盘制式有所记载，如《视听草六集九》"棋道珍话棋盘寸法：总高最高七寸八步（分），盘厚三寸九步，长一尺四寸五步，横一尺三寸五步，缘三步（分），右为本因坊四世代目名人道悦（应为三世准名人）定之。"不知何种原因，道悦统一棋盘规制所定寸法较之古法变化极大，从道悦时代起，棋盘纵横厚度又都变得小了很多。

道悦寸法直至正德二年（1712年）又有所变化，那一年出版的日本百科全书《和汉三才图会》（和汉又称"倭汉"）七嬉戏条载："枰大抵厚六寸，纵一尺四寸，横一尺三寸八分，方罫七分各十九罫（线）。"此条所记寸法与《瑬囊抄》所载完全相同，此际，棋盘寸法又恢复到室町时代古制，棋盘变小的趋势发展到了极致。

然而，日本江户时期松田一门制木名匠松田太右卫门于正德二年（1712年）曾绘制木工建筑模型图案绘本出版成册，名《小坪规矩》，书中有棋盘图形寸法，与《和汉三才图会》所载寸法却大不相同。松田为江户名匠，出身制木世家，其父松田又兵卫亦为名匠，松田一门留下许多传世作品，其中最著名的有国分寺前门、富士社社殿等建筑。松田太右卫门名下优秀的弟子辈出，如东云勘四郎、今井庄兵卫等。《小坪

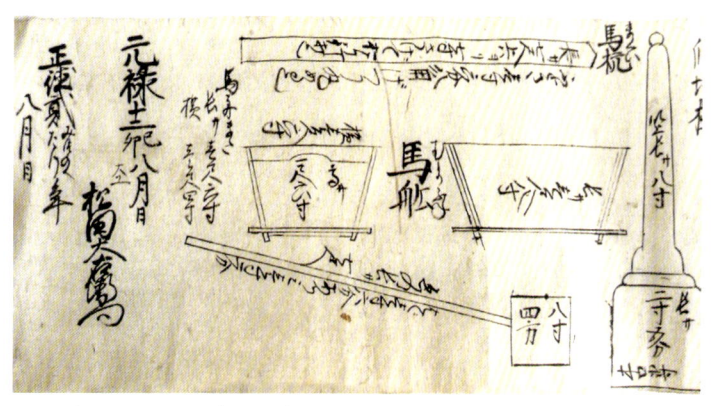

飞驒高山历史美术博物馆藏松田太右卫门绘《小坪规矩》绘本图样

笔者所藏享保年木板刻印《小坪规矩》

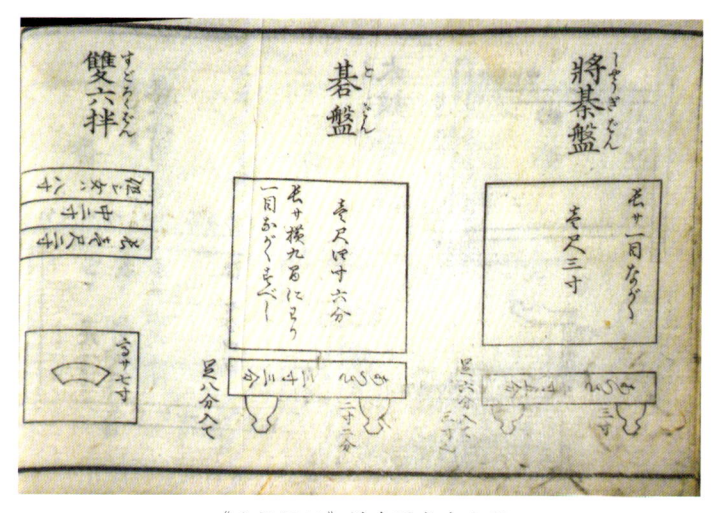

《小坪规矩》棋盘图式寸法页

规矩目录》绘本现收藏于高山市上一之町的飞驒高山历史美术博物馆。日本早稻田大学藏有须原屋茂兵卫出版的《小坪规矩》一书。书中所绘棋盘图式寸法为：

长一尺四寸六分，横去长九分，也就是一尺三寸七分。盘厚三寸三分，足二寸二分，入盘内八分，（旁另有"三寸"二字，疑足寸法有误，应为三寸三分，将棋盘整体小于围棋盘，足高尚且三寸，入盘内六分，围棋盘足反较之矮一寸，不成比例，故足高应为三寸二分。）笔者以为《小坪规矩》所记寸法应较《和汉三才图会》所记更能准确地反映当时棋盘寸法制式，因为《小坪规矩》绘者为一代名匠，对于各种建筑，木器规格寸法世有传承，不可能单只弄错棋盘寸法，而《和汉三才图会》为多人编纂完成，棋盘寸法编写者未必是制盘专家，或有疏漏失误，或以偏概全，亦在所难免，且所记与《瑢囊抄》完全相同，应是编纂者偷懒，据《瑢囊抄》抄来。笔者藏有正德二年名人棋盘师九兵卫作文化二年名人棋盘师町田平七郎修复盘（后文有详细介绍），其纵横寸法与《小坪规矩》所载寸法略小0.2cm，当是町田平七郎修复削减所致，此盘制作与《小坪规矩》出版同为正德二年，纵横寸法与《小坪规矩》所载寸法完全相同，可为佐证。

不过这时的棋盘规制也未必全都统一，在日本不同地区，棋盘寸法制式规格是有所差异的，如清人徐葆光于康熙五十八年（1719年）农历六月为册封琉球王尚敬奉命出使琉球，并考察琉球民情达八月之久，回国后著《中山传信录》，书中卷六器具篇亦曾记述琉球棋具："棋局高尺许，脚二三寸，面厚七八寸，极坚重，使不倾侧。"又据钦命册封琉球副使赐正一品麟蟒服内阁中书前翰林院检讨绵州李鼎元撰《使琉球记》卷三载："棋盘以厚木为之，厚八寸；四足，足高四寸；面刻棋路。其俗好弈，举棋无不定之说，颇亦有国手。局终，数空眼多少，不数实子，数正同。相传国中供奉棋神，画女像如仙子，不令人见；乃国中雅尚也。"虽然当时琉球为大清属国，但琉球围棋制度习俗却传承自日本，棋具也是日式足趺棋盘、蛤棋石。

可见偏远的琉球就未遵守道悦古制，甚至不符任何书籍所载的棋盘规格古制，当然，此际琉球早已成为大清属国，不遵日本古制亦在情理之中。其地棋盘规制，大小厚度随意，竟已经出现了面厚七八寸的巨盘，完全是一种自由奔放的态度（虽然琉球古时直至大清都为中国属国，但其围棋传承多与日本往来）。

后《大江俊矩记》曾记一条以"代金壹两三步"买得棋盘棋子事，详细记录了当时的棋盘寸法："文化四年二月廿八日庚子　棋盘柏厚五寸三步（约16cm），广一尺三寸七分（约41.15cm），长一尺四寸八分（约44.8cm）、高九寸（27.27cm）。"此规制纵横厚度远大于道悦制式，开始了棋盘规制复古之风，但所复为平安朝之古，只不过盘厚与古制不同而已。

以上诸书所载棋盘制式虽因时代不同各有所异，但亦均有定规，且随时代发展略有变化，总体趋势是古时棋盘较大，至室町时代不知为何变小，战国时代一度恢复平安时代古制，至道悦又一改古制，纵横尺寸厚度均有所缩减，棋盘再变得小巧起来。正德年间又恢复到室町时代古制，不足百年后，棋盘纵横厚度又逐渐增加，直至明治以后，这种增加趋势愈速而至今，有纵46cm，横43cm以上，厚九寸以上者巨盘。

纵观日本足趺棋盘寸法制式发展历史，棋盘大小厚度随时代不断更新，变化频频，时大时小，呈波浪式发展，以百余年为一变。

小松武树著《围棋与将棋之源——话棋具》记载：

"现代棋盘寸法纵一尺五寸（45.4cm），横一尺四寸（42.4cm）足高四寸（12.1cm）"此规制大体为现代棋盘的一般标准寸法形制。

吉田寅义在《棋具之创造》一书中也记载："现代纵一尺五寸（约45.4cm）横一尺四寸（约42.4cm），足高四寸（约12.1cm），厚二寸至六寸（6～18cm）。"又说："现在棋盘、象棋（应为将棋）盘讲究越厚越高级，有最厚达八至九寸以上，纵一尺五寸二分（约46cm），横一尺四寸二分（约43cm）以上的，但毕竟还是注重实际的使用方便，所以八九寸的棋盘也很稀有。"

上述是笔者辑考总结的日本历代棋盘制式寸法演变的大致情况，藏家据此综合分析，便可基本辨识出藏品的大致年代。

3. 包浆和其他

辨识藏品年代的另一项重要依据便是包浆，任何物件，只要是经过一定年代的洗礼，都会留下时间的烙印痕迹，尤其是木器，经过长时间的氧化过程，加以长期使用保管过程中的打磨，擦拭，必然会在其表面形成一层晶莹剔透的，类似琥珀质地的外壳，这一层外壳便是收藏界玩家所称的包浆。包浆之称谓，是古玩行业专业术语，特指器物表面由于长时间氧化形成的氧化层，是古物器物历经岁月洗礼，在表面上形成的一层自然光泽。凡有一定年代的瓷器、木器、玉器、铜器、牙雕、文玩乃至书画碑拓等纸绢制品，只要到代，都会形成包浆。包浆既然承载岁月痕迹，器物年代越久，包浆自然越醇厚。

棋盘包浆根据其材质不同，其色彩、光泽也不尽相同，便同是榧盘，因其使用程度，放置环境，保养爱护情况不同，包浆也不尽相同，真正年代久远的棋盘包浆，其色泽沉稳，光华内敛，给人以厚重的感觉，而有的看上去十分陈旧，污迹斑斑的棋盘，其年代反而并不见得久远，更可能是因为保管养护不当所致。不过包浆虽是辨识藏品年代的重要依据，但毕竟没有科学鉴定的数据标准，而只是凭借藏家肉眼视觉和手感触觉判断，这便需要藏家具有丰富的上手经验方可意会。

此外，还有一些反映时代特征的制盘工艺习俗也值得藏家注意观察，如江户时期中期，有在棋盘两正面木口涂或黑或红大漆的，其目的是为了防止潮气渗入还仅只是一种装饰，不得而知，或许二者都有，但一般来说，若遇此种工艺盘，又老气十足，则多为江户时期作品，不过此风不盛，偶有所见。

笔者所藏幕末木口涂漆杢木盘

4. 名师斫作真伪

器物收藏最讲究名家之作，棋具收藏自也不能脱俗。藏家重名家之作，非为名家虚名，而是因为，既为名家，其艺必精，所制器物之艺术价值自然高于流俗之物。而且正所谓："江山代有才人出，各领风骚数百年。"每个时代都有代表其所处时代艺术风格的制盘大师，因此，一具有制作者署名的棋盘自然准确地记录了其出世年代信息，从这些信息中即可轻易判断出作品年代。

日本棋盘师亦有等级之分，明治以前，最高等级的棋盘师称之为"御棋盘师"，御棋盘师是指被"棋所"授予称号的棋盘师，御棋盘师作品多为定制，所供仅限于诸如贵族诸藩，大名世家，围棋四大家等。名师巨匠地位尊崇，身份高贵者，所制之盘一般平民很难有机会获得。日本历史上制盘师代有名匠，如江户初期的九兵卫，幕末时期著名棋盘师町田平七郎、高梨清兵卫、福井勘兵卫等都是大大有名的御棋盘师。明治以后，官赐棋所取消，御棋盘师称号随之渐渐消失，名棋盘师就全凭世人口碑了。明治、大正时期有"东福井，西平井"之说，平井就是一直活跃到昭和前期的著名制盘巨匠平井芳松。此外，幕末明治期著名棋盘师还有九州丰前的御棋盘师白井繁吉、白井房吉一门，御棋盘师青柳吉太郎等。大正、昭和前期著名棋盘师除前面提到过的福井、平井外，还有内山茂吉、鬼头德吉、吉田虎义（初代吉田寅义），二代吉田寅义（一如）师徒、昭和中后期的吉松三治等。

由于附有棋盘师署名的棋盘俱属名家之作，其价昂贵，故也有伪品充斥收藏市场，不过若仔细辨认，综合分析还是不难鉴别的，仅举一例，如右上图：

此为明显伪造大师题字签名，伪造棋盘师署名盘。

右下图是平井芳松署名盘足真迹。

伪造大师题字签名，伪造棋盘师署名盘

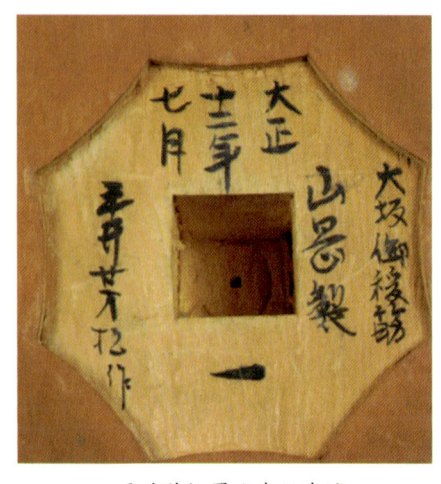

平井芳松署名盘足真迹

且不说伪盘吴大师题字签名字迹一眼即可辨出真伪，也不论所仿平井芳松字体如何拙劣，仅从此盘做工论，伪作品盘足榫嵌处未有凹槽，省却凹槽的制盘工艺在现代偶有所见，尤其是现代工业化流水线生产之新榧盘经常省却此道工序，平井芳松绝无可能如此敷衍，而平井芳松制盘时代，根本就不存在新榧。现在收藏界此类伪盘日见其多，藏家必须提高警惕，多了解学习各种知识，以免上当受骗。

5. 文化内涵和题字真伪

日本人有在盘底或盘覆题字签名的习惯。题字内容或抒胸臆，或寓哲理，或记事纪实，不一而足。题字或出名家之手，或记历史事件，总之展现出了丰富多彩的文化内涵，准确翔实的历史信息，弥足珍贵，当然价格不菲。桥本宇太郎和岩本薰"原爆之局"所用的那副棋盘为日本棋具收藏家寺本忍所藏。据说寺本先生曾有意出让，叫价少于2亿日元免谈。

正因为此类盘价格昂贵，近年伪造仿品也日见其多，并廉价出让，蒙骗初入行者，亦仅举一例：

伪察元题字盘

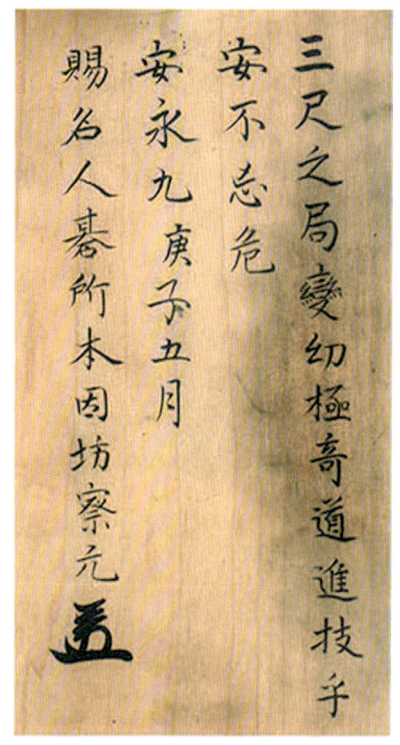

三尺之局变幻极奇道进技乎
安不忘危
安永九庚子五月
赐名人碁所本因坊察元 匠

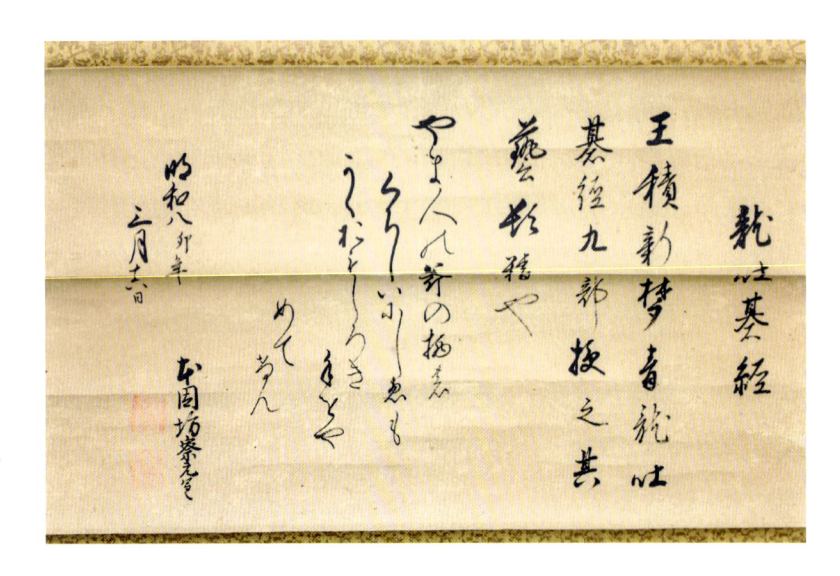

察元书法真迹

此盘之伪可从下面三个方面鉴识：

1. 书法字体与察元相去甚远。

2. 题字文理不通，不知所云，且出现极为幼稚的错字（"幻"字多了一撇）。

3. 估不论伪造者所题章句文理不通，也不谈伪造者所书全无笔力，与察元文章书法功力有天壤之别，仅从造假者对历史的极端无知这一点即可鉴别出此盘真伪！此盘盘足有町田平七郎所题"宽政九年作"款，而盘底察元所题为"安永九庚子五月"年款，安永年号尚在天明之前，察元生卒年为1733-1788年，天明八年，察元即已仙逝，察元辞世后第二年才改元宽政，宽政九年为公元1797年，宽政年号尚在天明之后，1788年辞世的察元在9年之后的1797年竟然能"还阳"为此盘题字，前人题后盘，岂不可笑！如此的时空错序，令人喷饭，却也显现出收藏市场混乱之一斑，鱼目混珠，大有人在，不可不慎。

此类伪盘极易辨识，但亦有可乱真者，其中以仿吴清源大师题字者居多，限于篇幅，不能一一列举，总之，藏家收货时一定要仔细辨识，三思入手。

略做小结：棋具收藏市场尚不成熟，商家趋利，以次充好者有之，伪劣造假者有之，鱼目混珠者有之，初入行者往往无所适从。笔者以为，藏友准备入手一具棋盘，首先要做的是定位，所谓定位，是指用途，入手一具价格不菲的棋盘，是实用对局打谱为主，还是收藏赏玩为主。如果是前者，可以考虑入手新盘，本榧、新榧或银杏、桂木盘均无不可，但新的所谓本榧盘绝大多数是云南榧盘，已很少日本本榧盘了，偶然见到，亦必天价，玩家可根据自身经济实力，量入衡出。如果是收藏赏玩，则须考虑入手到代老盘，或题字签名盘，或老金莳绘盘，或名棋盘师制盘。细细品味，盘中所蕴含的历史文化和时代信息大有情趣。如果是榧盘，老盘和新盘的感觉大不相同，玩家可悉心品味。

另外，还有金莳绘盘等有关知识，这将在下一章和后面棋笥棋子篇中与剔红、镰仓雕、蜀江涂，缂丝等工艺中谈到。

第四章 鉴 赏

一、围棋名家题字签名盘

1. 井上幻庵因硕题"仙林橘树馨"盘

本藏品为木曾桧四方木口斜切盘,又称魔除盘,纵43cm,横42.5cm,厚13.6cm,足高10.5cm,盘脚为全手工雕制,带有明显江户工艺特征。盘厚,足高竟合古法《大诸礼》闻书:"棋盘寸法内里(目)立目一寸横目八分,盘厚四寸五分,足高三寸五分以上,总高八寸"所述形制。盘之纵横寸法与《壒囊抄》载:"棋局做法,高六寸,长一尺四寸,广一尺三寸八分,目七分。"数据大致相同,略有出入。《大诸礼》大约成书在天正二十年(即文禄元年,1592年),而《壒囊抄》成书时间更早,此形制寸法直到本因坊道悦时代方才变革。综合判断,此盘当是江户以前安土桃山时代之古品。

此盘天面斜切对角线中心部分花纹是极似屋久杉所特有的屉形杢纹、鹑杢纹的日桧花纹，且有不同于榧香的一丝甜味，幽然淡雅，也是木曾桧特有的味道。据此可断，此盘材质为早已绝迹的罕见的木曾桧材。众所周知，日本许多古建筑均用桧木建造，现存世界最古老的木造建筑物"法隆寺"（日本奈良）就是用日桧建造的，距今已经1300年之久，当时所用的桧木材中的65％仍完好无损。曾有人将1300年前的桧木削去2～3mm，仍有桧木芳香溢出。日本称日桧材原始林为木曾桧，木曾桧是木曾川流域森林地带的古称。位于现在的长野县木曾郡（1968年改称西筑摩郡），全域被西之御岳山、东之木曾山脉环绕，山林占据了约95％的面积，林中多桧木，是日本三大美林之一。据《续日本纪》大宝二年（702年）条，和铜六年（713年）条记载，早在飞鸟时代末期，奈良时代初期，历史上美浓、信浓两国就为木曾山林的开发争夺不断。木曾桧早已枯竭，现在的日桧材都是100多年前的种植林所产，难成大料，多用于做高档乒乓球拍和建筑、家具装饰之用，以木曾桧制盘是在榧木独大之前，榧木至尊之后，木曾桧盘就很少见了。所以，木曾桧盘定是古盘，即使在安土桃山时代，也属难得，更何况还是斜切魔除木取。此盘存世至今，弥足珍贵。

　　盘底书"仙林橘树馨"，落款"天保甲午初夏官大国手十一世井上因硕方义花押"。

　　幻庵题署传世名盘甚少，今存仅见数具。加之木曾桧材，斜切魔除木取，此盘之历史文化价值，实难估量。

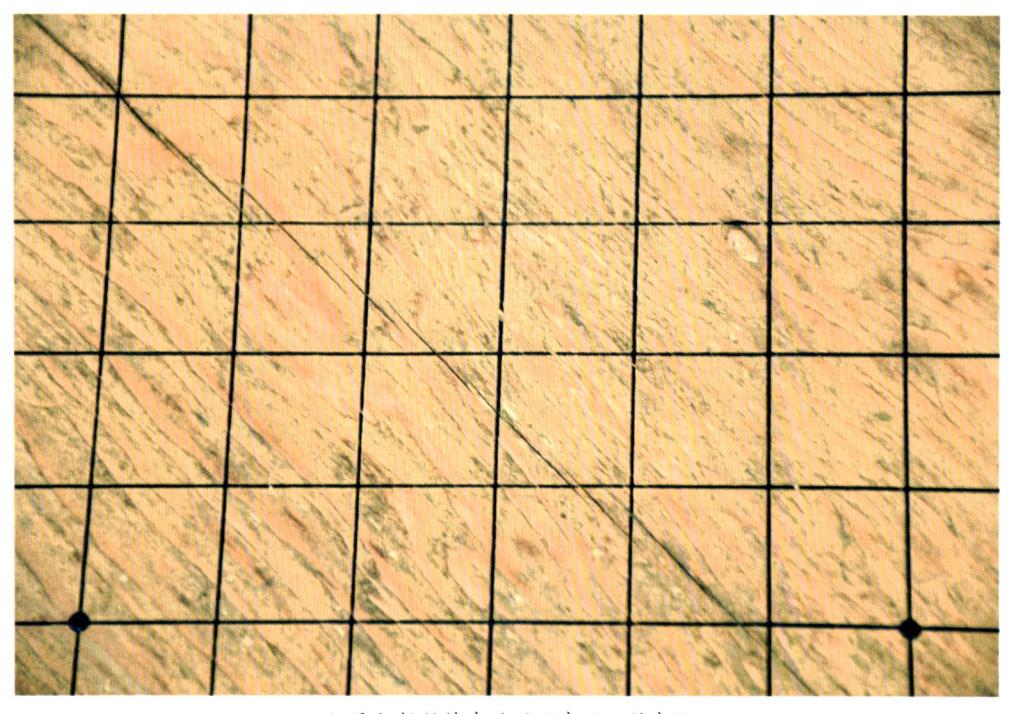

似屋久杉所特有的屉形杢纹、鹑杢纹

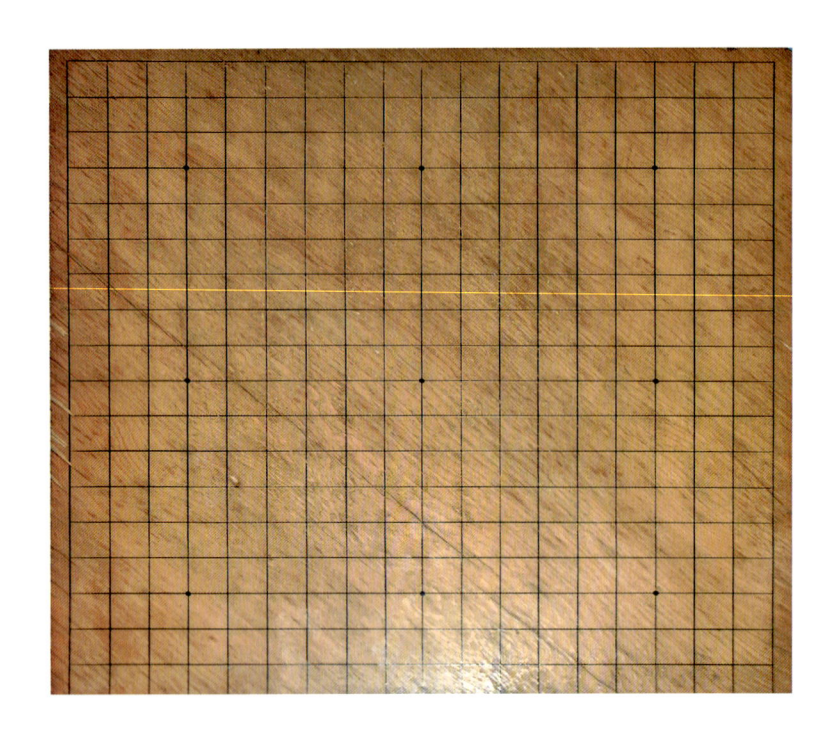

天保甲午年（1834年）距今已近200年，更何况此盘为幻庵所得时，已是古物，虽小有斑驳，略显沧桑，然包浆厚重，更增古朴，整体无伤，天面尤净，且清香怡人，幽幽入鼻，赏心悦目，不可言喻。

幻庵精于汉学，自号橘斋，寓意颇深……
晚唐与皮日休齐名的著名隐逸诗人陆龟蒙名震江左，买田甫里，人称甫里先生，中年以后置园顾渚山下，建屋橘斋，其传世诗作中有两首都提到"橘斋"，如《村夜二篇》：
江上冬日短，裴回草堂暝。鸿当绝塞来，客向孤村病。
绵绵起归念，咽咽兴微咏。菊径月方高，橘斋霜已并。

又《中元夜寄道侣二首》：
橘斋风露已清余，东郭先生病未除。孤枕易为蛩破梦，短檐难得燕传书。

陆龟蒙以弱病之身而隐居橘斋，不与俗流交往，故"客向孤村病"，"东郭先生病未除"。能与之诗文唱和的皮日休又远隔千里，只可神交，难免"孤枕易为蛩破梦，短檐难得燕传书"。而幻庵被丈和"算计"后，常耿耿于怀，郁闷不已，虽还未到"多病所须唯药物"的程度，亦与陆龟蒙"咽咽兴微咏"之心境所去不远。当然，幻庵之心境更多地应该如元人姚燧《浪淘沙令》中所述的"梦绕橘斋新草阁"之归隐心境：

初度菊花秋。霜水痕收。可知不肯离荆州。元就龙山风力软,破帽飕飕。
今夕定开舟。涨水矶头。渊明解印去来休。梦绕橘斋新草阁,檀板轻讴。

幻庵中丈和计,拱手将"名人棋所"让与丈和,虽不同于渊明解印,然橘斋归隐,檀板轻讴之无奈,倒也仿佛。

不过,幻庵以"橘斋"为号,主要应该还是源于"巴邱之橘"的典故。

《半陶槀三》皓隐斋说记述:"意云老人,庵居泉南,自号可竹,又以'皓隐''扁寝',从容谓余(僧彦龙)曰:昔巴园人收大橘,剖之有二叟对弈,曰:橘中之乐,不减商山,但恨不得深根固蒂尔,以水喷地,为二白龙而去。故丹溪先生名橘为'皓隐',有以哉!我非以角黄绮园而隐者,隐于橘也。非以橘而隐者,隐于棋也。有敌手知音,则引盘敲子,灯火夜落,谷鸟昼惊,忘老之将至,所谓橘中之乐,不减商山,商山之乐,岂有加我皓隐哉!"剖橘之典源于我国汉时商山四叟橘中对弈故事。

《格致镜原》卷五十九《梨轩曼衍》载:"围棋初非人间之事,其始出于巴邛之橘,周穆王之墓,继出于石室,又见于商山,仙家养性乐道之具也。"

《浪迹三谈卷一》观弈轩杂录亦曾录一条:《幽怪录》云"巴邛人家橘园,有大橘如三斗盎,剖开有二叟对弈,一叟曰:'橘中之乐,不减商山,恨不能深根固蒂,为愚人摘下耳。'"

苏轼《洞庭春色赋》更以"吾闻橘中之乐,不减商山,岂霜余之不食,而四老人者游戏于其间。"开篇,"橘中之乐"已是中国古代文人士大夫的一种精神追求,诗人词客经常借此典以指代弈棋,并以橘中叟喻弈中隐者。

宋代著名爱国诗人文天祥在《又送前人琴棋书画》四首之《棋》亦用此典:
我爱商山茹紫芝,逍遥胜似橘中时。
纷纷玄白方龙战,世事从他一局棋。

宋代诗人洪适臆想"橘中招四老,同醉酒如泉"。
在《临江仙》(郑盐生日)词中写道:
向日鹓行瞻凤彩,共期直上金銮。却来持节海云边。身兼三使者,名是一仙官。
汉室中兴高密冠,千年苗裔蝉联。左弧嘉庆舞祥烟。橘中招四老,同醉酒如泉。

明代诗人柯潜《隔竹敲棋为邓封君作》更是大言不惭,自比棋艺不输"橘中叟":
绿阴门巷何迢迢,日午檐头苍雪飘。手谈偶笑橘中叟,不是机心犹未消。

幻庵自号"橘斋",亦非以橘而隐者,隐于棋也。不过是"有敌手知音,则引盘敲子,灯火夜落,谷鸟昼惊,忘老之将至"之心境。

此盘所题"仙林橘树馨"诗句，未见著录，当取自幻庵本人诗作。五代时著名文学家孙光宪曾有《浣溪沙》词：

蓼岸风多橘柚香。江边一望楚天长。片帆烟际闪孤光。

目送征鸿飞杳杳，思随流水去茫茫。兰红波碧忆潇湘。

孙光宪字孟文，自号葆光子，著有《橘斋集》等，今有《北梦琐言》传世。

"仙林橘树馨"也许是幻庵借橘斋老人葆光子"风多橘柚香"诗意偶然拾句。幻庵全诗今不可知，然仅此一句，其意殊胜，颇具象外之境——仙林橘树之中，橘斋隐隐，有橘中叟终日神游局内，悟弈道而不疲……

宋大文豪苏东坡曾有词《菩萨蛮》阳羡作："买田阳羡吾将老，从初只为溪山好。来往一虚舟，聊从物外游。有书仍懒著，且漫歌归去（一作水调歌归去）。筋力不辞诗，要须风雨时。"只为"当买一小园，种柑橘三百本，屈原作橘颂，吾园若成，当作一亭，名之曰楚颂。"（苏轼《入荆溪题》）。经历了历史上著名的乌台诗案，苏东坡因"以文字诽谤君相"入狱100余天，出狱之后被贬为黄州团练副使，从此宦途坎坷，岁月蹉跎，才有买田阳羡，种橘作亭的隐居之想，幻庵弈林不得志，故仙林橘树，作橘斋之隐，与苏东坡心境，竟无二致。

此盘题于天保甲午年即天保五年（1834年），斯时幻庵坠入丈和计中，让出"名人棋所"，（德川时代，名人棋所由下列三途产生：一是官命，二是协同推荐，三是争棋获胜。）又与丈和争棋无望，其心念念之"名人棋所"位已不可得，雄心寂灭，便思退隐，然若从此便为橘中叟，归隐弈林，又终有不甘，故日课弟子备战与丈和争棋，一切都寄厚望于弟子赤星因彻！此盘所题"仙林橘树馨"，正是幻庵当时心境之写照，也正是著名的因彻吐血之局发生的前一年。

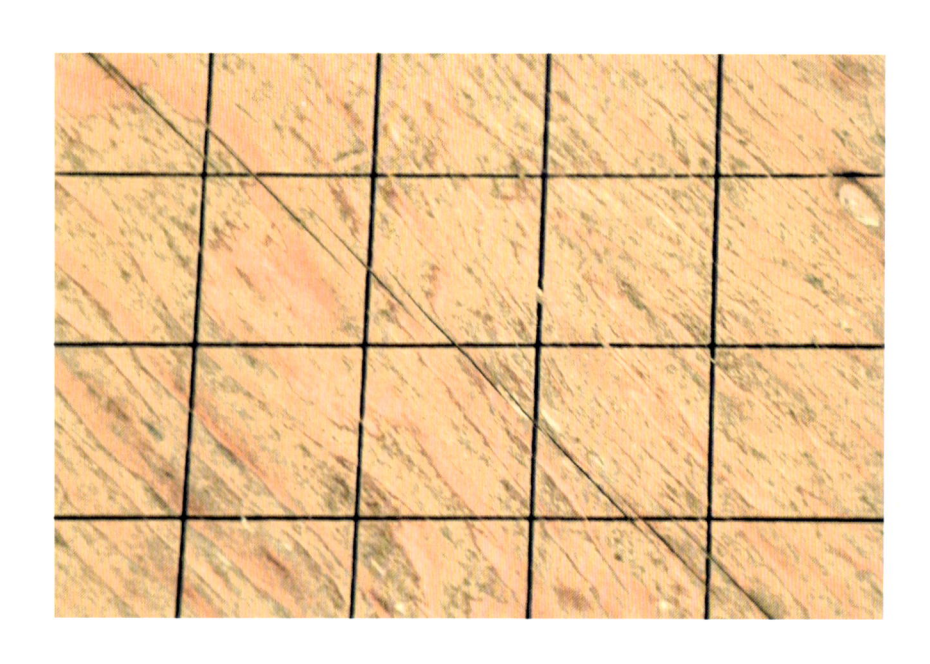

宝泉寺曾藏有十一世井上幻庵因硕于弘化四年访问宝泉寺与秀策启蒙师葆真和尚对弈所用的题字签名棋盘，（现藏于秀策纪念馆）上书"百战百胜不如一忍"。此语出自黄庭坚《赠送张叔和》诗：

张侯温如邹子律，能令阴谷黍生春。
有齐先君之季女，十年择对无可人。
箕帚扫公堂上尘，家风孝友故相亲。
庙中时荐南涧蘋，儿女衣袴得补纫。
两家俱为白头计，察公与人意甚真。
吏能束缚老奸手，要使鳏寡无颦呻。
但回此光还照己，平生倦学皆日新。
我提养生之四印，君家所有更赠君。
百战百胜不如一忍，万言万当不如一默。
无可简择眼界平，不藏秋毫心地直。
我肱三折得此医，自觉两踵生光辉。
团蒲日静鸟吟时，炉薰一炷试观之。

此前一年，有名的"耳赤的一局"刚刚结束，幻庵在大阪不敌秀策，目睹坊门后起之秀，心中大恸，自然想起十年前爱徒壮烈争棋之往事，幻庵题此句当是痛悼爱徒盘上吐血，死战却未能制敌的无奈心情，心在流血，却不得不忍，此等重负，岂是常人所能背负！

此际幻庵定是参得黄山谷忍、默、平、直"四印"之法，对"百战百胜不如一忍，万言万当不如一默"体会尤深，正是"少说一句话，多念一声佛。打得念头死，许汝法身活！"此后，才有潇洒中国行却不幸遇风而阻的幻庵。

十一世井上幻庵因硕于弘化四年访问宝泉寺与秀策启蒙师葆真和尚对弈所用的题字签名"百战百胜不如一忍"盘

十一世井上因硕：史称幻庵因硕，原名桥本因彻，六岁投在井上家服部因淑门下，因学棋用心，进步神速，深得老师欢心，将其收为养子，改名为服部因彻、立彻、井上安节，退隐后称幻庵，号橘斋，又名桥本方义，宽政十年（1798）出生。文政二年被立为井上家跡目，文政七年立为家督，袭井上因硕位。文政十一年获准名人称号，为围棋一代英杰。幻庵六岁能棋，入井上家后，以名人棋所为其奋斗目标，不懈努力，为之悬命，然遭丈和、秀和力阻，终未如愿。后人将其与元丈、知得、秀和四人共尊之为围棋四哲，实为古今棋坛巨豪。幻庵于天文、历法、汉文杂学无所不通。幻庵喜读兵书，有侠义之风，性格豪放，行事率性，擅改井上家世袭谱系即是一例：井上家谱系记法不一，据日本围棋史家林裕解释：

井上家本以中村道硕（1582－1630）为元祖。但道硕原为本因坊算砂弟子，幻庵与坊门，尤其是丈和早有龃龉，为对抗坊门，使井上家面上有光，幻庵继位十世井上因硕后，私改井上家谱系，去中村道硕"元祖"名。改为井上一世，原一世以下顺位下排。如此，幻庵从"十世"成为"十一世井上因硕"。文政八年（1825）时幻庵在颁发免状时署名"十世井上因硕"，但在文政十三年（1830）后即在免状上署名为"十一世井上因硕"。不过此事也仅仅是幻庵慷慨一生之璧瑕而已，后人仍称之为日本"古今棋坛可数的英杰"。

吐血之局后，爱徒惨逝，幻庵争棋无望，江湖退隐，携徒三上豪山游历四方。嘉永六年（1854年）六月，师徒二人雇用一艘船，骗称海上漫游，行至半途，豪山拔刀胁迫船长，取道西向中国，不幸遭遇风暴，漂至九州海岸。致中国之行未果。日本著名的小说作家高林彬光、百田尚树等曾以幻庵传奇的一生为题材创作出《渡海志愿》《幻庵》等文学作品。

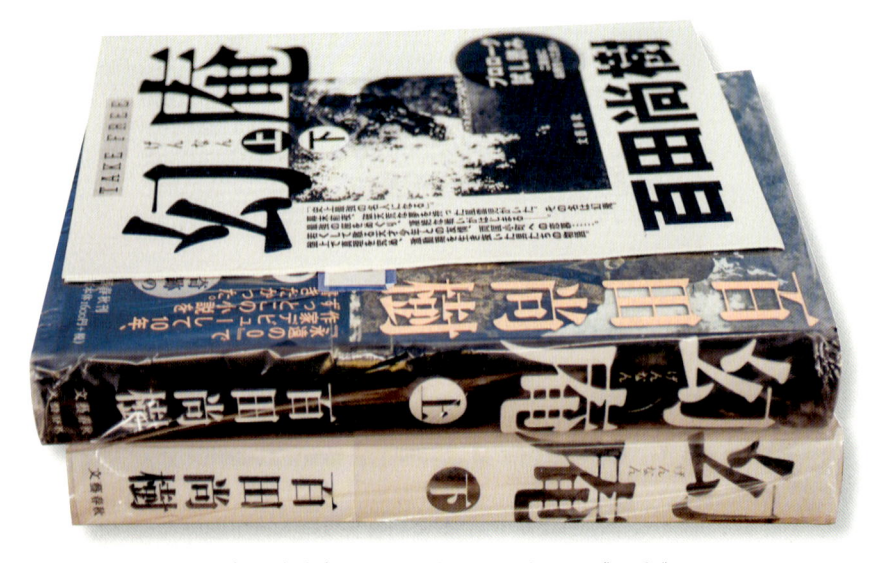

笔者所藏作者百田尚树亲笔签名本小说《幻庵》

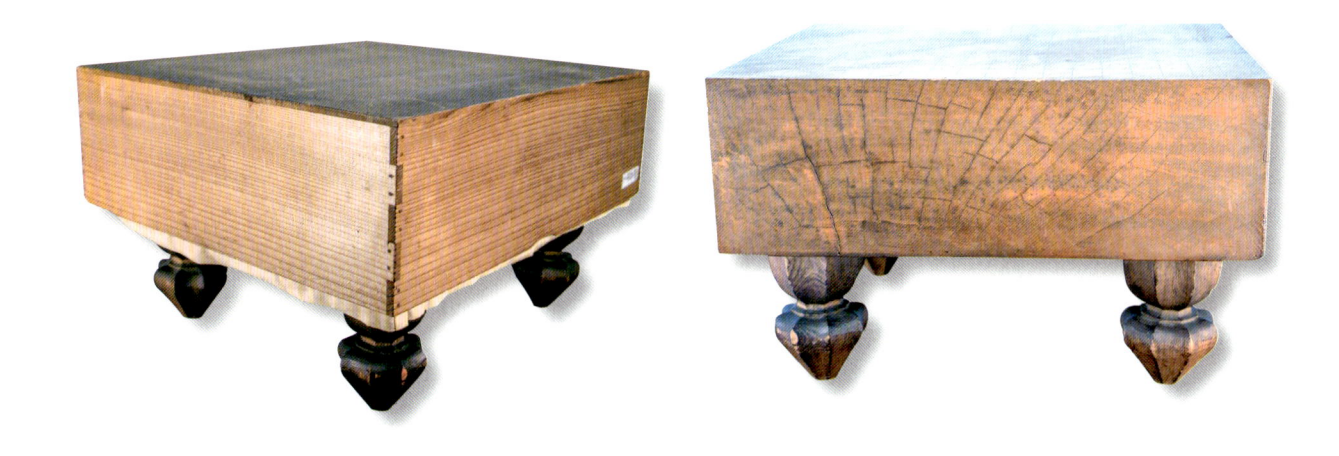

幻庵一生光明正大，为人磊落，从其对门人所定戒律可见一斑："围棋之道，心术之正为本。除己杂念，方能专心事之，然以诈谋伪计取胜，最不足取。"

幻庵著有《围棋妙传》《弈图》《围棋终解录》等传世。

安政六年（1859年），幻庵六十二岁时于东都宅邸病殁。

2. 井上幻庵因硕题"竹里棋声夜雨寒"盘

本品为四方木口斜切盘，又称魔除盘。纵44.8cm，横42cm，厚11.8cm，总高23.8cm，纵横均合古制。盘脚为全手工雕制，其形细小瘦长，棱角不利，八棱间的曲面槽较浅，带有明显江户工艺特征。根据笔者所能搜集到的有关日本棋盘制作寸法资料分析，《围棋式》载：棋局寸法长一尺四寸八分，广一尺四寸，高六寸二分（应为六寸六分），木厚三寸四分，足高三寸二分，此寸法大旨。

《视听草六集九》载：棋道珍语棋盘寸法，总高最高七寸八步（分），盘厚三寸九步，长一尺四寸五步，横一尺三寸五步，缘三步（分），此为本因坊四世代目名人道悦（应为三世准名人）定之。

本品纵横规制与《棋式》所载寸法完全相符，而盘厚及总高又与《视听草六集九》棋道珍语所记录的形制，即本因坊道悦定制的寸法相同，此盘当是道悦规制尚未完全流行开来，古制与道悦新制尚未统一，并存融合时期所制。便在幻庵所处时代，此盘亦是古品，幻庵得之，郑而重之，遂题字珍藏。

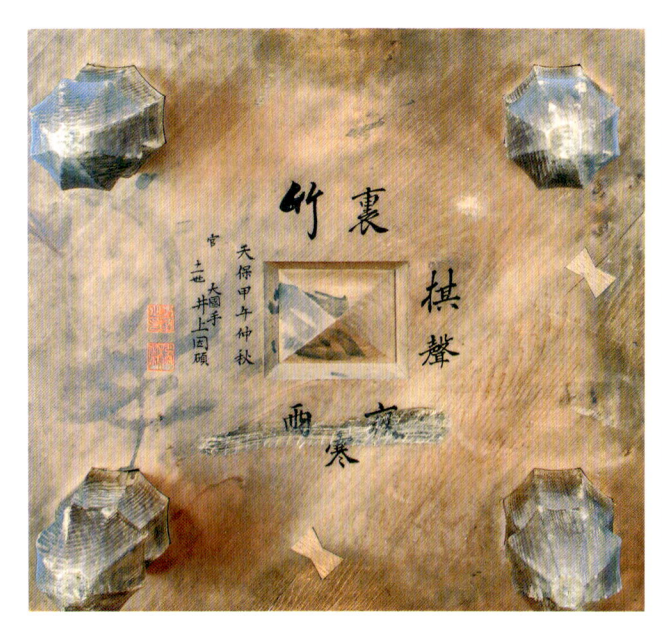

盘底漆书"竹里棋声夜雨寒" 落款"天保甲午（1834年）仲秋 官 大国手 十一世 井上因硕"嵌"方义之印""橘斋"两方阳文朱印。

"竹里棋声夜雨寒"出自晚唐诗人许浑《村舍》：

尚平多累自归难，一日身闲一日安。
山径晓云收猎网，水门凉月挂鱼竿。
花间酒气春风暖，竹里棋声夜雨寒。
三顷水田秋更熟，北窗谁拂旧尘冠。

（注"竹里棋声夜雨寒"句，亦有版本为"竹里棋声暮雨寒"。）

花间酒气，春风渐暖，竹里棋声，夜雨犹寒，雨声夹杂棋声，局中悟道，知机忘机，这便是弈者超然出尘，物我两忘之"得道"境界。古人诗中，棋声常与雨声相伴。幼即能诗，名盛唐末的诗人郑谷《寄棋客》便有"夜雨覆图，秋灯落子"的情境描述：

松窗楸局稳，相顾思皆凝。
几局赌山果，一先饶海僧。
覆图闻夜雨，下子对秋灯。
何日无羁束，期君向杜陵。

唐人韦庄的"十亩野塘留客钓，一轩春雨对僧棋"更有韵味：

长年方悟少年非，人道新诗胜旧诗。
十亩野塘留客钓，一轩春雨对僧棋。
花间醉任黄莺语，亭上吟从白鹭窥。
大盗不将炉冶去，有心重筑太平基。

宋人楼钥更是直接诉求"要听棋声杂雨声。"七绝《小酌元卫弟听雨》：

小阁临流暑气清，藕花的的照人明。
移床更近栏边坐，要听棋声杂雨声。

古人将围棋之高雅，发挥到了极致，弈者"要听棋声杂雨声"之余，更要听"竹里棋声"，白居易的《池上二绝》之一：

山僧对棋坐，局上竹阴清。
映竹无人见，时闻下子声。

皮日休《李处士郊局》："园里水流绕竹响，窗中人静下棋声。"
五代时南唐诗人李中《访蔡文庆处士题》："藓色花阴阔，棋声竹径深。"宋陈棨《挽故知容州朝请陶公章》："松间月色诗千首，竹里棋声酒几觞"等都记述了"竹里棋声"之雅趣。

君子如竹，苦节自珍，风来致韵，雨过涤尘，就连酷喜食肉，发明了东坡肘子的大文豪苏轼都"宁可食无肉，不可居无竹"，足见文人雅士对竹之钟爱，那么，听竹里棋声，悟局中弈道，还有什么能比这更高雅的呢！弈者若此，夫复何求！

作为大国手的幻庵，其高情雅致自不必说，但这里需注意一个细节，盘底落年款时间在天保甲午仲秋，前文提到"天保甲午年即天保五年（1834年），斯时幻庵坠入丈和计中，让出'名人棋所'，又与丈和争棋无望，其心念念之'名人棋所'位已不可得，雄心寂灭，便思退隐，然若从此便为橘中叟，归隐弈林，又终有不甘，故与弟子备战与丈和争棋，一切都寄厚望于弟子赤星因彻了！"前盘为初夏时所题，故有"仙林橘树馨"之心境，而题此盘时已是仲秋，一场秋雨一场寒，秋风萧瑟，秋雨缠绵，幽窗冥暗，夜雨添凉，竹里棋声，幽篁簌簌，橘斋孤坐，残灯覆图，又何尝不是幻庵此时沉郁悲凉心境之写照。

本品包浆自然，古朴典雅，盘底有木锯两枚，与整盘木质，色泽，包浆浑然一体，当是原制所锯，非为后补，虽属璧瑕，反彰显了制盘师之精湛工艺。些许小创，略显沧桑，却更衬托出此盘的历史厚重感。所用材质亦为木曾桧木，木质较榧木略硬，子落盘上，其声铿然，有金石声悦耳，距今虽已200余年，仍有淡淡桧木香味逸出。

3. 井上幻庵因硕题"安不忘危"盘

本品盘底有幻庵手书"安不忘危"四字，署"官棋院大国手 井因硕"名。

"安不忘危"语出《周易·系辞下》："是故君子安而不忘危，存而不忘亡，治而不忘乱，是以身安而国家可保也。"后来汉董仲舒《春秋繁露·五行顺逆》也有："出则祠兵，入则振旅，以闲习之。因于搜狩，存不忘亡，安不忘危"句。

"安不忘危"是警醒国家当政者，企业操盘者，乃或家庭个人居安思危、常备不懈，以最大限度地规避可能出现的风险，其意虽浅显，但直至今天，"安不忘危"仍被广泛使用。

在围棋的胜负世界中，"安不忘危"同样应该成为弈者的座右铭。《棋经十三篇》最后一篇最后一段说："夫棋，有无之相生，远近之相成，强弱之相形，利害之相倾，不可不察也。是以安而不泰，存而不骄；安而泰则危，存而骄则亡。《易》曰：'君子安而不忘危，存而不忘亡。'"

《棋经十三篇》作者以"《易》曰：'君子安而不忘危，存而不忘亡。'"结束全文，大有深意——"安不忘危"乃棋经十三篇之宏文大旨。

此盘虽未有年款，但从其署名"十一世 井因硕"判断，此盘题字不早于文政十三年，因为幻庵从文政十三年（1830年）后即在免状上署名为"十一世井上因硕"，而此前署名为"十世井上因硕"。

盘纵46cm，横41.5cm，厚13cm，总高25.5cm，重14.8kg

尤其值得注意的是此盘署名为"井因硕"而无上字，未知是幻庵漏写"上"字还是有意为之，不过前文提到过的宝泉寺所藏幻庵于弘化四年（1847年）所题"百战百胜不如一忍"盘署名也同为"井因硕"而无"上"字，若是漏字，可一而不可再，如此看来，幻庵或有意署名"井因硕"亦未可知。

综上所述，此盘题字时间当与"百战百胜不如一忍"盘为同一时期，应为天保末期至弘化年间所题。但此盘形制寸法却与当时流行寸法不同，盘纵远大于当时流行的道悦寸法，如此看来，此盘制作年代当是道悦寸法向幕末时期棋盘寸法转型之时。

幻庵于弘化四年访问宝泉寺时所题
"百战百胜不如一忍"盘

4. 远藤茂久题"局里乾坤大"盘

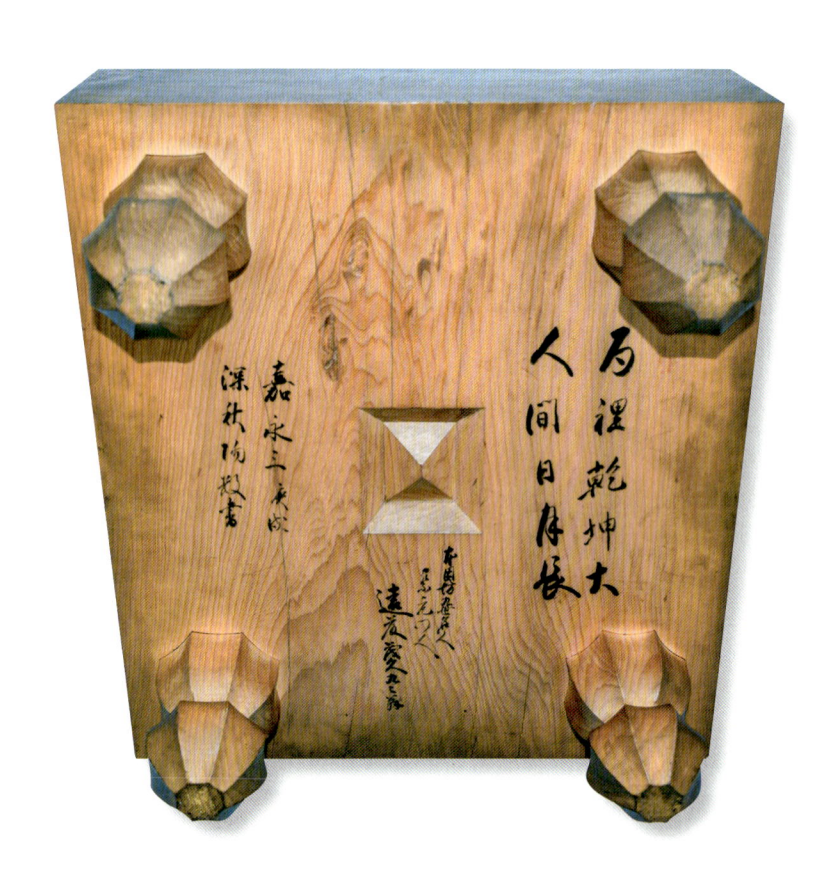

此为九世本因坊察元门人远藤茂久题字签名盘。关于远藤茂久，笔者所藏原日本东阳馆藏非卖品，嘉永三年（1850年）《大日本围棋段附名人鉴》本因坊门人之部初段条目记有远藤茂久。

笔者所藏《大日本围棋段附名人鉴》末行右第九"越后 远藤茂久"

在伊藤幸次郎所著《旁注嘉永围棋人名录》一书中也有记录,不过书中所记为"越后六日（应为目之误）丁 远藤茂及"。

查久字日文音训为キュウ,而キュウ的常用汉字表内音训包括"丘久九休及吸嗅宫弓急救旧朽求泣球究穷纠级给臼"等字,也就是说,"久"与"及"日文音训同为キュウ,且字形相近,日文习惯书写汉字时,音训相同者经常混用通用。故远藤茂及即是察元门人远藤茂久。

盘底有墨书"局里乾坤大,人间日月长"题字,落款为"本因坊九世名人察元门人远藤茂久九二翁",左书"嘉永三年（1850年）庚戌 深秋阳数书。"盘覆书"嘉永三庚戌年榧棋盘外箱 圆村"。

远藤茂久为察元门人,门,意为师门,门人即弟子。《礼记·檀弓下》："子思哭于庙,门人至。"郑玄注："门人,弟子也。"察元长茂久15岁,茂久入门时正当察元壮岁,且追随察元二十余载,当尽得察元真传,却不知为何九十二岁时还是初段?

尾州名古ヤ　水野伴左衛門
江戸神田オタマカ池　黒瀬彦造
京都六條　下間大歳郷
大阪　原左一郎
同　藤田文作
信州清内路　吉村善右衛門
江戸谷中　渡邊兵治
芸州　石谷直三郎
越後六日丁　遠藤茂及
同　新田　塚本鳳林
淡州スモト　津田春斎

◎底本：国立国会図書館蔵本

◎伊藤幸次郎「傍註嘉永囲棋人名録」

嘉永七年（一八五四）に林家・林佐野が出版した囲碁人名録『皇国棋局人名録』

著者：一八八二?～一九五六。棋士。本稿当時四段。

◎出典：「棋道」大正14年10月号～大正15年3月号

◎目次は本書編集部が作成しました。

◎本文中の［ ］は本書編集部による補遺です。

茂久所题"局里乾坤大，人间日月长"句似无出典，当化自宋人蔡戡《遣兴》诗 其二"醉里乾坤大，闲中日月长"句：

醉里乾坤大，闲中日月长。静观佛理妙，顿与世缘忘。

晚景无多日，浮生有底忙。渔翁真得趣，一叶寄沧浪。

唐白居易曾有《遣怀》诗：

羲和走驭趁年光，不许人间日月长。遂使四时都似电，争教两鬓不成霜。
荣销枯去无非命，壮尽衰来亦是常。已共身心要约定，穷通生死不惊忙。

白香山此诗意境，感叹四时似电，两鬓成霜之晚景，但虽然"荣销枯去""壮尽衰来"，却已享尽人间长日月，穷通生死，又何必惊忙！

茂久翁略易数字，便道尽弈中真趣，一枰局里大乾坤，消磨人间长日月，于弈道之中，亦可静观佛理，忘却世缘。

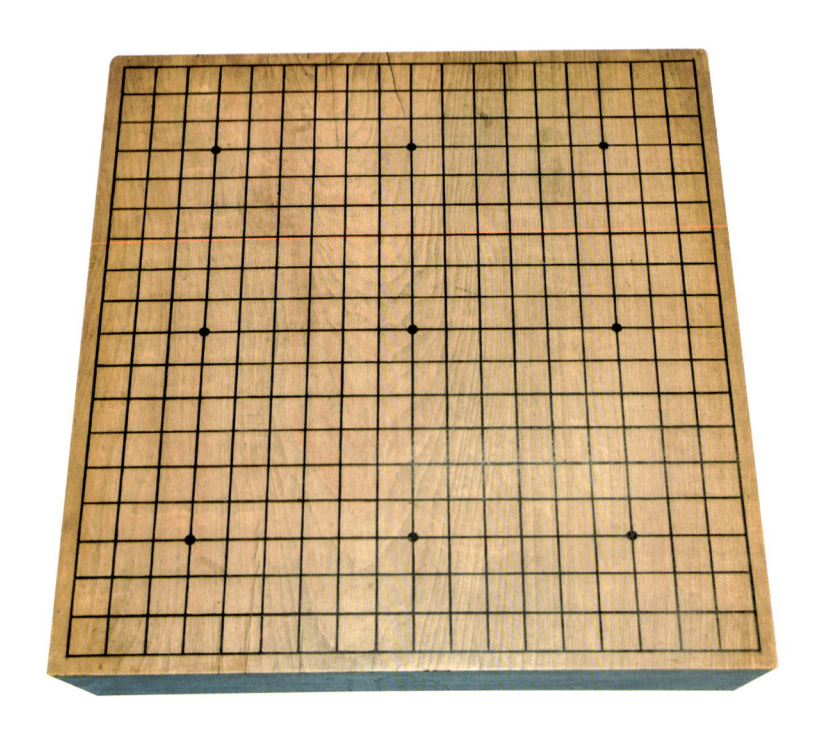

值得注意的是本盘题字所落年款"嘉永三年 庚戌 深秋阳数书"之"阳数"。
汉学以九为阳数，深秋阳数便是重阳日。
时茂久翁已是九十二岁高龄，历经本因坊九世官赐名人棋所察元至十世烈元，十一世元丈，十二世官赐名人棋所丈和，十三世丈策，十四世秀和，坊门双璧秀策、秀甫，以及围棋四哲，天保四杰等一干围棋传奇棋士辈出的黄金时代，斯时，诸贤大多已经仙逝，而茂久翁却仍在"局里"感受围棋之"大乾坤"，享人间之"长日月"，其乐可知，但毕竟已过耄耋之年，日月虽长，人生秋晚，不免露浓风硬，暮景渐凉，正如晚唐五代著名文学家，闽中"文章初祖、文坛盟主"黄滔《九日》诗中所说：

阳数重时阴数残，露浓风硬欲成寒。
莫言黄菊花开晚，独占樽前一日欢。

盘纵45.2cm，横41.8cm，厚12.2cm，总高24cm

  茂久翁于深秋阳数之际，必也有"露浓风硬欲成寒"之慨叹！鲐背余二，白寿可期，便如寒岁霜菊，花开已晚，然晚便晚矣，茂久翁于围棋，终有"独占樽前一日欢"之想！未知此翁为此盘题字时是否想到黄滔此诗，但其年款落在庚戌深秋阳数，当非巧合，大有"桑榆未晚，此心犹痴"之深意在。

  此盘距今已近170年，古意盎然，榧香幽幽，包浆醇厚，天面朗朗，盘底书后钤有朱印二，阳文方印"橘堂"圆形印似为"茂久"右上有引首章不辨。

5. 秀策题"战罢两奁收黑白"盘

本品为秀策安政四年仲夏题铭盘。

盘脚接榫处有"弘化四年 丁未二月吉日",另一盘角接榫处有"大工常右卫门（ ）之"字样。可知此盘为一个叫作常右卫门的棋盘师于弘化四年所制作,弘化四年为1847年,斯时秀策十九岁,本因坊门内定其为跡目身份,并脱浅野家臣身份,复归桑原姓氏。同年,十三世本因坊丈策隐居,本因坊丈和去世,十四世本因坊秀和即位。而秀策为此盘题字时间为十年后的安政四年即1857年第四次归省时。

秀策纪念馆现藏有秀策题铭盘展品,旁注"安政四年,秀策29岁时第四次归省期间,在所钟爱的棋盘背面题字签名,以抒胸臆……"

秀策于安政四年荣归故里,此次归省,秀策携丈和三子,秀策内弟葛野龟三郎于1月从江户出发,同游名古屋、大阪等地,途中多有对局,4月抵达乡里,与时有"天才少年"之称的水谷缝次弈测试对局,5月再往山阴、出云等地巡回指导,至夏,滞留京都,9月1日才返回江户。归省期间,秀策与乡里亲朋,故交好友手谈论道,诗文唱和,挥毫泼墨,时有佳作,然传承至今之签名盘及书法作品仅存数件,现藏于秀策纪念馆,弥足珍贵。或有散落民间者,尚待发掘。

第四章 鉴赏

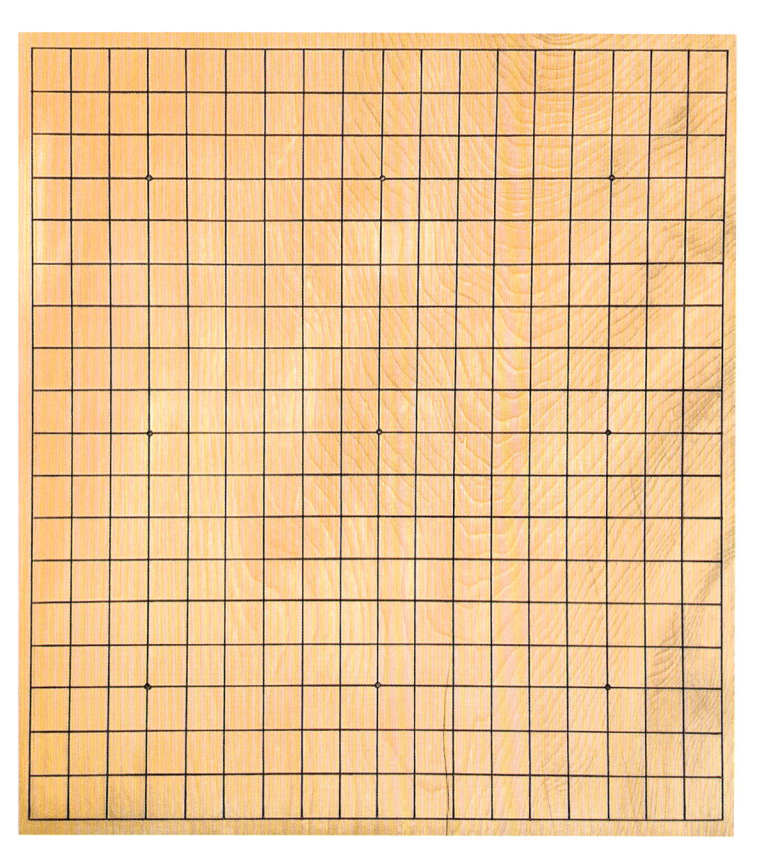

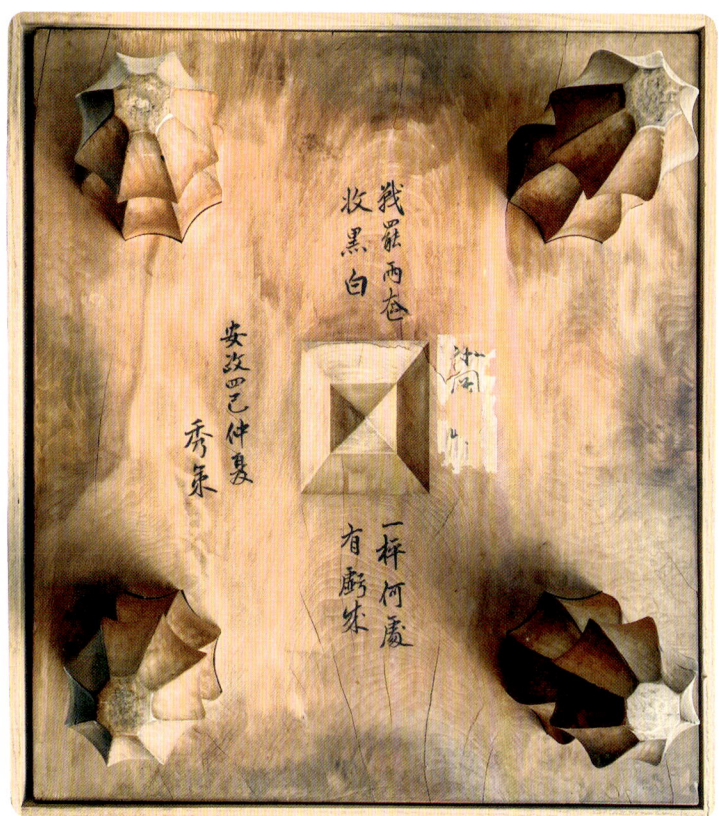

秀策幼时与其母对弈所用之"慎始克终，视明无惑"盘，安政四年秀策归省时题铭，此盘现藏于秀策纪念馆

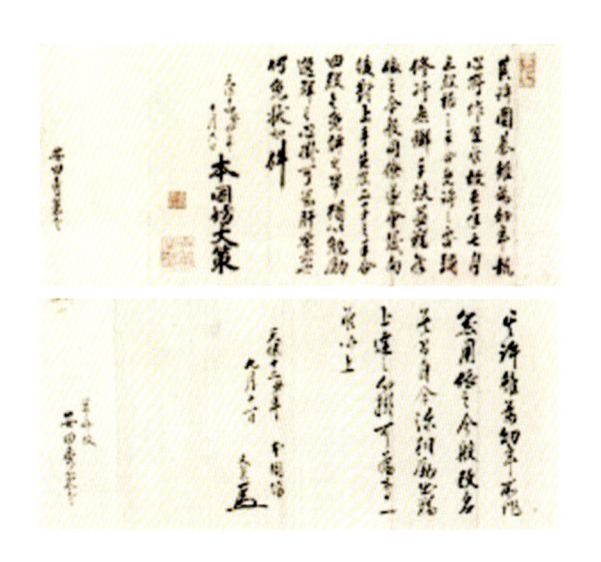

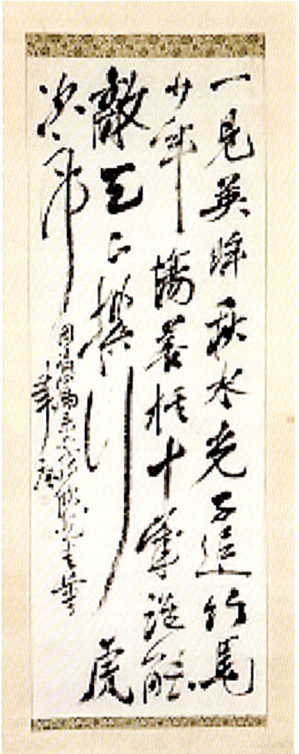

现藏于秀策纪念馆的秀策16岁时所书"霜满军营爽气清,数行过雁月三更,越山并得能州景,遮没家乡思远征。"立轴

　　本品为秀策题铭盘,与现藏于秀策纪念馆的秀策幼时与其母对弈所用之盘,著名的"慎始克终,视明无惑"题铭盘一样,同为秀策第四次归省时夏秋之际题铭,其间,秀策还多有书作,仅有现藏于秀策纪念馆的同年扇面书作传世,所书与此盘所题为同一诗句,且字体、笔力及书写风格完全相同,只是时间上有仲夏、晚夏之别。

现藏于秀策纪念馆的秀策扇面书作

此盘盘底题"战罢两奁收黑白,一枰何处有亏成"落"安政四(丁)巳仲夏 秀策"年名款。安政四年为丁巳年,此处似漏一"丁"字,不过日本人也有以干支纪年时省却"干"而仅书"支"名的,如笔者所藏"天明八年町田平七郎修复、文化十年高梨清兵卫再修复盘",著名棋盘师高梨清兵卫盘足题铭"文化十(年)(癸)酉润十一月高梨清兵卫修复之　本所相生町二丁目",便仅书地支"酉"名。另笔者所藏"宽政四年町田平七郎修复、文政十年高梨清兵卫再修复盘",高梨清兵卫盘足题铭"文政十(年)(丁)亥二月御棋所御棋盘师高梨清兵卫修复 本所相生町"也仅书地支"亥"名。(此两盘后文有详细介绍)。且前页所引现藏于秀策纪念馆的秀策16岁时所书"霜满军营爽气清,数行过雁月三更,越山并得能州景,遮没家乡思远征。"立轴图中所落年款也仅书"辰晚冬",不书"甲辰晚冬"而省却天干甲字,可见秀策也有在落款纪年时仅书地支的习惯。

秀策所题"战罢两奁收黑白,一枰何处有亏成"句,出自王安石诗七言绝句《棋》:

莫将戏事扰真情,且可随缘道我赢。

战罢两奁收黑白,一枰何处有亏成。

王安石对待围棋的态度比较随意,只是当作一种娱乐消遣的"戏事"而已,但尽管"莫将戏事扰真情",却要霸道地"且可随缘道我赢",足见王安石久居上位者一人之下,万人之上,唯我独尊的傲骄心态,宋人胡仔《苕溪渔隐丛话前集·半山老人》曾记:"《遯斋闲览》云:'荆公棋品殊下,每与人对局,未尝致思,随手疾应,觉其势将败,便敛之,谓人曰:'本图适性忘虑,反苦思劳神,不如且已。'"所记与王安石《棋》一诗互为佐证,足见霸道宰相之棋品。

"战罢两奁收黑白,一枰何处有亏成"虽然也是对围棋的一种淡泊胜负的态度,一局战罢,奁子收枰,胜负两空,全无亏成,但此态度却与苏轼的"胜固欣然,败亦可喜"大不相同,苏轼在意的是对弈过程中的乐趣,而非胜负,王安石在意的是无论输赢，都无亏成，既然如此，便"且可随缘道我赢"好了，荆公与东坡两相比较，其品高下立判。

不解秀策为何独爱"战罢两奁收黑白，一枰何处有亏成"，仲夏之际刚在所钟爱棋盘题铭，晚夏又兴致挥毫，在扇面题写此句，笔者想来，已成为本因坊跡目的秀策棋艺已臻化境，正如日中天，几无敌手，以独孤不败之心境，或早已参透胜负，透悟人生了！收枰奁子，成败两空，秀策笔下的"战罢两奁收黑白，一枰何处有亏成"应该是其对于弈道觉悟的返璞归真吧。

此盘为本榧杢木盘，木口纹理结节虬曲，其寸法形制，均符合江户古制，中腹切子开槽甚浅，盘足造型清隽瘦削，包浆灿然，古色古香。秀策传世题铭盘绝稀，得此珍品，可遇而不可求。

素有棋圣之誉的秀策是日本乃至世界围棋史上都有举足轻重地位的伟大棋士，风靡世界的动画片《棋魂》的主人公小光在故事中就曾多次与秀策进行灵魂碰撞，精神交流，世界上很多国家的广大棋迷正是通过《棋魂》以及秀策才认识、接触并开始热爱围棋。

2014年6月6日，世界著名的互联网公司谷歌公司在秀策诞辰185周年之际，以秀策形象和著名的秀策流布局开局作为标识动图，以纪念这位伟大的传奇棋士。秀策在世界范围的影响力可见一斑。

以秀策形象和著名的秀策流布局开局做的标识动图

关于秀策，笔者所著《本因坊秀策全集》一书曾有介绍，转载如下：

本因坊秀策本姓桑原氏，幼名虎次郎，讳宽简、宽斋，文政十二年五月五日（1829年6月6日）出生于广岛县备后因之岛（因岛市）三浦村。秀策幼时曾为乡里富绅安田家养子，故又名安田荣斋。秀策家有两男两女，秀策为次子，生而聪颖，其母家亦高堂华屋，豪富乡里，经常宾朋满座，围棋斗胜，以此，其母亦善弈，秀策于胎中已受母教。秀策三四岁时，曾大哭不止，以平时所喜之美味糖果、各种玩具哄耍，皆不能使其止啼，后予黑白棋子排列游戏，乃破啼为笑，家人亲友皆诧异。五岁时，从母启蒙习弈，悟性甚佳，六岁已近乡敌。七岁师事艺州竹原棋客宝泉寺住持葆真和尚，仅月余，棋艺大进，妙惊乡里，誉为神童。天保八年冬，随备后三原藩士寺西右膳往江户入本因坊丈和门下。

入门后，秀策刻苦钻研不殆，于天保十年定为初段。翌年，秀策归乡省亲，三原城主浅野甲斐守赐秀策终身五人扶持，以示褒奖。天保十二年秀策东归，途次大阪，与浪华棋客中川顺节五段受两子对弈，秀策四战皆捷，俱中盘大获全胜。由此，秀策声名大噪，棋谱传至京都，竟上达天听，孝仁天皇御览，亦嘉许赞赏不已。

其时，同为丈和门下弟子之本因坊跡目秀和已升为七段上手，棋艺渐臻化境。据所传棋谱记载，秀策于坊门仅与恩师丈和名人对弈一局，与十三世本因坊丈策亦仅对弈两局，而受秀和指导竟多达数十局，秀和之于秀策虽份属同门师兄弟，却实有半师之份，秀策对秀和亦尊崇备至，谦恭有加，以此机缘，秀策棋技突飞猛进，天保十四年十五岁时晋升四段。

天保十五年（弘化元年），秀策再次归省，三原城主浅野侯恩命秀策再加俸禄，盛意款款，秀策感其知遇，遂迁延居所，流连难返，至弘化三年，始决意东归。途次大阪，再与中川顺节五段对弈。其时，秀策之棋名已满播天下，乃以先相先棋份五局零封中川顺节，时人为之震惊。十一世井上幻庵因硕亦大异其能，乃受两子与秀策对弈，至102手，幻庵已呈必败之势，遂打挂，数日后，改为定先棋份再战四局，秀策又胜三局，打挂一局，（其中一局为著名的旷世名谱"耳赤之一手"名局）然打挂之一局亦为秀策必胜之势。后幻庵于嘉永二年二月西游途次备后尾道时，于大桥吉兵卫宅与棋道中人聚会，席间煮酒论棋，幻庵对秀策做如是评价："秀策甫十八岁，未届弱冠时，棋力即已达上手（七段）实力，行棋毫无破绽可寻，定将大成，前途未可限量。"

归京后，秀策晋升五段。翌年（弘化四年），秀和定先授秀策十七局。秀策以十三胜四败终捷。同年，丈策、丈和相继驾鹤，秀和袭本因坊位，又翌年，嘉永元年（弘化五年）十一月二十二日立秀策为本因坊跡目，并获准参加御城棋战资格。自嘉永二年十一月十七日参加御城棋战执黑十一目大胜安井算知始，至文久元年十三年间，秀策共代表坊门与井上，安井，林家三大家当世顶尖高手对阵十九局，无一败北，其骄人战绩，绝世仅有，令天下耳目一新，棋坛为之耸动。

秀策成名后，并世堪称其敌手者，唯太田雄藏一人而已。太田棋风雄浑，卓然超拔，如旭日之于中天，为天保四杰之首。前秀策与之对局，难分轩轾，直至嘉永六年正月，德川旗下赤井五郎作促成秀策、太田三十番棋大战，至第十七局，秀策以多胜四局将太田降至先相先棋份。第十八至第二十二局，秀策又以三胜一负一和之战绩领先于太田，第二十三局恰逢轮太田执白，而秀策执黑不败早已为人熟知，此局被视为顶级赛事，倍受棋家关注，无不为太田拳汗。自嘉永六年十一月五日始弈打挂，至二十八日续弈，其间，竟万人耸议，成为棋坛空前盛事。此局最终弈和，诸高手众

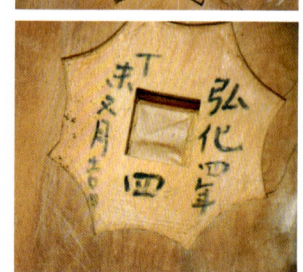

口一词，均称此局为太田雄藏执白之名局，却未料此局亦是太田雄藏封刀绝作。此局过后，太田为休养生息，往游越后，偶染急疾，竟客死他乡。秀策闻耗，为之切痛彻肺，以太田之失，毕其一生，秀策终难排遣苦无敌手之忧伤寂寞。

秀策之棋风以简明见长，尤将"见合"之艺术发挥得淋漓尽致。由此产生了"秀策的小尖"，方有执黑不败之秀策流布局传世。"后世无论棋技如何进步，若棋盘仍为十九路不变，则此小尖绝非恶手。"秀策此论，于棋家独辟蹊径。"不战而屈人之兵"，深谙兵法之道。秀策行棋，素以平和而见韬略，既无诡谲，亦无煞气，却以堂正之师，布罗仙大阵，于渺无形处，隐肃杀之机，故后世评日本古围棋名家堪称三圣者为玄妙之道策、刚腕之丈和、平和之秀策。

秀策资性淳仁，禀赋笃厚。室名人丈和女户谷花子为妻，伉俪二人琴瑟相和，齐眉举案，相敬如宾。秀策事父母至孝，稍有闲暇，必归乡省亲，居家期间，更晨昏定省。每逢重大赛事，必鱼书呈报二老，并附详记，其所传棋谱，大都在其三浦村乡宅所藏。

秀策于学不辍，书艺双修，师从竹雪道人习书，颇得精髓。文久二年（1862年），江户第三次霍乱大流行，本因坊家亦有罹患，秀策不以本因坊跡目自重，屈尊纡贵，亲往看护，不幸染病不治，同年八月十日，秀策仅以三十四岁之韶华，即英年早逝。秀策之于围棋，君临天下十数载，自明治以降，后人尊之为棋圣，与前圣道策、后圣丈和并称围棋三圣，非止其棋技并世无双，且以秀策流遗泽后世，至今仍有其存在价值。

2004年，日本棋院设立围棋殿堂，第一届入选围棋殿堂者仅有在历史上对围棋做出巨大贡献者德川家康、一世本因坊算砂、四世本因坊道策、本因坊秀策四人而已，可见秀策在日本乃至世界围棋史中的至高地位。

6. 稻垣兼太郎题"不屈不挠"盘

　　稻垣兼太郎（1854-1940年）日本明治、大正、昭和期著名棋手，辈分极高，为第十四世本因坊秀和弟子，秀甫、秀荣之师弟，秀哉之师叔，棋力达上手七段。曾创办《中京围棋会》，1912年发刊围棋刊物《中京棋界》，明治四十五年即大正元年（1912年）升六段，翌年在升六段披露会上，东京寂光寺住持亲授法号"日省"。并于3月28日当日，用藏于寂光寺的当年近卫关白（"关白"旧时日本官职，相当于内阁总理大臣，"近卫"则为日本五摄政之一。）赠予本因坊算砂的桑木棋盘与水谷镰三郎初段授三子指导对局。

　　1931年由读卖新闻企策划，曾与吴清源公开对局（吴先番13目胜）。

　　稻垣先生长期在《围棋之星》杂志中担任讲师，对围棋的传播、普及和发展贡献良多。稻垣先生为事廉洁，为人时尚，深为棋迷同好推崇。稻垣先生精于汉学，尤通书法，治学严谨，不辍耕耘，著有《围棋基础》《乌鹭杖纪》《关于围棋》《围棋实战五十番》等书传世。

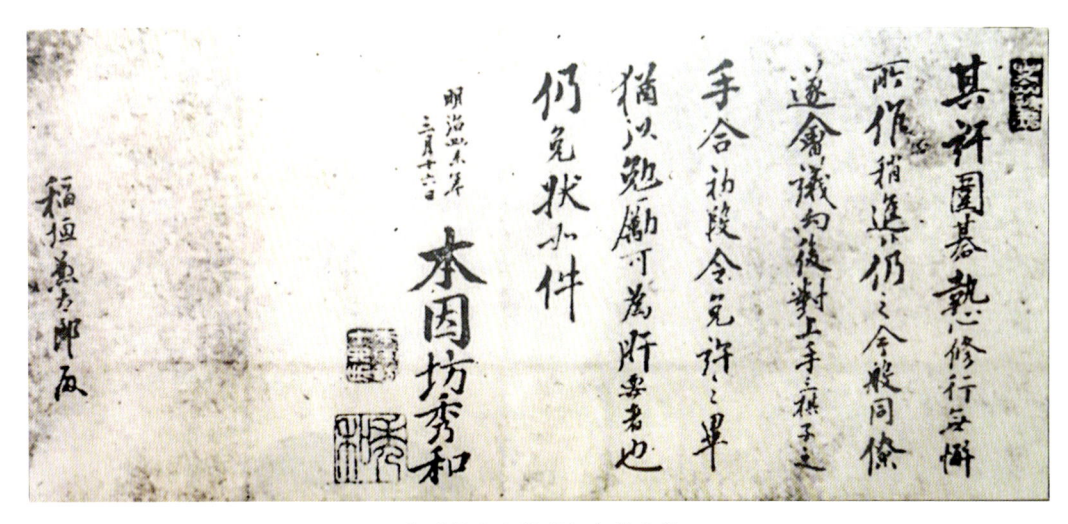

本因坊秀和授稻垣初段免状

　　本品是本书最先出现的金莳绘工艺棋盘，介绍本品之前，有必要先对金莳绘工艺略加说明。

　　所谓金莳绘，是漆器工艺技法之一，是日本学习借鉴唐漆艺技法发展并加以创新所形成的具有日本风情特色的漆工艺技法。虽然日本最早的漆器可追溯至绳文时代，但直至平安时代，金莳绘工艺才开始逐渐成型。众所周知，我国从商周时起，就不仅能熟练使用色漆和雕刻来装饰器物，并已掌握了以松石、螺钿、蚌泡等镶嵌于漆器之上的漆雕工艺。到了唐代，漆工艺水平更是发展到了一个空前的高度，也正是在那时，唐代漆器达到了空前的水平，有用稠漆堆塑成型的凸起花纹的堆漆；有用贝壳裁切成物象，上施线雕，在漆面上镶嵌成纹的螺钿器；有用金、银花片镶嵌而成的金银平脱器。工艺超越前代，镂刻錾凿，精妙绝伦，与漆工艺相结合，成为代表唐代风格的一种工艺品，夹绽造像是南北朝以来脱胎技法的继承和发展。剔红漆器在唐代也已出现。描金罩漆，金银平脱，戗金、戗银等工艺随着一批批的遣唐使，被带回了日本，从平安时代始，日本漆工创造性地把中国洒金罩明研磨推光的"末金镂"工艺结合本国国风，发展成为"平尘莳绘"、进而升级为"研出莳绘"，又将大唐的金银平脱、戗金等工艺与平尘莳绘，研出莳绘相结合，发展出"平莳绘"与"高莳绘"等。到江户时期，又出现了将"研出莳绘""平莳绘""高莳绘"工艺混搭运用的"肉合莳绘"。

　　本品为凤凰桐梨地薄高莳绘本榧桯目盘。整体用料考究，只金粉所费，就价值不菲，且工艺复杂，非技艺精湛的大师不能完成。所谓薄高莳绘工艺是用碳粉将图样部分垫高后，再以平莳绘的于法附着金粉于其上，便使得所绘之图略高于器物平面，因此令画面更富立体感。

此盘底髹黑漆，盘侧四面均以梨地薄高莳绘工艺绘凤凰桐叶图，每一面凤凰及桐构图绝无雷同，或向桐而飞，或背桐而去，或戏于两桐之间，形态各异，栩栩如生，金光灿灿，一派富贵气象。配以二重箱藏器，二重箱均髹以朱红暗紫大漆，盘覆有稻垣先生金漆题书"不屈不挠"四字，署"八十翁日省""七段稻垣"名，钤"日省居士"阳文金印。整器豪华贵重而不失庄严大气，本盘为1936年当稻垣先生八十寿日时特别订制，距今虽近百年而灿然如新，是不可复制、具有特殊纪念意义的绝品孤品。

"不屈不挠"一词最早见于语本《汉书·叙传下》:"乐昌笃实,不桡不诎(桡:通"挠"。诎:通"屈")。"坚忍不拔、百折不挠正是弈者必须具备的斗志。斯时稻垣先生已是八十高龄,回顾人生,"不屈不挠"也正是稻垣先生一生棋艺生涯的奋斗精神之最好诠释。

稻垣兼太郎墓碑位于名古屋市昭和区的兴正寺,总本尊大日如来安置的大日堂旁,稻垣兼太郎的墓碑就在广场的左侧。碑文为侯爵细川护立所书。护立是肥后熊本藩最后的藩主细川护久之子,是第79代内阁总理大臣细川护熙之祖父。在日本,众所周知,历史上细川家也是与围棋界保持紧密联系的藩主。

大日堂稻垣兼太郎墓碑 立于广场左侧

碑文题字

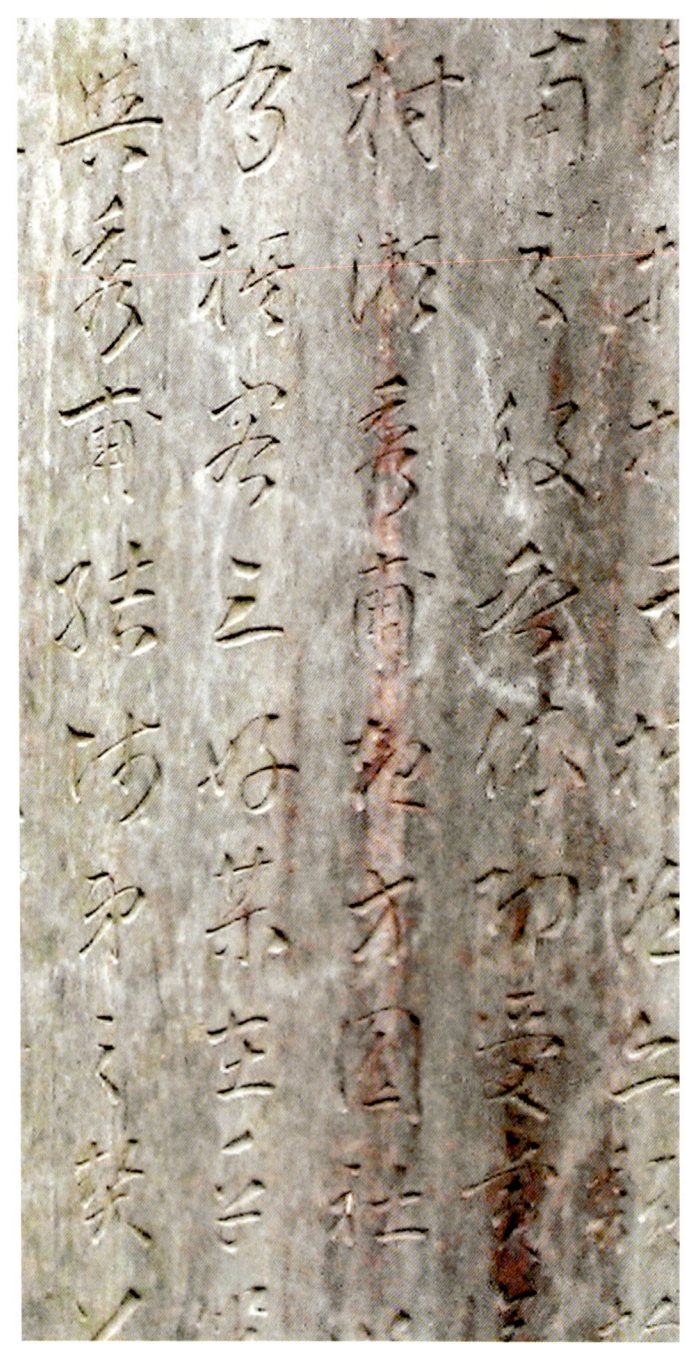

碑文内刻有村濑秀
甫、方圆社文字内容

7. 本因坊秀哉题"千岁"盘

初得此盘，十分困惑：名人签名盘，所择词语，或抒写情怀，或寄托心境，若21世本因坊秀哉、23世本因坊荣寿之"富岳"、若濑越宪作之"洗心"、吴清源之"清玄"、若22世本因坊秀格之"三味"、若藤泽秀行、24世本因坊秀芳之"幽玄"、若梶原武雄、大竹英雄之"石心"，皆为表达追求围棋至道之心境情怀，而此盘底部却独书"千岁"二字，另行小字署本因坊秀哉名，两行恭楷墨书，所寓何意，令笔者百思不得其解。后一偶然机缘，对秀哉活动年谱又做了一番深入研究，偶然发现秀哉先生与当时日本政界大佬头山满之渊源，忽脑洞大开，顿有所悟，遂解此签名盘所书"千岁"二字之寓意，得知此盘虽并未录有书写日期，但据秀哉活动年谱推断，当为秀哉于大正三年（1914年）5月所书，此盘乃秀哉恭祝日本著名的政治家头山满生日之寿礼，根据如下：

《本因坊秀哉全集》录有秀哉与其得意弟子小岸壮二一盘指导棋谱，旁注"大正三年（1914）年五月二十九日弈于头山满邸"。

按照常理，师徒指导棋都应在拜师、入段、出师所举行的仪式所在场所进行，即便不在上述场所，亦当在本道场或特殊纪念场合进行，而此次指导棋地点在头山满家，绝非偶然，最为合理的解释是：作为日本举足轻重的政、财界头面人物，头山满对围棋不仅热爱，且在诸多方面都给予大力的支持，与秀哉更是相交甚早，日本棋院版《本因坊秀哉全集》第一卷载，早在明治二十八年（1895）年，当秀哉21岁的青年时期，头山满就曾促成并主办秀哉（时名田村保寿）与石井千治的十番棋战，此战就弈于头山满邸，至第9局，秀哉7胜2败1和将石井降至先相先。此后，秀哉时有重要对局弈于头山满府邸。时过境迁，至大正三年（1914）年，五月二十七日是头山满60寿诞（周岁59），此时本因坊秀哉名人已是君临天下的棋界第一人，头山满于府邸中大宴宾朋，作为资深的围棋爱好者，头山满既与秀哉相交甚笃，礼敬有加，生日宴筵，秀哉自然位列贵宾席，小岸壮二作为秀哉爱徒而与荣焉，亦可叨陪末座。而秀哉携徒赴宴，当然不能两手空空，然头山满富可敌国，以一般珠宝玉器之类作为寿礼未免流俗，一副顶级棋具当最符合身份，署名敬贺，作为生日贺词，"千岁"二字无疑最为至当，而对于头山满这样的长者，又贵为政界大佬，为表敬意，秀哉书写时，当然不可如常时龙飞凤舞，作行草书，于是便有了这具秀哉恭楷所书"千岁"盘留存后世。

头山满生日贺会，留亲朋挚友在府中筵宴三日，当在情理之中，两日后的秀哉对小岸壮二的指导棋，围观者众，尽是高朋雅士，此局亦当是此次宴会重要活动之一，而此局很可能就是用此盘所弈。

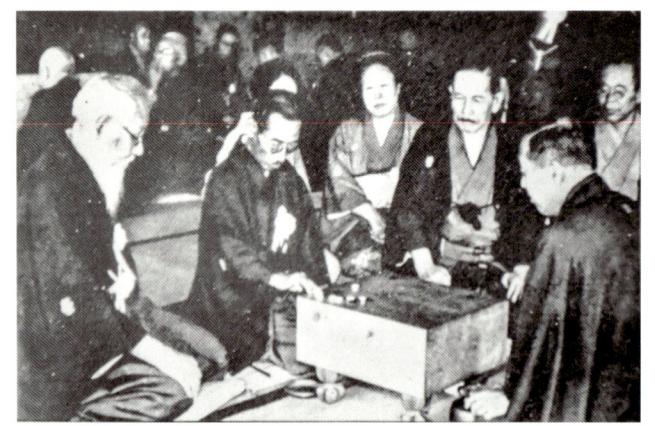

附图　头山满观战本因坊秀哉对弈
左一为头山满，左二为本因坊秀哉

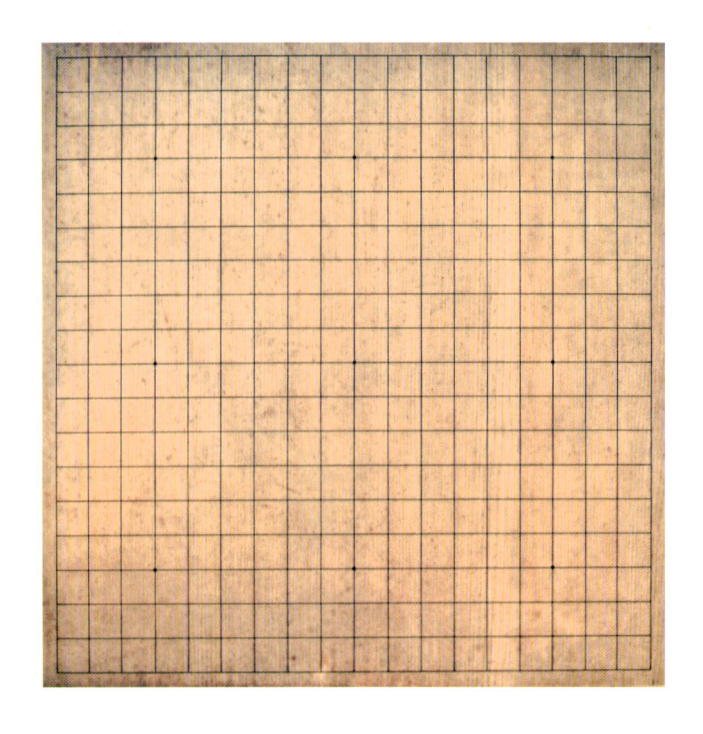

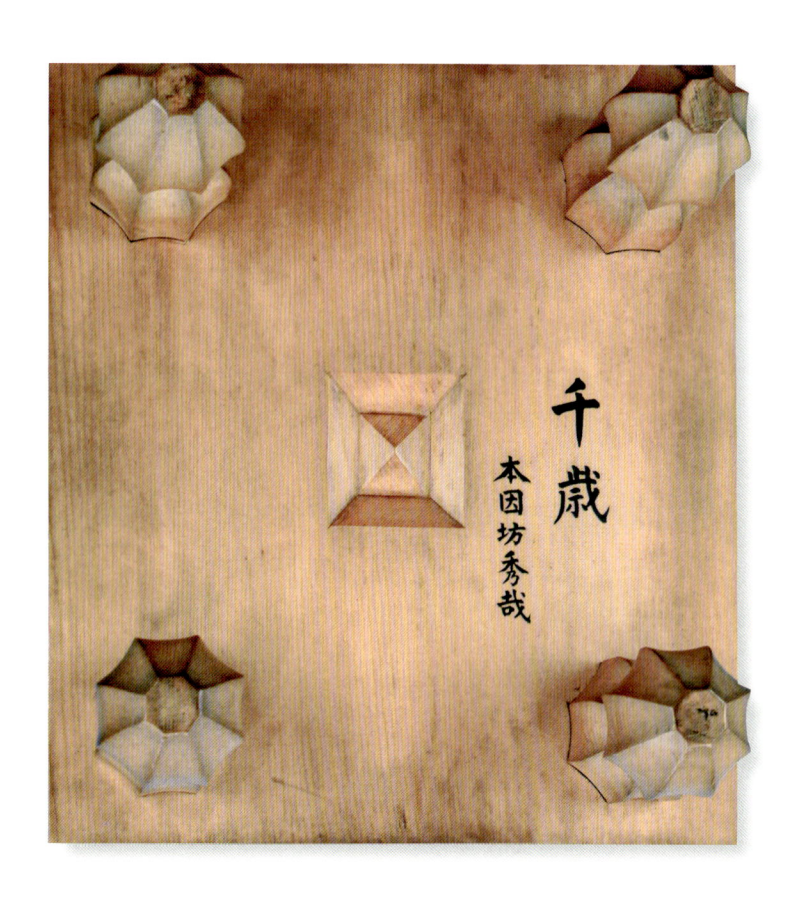

本因坊秀哉（1874年6月24日－1940年1月18日），本名田村保寿，生于东京。八岁知弈，十三岁入段，十七岁脱离方圆社外出经商，卒无所成，弈技几废。十八岁改入秀荣门下，但因保寿曾为方圆社塾生故，秀荣对其始终心存芥蒂。甚至1906年后，规定保寿无招不可晋见。

1907年秀荣病危，保寿遵师命未敢床前尽孝，于是秀荣借机将保寿逐出坊门，并在遗书中立雁金准一为继任本因坊。此举震惊天下，致令坊门分裂成两派，一派支持本因坊印在握的准一，另一派则支持实力更强的保寿。准一忠厚，自承无论棋力、段位和资历都不敌保寿，提请早已退休的秀元再袭家督，任二十世本因坊。一年后秀元将本因坊位传予保寿，保寿以曲线的方式继任家督，是为第二十一世本因坊秀哉。此后，秀哉君临棋界，曾将天下所有棋士都降到先二或以上。

秀哉是日本围棋最后的世袭制本因坊，史称最后的名人，又被誉为不败的名人。日本棋院成立后，秀哉于1939年将本因坊名号转让给日本棋院。

小岸壮二（1898-1924）是秀哉最得意弟子，当小岸壮二还只是初段棋手时，秀哉就曾对野泽竹朝说过："我门下弟子虽多，但将来恐怕只有壮二能接替我把坊门发扬光大。"小岸壮二也果然不负师望，用实际行动证明了秀哉识别人才的独到眼光，在《万朝报》主办的"万朝擂台赛"中取得42胜9负1和的优异成绩；又在《时事新报》主办的选拔赛中不可思议地取得32连胜。当时日本棋界的年轻翘楚，唯濑越宪作和铃木为次郎尚可与之比肩。

日本棋家旧例，弟子拜师后，依惯例，老师最多与其下三局棋，即入门一局，入段一局，出师一局。而秀哉对小岸竟指导过十一局之多，足见秀哉对小岸之器重，可惜天妒英才，其年不永，小岸竟在其风华正茂之际，当26岁时，以芳华之年，突发肠梗阻而去。小岸死后，秀哉将其葬于本妙寺，而本妙寺乃本因坊历代家督的墓地。秀哉也正是由于痛失爱徒，心累坊门后继乏人，才最终于昭和十四年（1939），即其逝世的前一年，将"本因坊"名义转让给日本棋院，此举改写了日本围棋的历史。

此盘为日向产榧所制，包浆灿然，泛金黄色，虽经百年，开箱仍有醇厚榧香扑鼻。

盘厚五寸五分，总高九寸七分，天面纵一尺五寸三分，横一尺四寸一分。

配有木箱，包浆厚重，泛黑褐色。箱高一尺一寸七分，纵一尺六寸五分，横一尺五寸三分。

8. 本因坊秀哉题"玄"盘

本品盘底右侧题一"玄"字，落款"昭和四年初夏 本因坊秀哉题"，笔力雄健，颇见功力。盘足有"棋盘师中田胜工作"署名。棋盘师中田胜工未见著录，应该是大正昭和期棋盘师。此盘为木里盘，未有起翘变形，可见制盘当时木料干燥彻底，但毕竟经过近百年尘洗，略显沧桑，并有小蹭，弥合纹，入眼老旧。

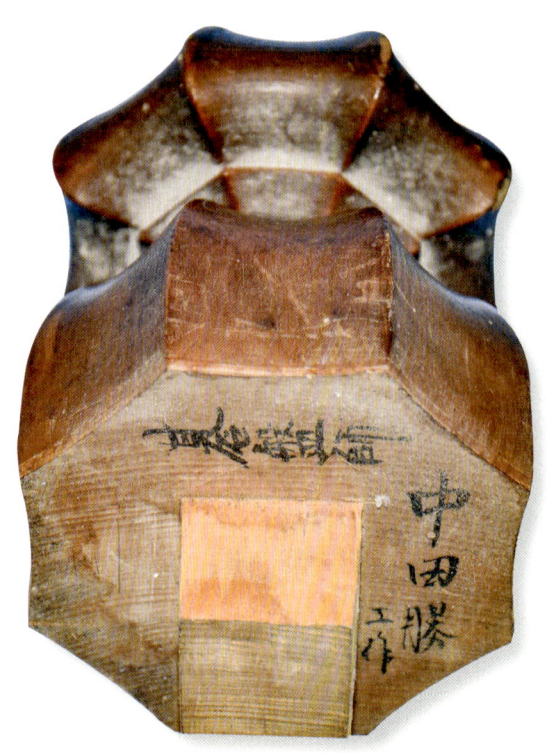

所题"玄"出自老子《道德经》第一章

"道可道，非常道；名可名，非常名。无，名天地之始，有，名万物之母。故常无，欲以观其妙；常有，欲以观其徼。此两者，同出而异名，同谓之玄。玄之又玄，众妙之门。"对于老子《道德经》之"玄"，历代注家甚多，如魏晋玄学的主要代表人物及创始人之一王弼在《老子指略》中注曰："玄，谓之深者也。"

南宋道教妙真派中兴祖师范应元在《老子道德经古本集注》中对"玄"解释说："玄者，深远而不可分别之义。"

元代理学家、经学家、教育家吴澄在《道德经真经注》中说："玄者，幽昧不可测之义。"不过这些注释都是仅从"玄"字字面本意理解释义，唯汉张衡与宋苏轼胞弟苏辙所注大有深意：张衡注认为"玄者，无形之类，自然之根；作于太始，莫之能先；包含道德，构掩乾坤"。老子之"玄"是构掩乾坤，作于太始，包含道德的自然之根，并无形类，是看不见，摸不着，只能用精神体悟的"道"。而 苏辙注："凡远而无所至极者，其色必玄。故老子常以玄寄极也。"解释了老子之"玄"在于寄极。

围棋博大精深，包藏宇宙之机，弈道至深，当然也在"远而无所至极者"列，故秀哉题"玄"以寄弈道之极。

值得一提的是，本盘寸法规制极具特色。

盘纵46cm，横42.9cm
厚17.5cm，总高29.7cm

昭和初期，虽说足跗棋盘寸法制式已经与现代接轨，但如纵46cm，横42.9cm之大尺寸规制棋盘也是极为罕见的。

配有江户亭榭小景金莳绘屋敷型棋笥，内夜小仓滨日产老雪印25号蛤棋石，文印细密通直，透光之下，如梦如幻，已形成茶色包浆。

9. 本因坊秀哉题"松风"盘

本品为日向本榧木里盘,金黄色泽,榧香怡人,包浆自然,沉稳厚重,虽近百年,仍灿然如新,纵45.6cm,横42cm,厚17cm。盘底墨书"松风",落款依稀可辨:"昭和五庚午菊月……本……"字样(1930年)盘覆内书"松风盘",另行"本榧 厚 五寸八分",又另行"日向蛤 那智石 厚 三分三厘",再另行"昭和庚午菊月记",落款"本 画押"。

从盘底及盘覆题写风格判断，此盘当为秀哉名人自用之盘。

明末清初著名思想家、书法家傅山曾有一联："竹雨松风琴韵，茶烟梧月书声"，笔者不揣冒昧，将此联略改一字："竹雨松风琴韵，茶烟梧月棋声"，便恰是此盘所题"松风"之最贴切诠释。

清人张潮在《幽梦影》中说："春听鸟声，夏听蝉声，秋听虫声，冬听雪声，白昼听棋声，月下听箫声，山中听松风声，水际听欸乃声，方不虚此生耳。"张潮认为，能听得棋声、松风声，亦在不虚此生之列。又苏东坡与黄山谷合作一副名联，写尽"松风"搅局之妙：东坡上联曰"松下围棋，松子每随棋子落"，山谷下联对"柳边垂钓，柳丝常伴钓丝悬"。松子之落，为有松风轻拂，松子落于局上，弈兴顿消，诗兴大发，便发生了千古轶事，诞生了千古名对。无独有偶，清嘉、道年间著名诗人金朝觐有五言绝句《独坐》一诗：

静境偶忘机，东风入坐衣。棋残松子落，目送白云飞。

风落松子，棋残忘机，目送白云之静境，就是一幅超然物外、出尘脱俗的水墨山水画。入此图中，弈者忘机也在情理之中……

《浪迹三谈卷一》观弈轩杂录载：苏东坡《观棋诗》序云："司空表圣有'棋声花院闭'之句，吾尝独游五老峰，入白鹤观，松阴满地，不见一人，古松流水间，唯闻棋声，然后知此句之妙。"宋人姚勉《赠棋翁挟二童皆高弈》诗中也有"五老峰前白鹤址，昼眠扃门日清美。棋声流水古松间，忽然闻之雪堂喜"句，棋声与古松流水，便如雅乐和音，亦是人生不可或缺的乐章。

宋人张炎更将松风流水这天籁之音与拨弦、敲枰奏出的大雅之声结合，完美演绎出一曲自然流畅的人间仙乐：

《风入松》

松风掩昼隐深清。流水自泠泠。一从柯烂归来后，爱弦声、不爱枰声。颇笑山中散木，翻怜囊下劳薪。

透云远响正丁丁。孤凤划然鸣。疑行岭上千秋雪，语高寒、相应何人。回首更无寻处，一江风雨潮生。

伴松风流水，抚焦尾楸枰，松风隐隐，流水泠泠，玉子丁丁，孤凤鸣鸣，更兼一江风雨潮生，其意高远空灵，奏出千古骚人性情。

袁枚对棋圣范西屏至为推崇，曾言"余不嗜弈而嗜西屏"。并曾为范西屏撰写墓志铭，以"松风丁丁"赞其高古。

"西屏之于弈，可谓圣矣……铭曰：虽颜、曾，世莫称。唯子之名横绝四海而无人争。将千龄万龄，犹以棋鸣。松风丁丁！"

此盘题于昭和庚午年，即昭和五年（1930年）此时秀哉早已功成名就，被誉为"不败的名人"，在棋界地位如日中天，棋艺生涯已达巅峰，当世之时，"横绝四海而无人争"，未必没有身后之名亦"将千龄万龄，犹以棋鸣，松风丁丁"之想。且秀哉于围棋学贯古今，又颇通汉学，想必对范西屏亦有研究，只是未知是否读过袁枚此篇墓志铭？但无论其是否读过，沐松风，听流水，抚焦尾，敲榧枰，谱写弈林新乐华章，不正是秀哉名人此际之心境吗！是故，有"松风"之盘传世。

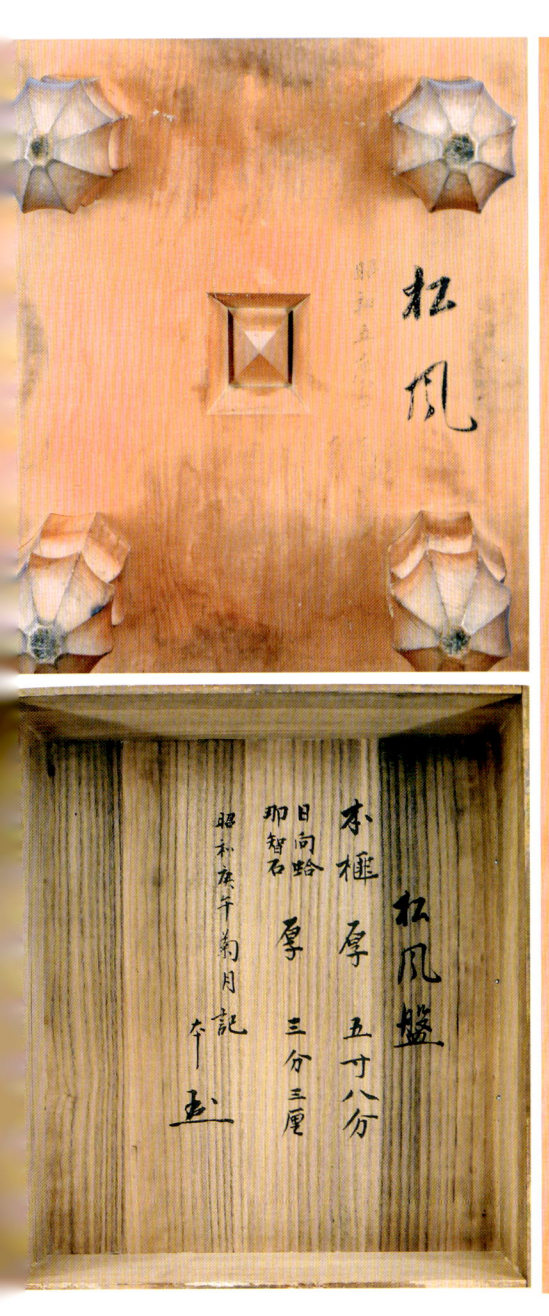

10. 本因坊秀哉题"葆光"盘

本藏品为五寸四方柾日向榧盘，包浆灿然，榧香浓郁，纵45.5cm，横42cm，厚15.2cm。盘底墨书"葆光"二字，行笔流畅自然，方正平和。有"昭和癸酉夏日 本因坊秀哉题"款。昭和癸酉年为公元1933年，距今已近百年，此盘仍灿然如新，全无瑕疵，实属难得。

"葆光"一词，语出《庄子·内篇·齐物论》："故知止其所不知，至矣。孰知不言之辩，不道之道？若有能知，此之谓天府。注焉而不满，酌焉而不竭，而不知其所由来，此之谓葆光。"这段话的含义是：所以"知"的至高境界，止于尚未可知的大道之体！至道不可言辩，谁人可知！若真有人认知，可以说就拥有了道之"天然府库"。此"天府"任其注入"道"而永不盈溢，任其酌取"道"而永不枯竭，却无可溯其源，此为"葆光"即"敛其光芒"。

这就是庄子所体悟的"夫大道不称,大辩不言,大仁不仁,大廉不谦,大勇不忮。道昭而不道,言辩而不及,仁常而不成,廉清而不信,勇忮而不成。五者圆而几向方矣!"之至理,唯"葆光"方能参透此理。

古之高僧,神道,大儒无不奉"葆光"为至要之典,并身体力行。宋时释印肃为一代高僧,其《偈颂五首》一诗对"葆光"的诠释是"体寰中物而忘机,自可葆光。"而不必刻意苛求:

体得寰中物,忘机自葆光。
老庄言不及,佛祖句难藏。
槁木非成道,灰心岂离忙。
资深无欠少,本有不须忘。

乾隆帝在《题抱素书屋》诗中写道:
书斋颜抱素,潇洒得天然。窗画森疏竹,阶琴滴暗泉。
每因悟礼后,还与慎几先。略识葆光义,南华齐物篇。

一代伟帝,虽极尽奢华,却也将书斋之名取作"抱素",以常诵庄子《南华齐物》,以"略识葆光义"。除此首外,乾隆诗作中,竟有十六首提到"葆光","葆光"之义,不敢或忘!

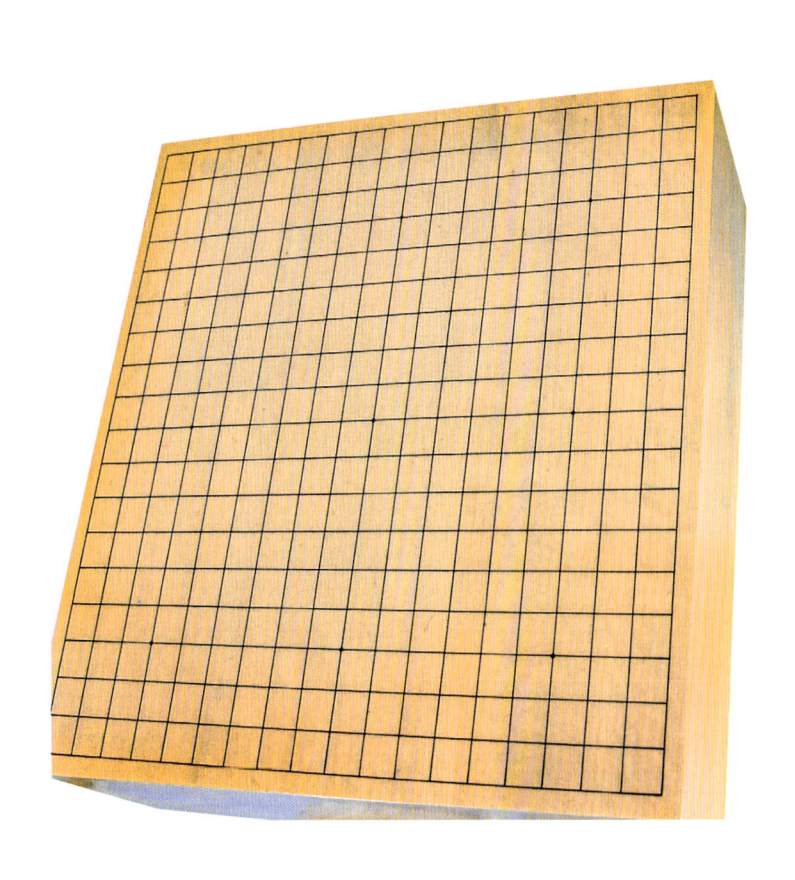

秀哉为此盘题"葆光"自有深意，此盘所题年款为"昭和癸未夏日"即1933年夏天，斯时《读卖新闻》社为纪念两万号出版而策划的"日本围棋选手权战"正在如火如荼地进行中，为此项比赛，《读卖新闻》社不惜重金，说动濑越宪作、加藤信、宫坂寀二、小野田千代太郎、岩本薫、林有太郎、久保松胜喜代、木谷实、篠原正美、前田陈尔、福田正义、村岛谊纪、吴清源、桥本宇太郎、长谷川章、关山利一共16位当时全日本最强者捉对厮杀，轮番鏖战，并请动秀哉名人与比赛冠军对弈争锋。此际秀哉早已功成名就，在棋界是只手遮天、唯我独尊的皇级人物，本可俯瞰众生，坐观虎斗，而接受《读卖新闻》邀请，无疑冒着万一失手，有损一世英名之风险，然秀哉毅然应允，当有"注焉而不满，酌焉而不竭""敛其光芒"的"葆光"之至大心境。此后，19岁的吴清源脱颖而出，斩获此战冠军，并获得了与秀哉一战的机会，而此局棋从1933年10月16日开始，直到次年1月19日结束，以吴清源执黑2目惜败，这便是著名的"名人最后的胜负棋"，俗称"三三、星、天元名局。"此战，尽管后来有"前田陈尔之一手"的传闻，令秀哉名人难免璧瑕之嫌，但白璧微瑕，不掩其瑜，无论如何，秀哉心向"葆光"，追求弈之至道的彻悟，或已达到"止其所不知"之境。

11. 本因坊秀哉题"雨影"盘

本品为日向本榧天柾盘，榧香怡人，包浆自然，金黄色泽，沉稳厚重，虽近百年，仍灿然如新，纵45.3cm，横42cm，厚8cm。盘底墨书"雨影"，署"二十一世本因坊秀哉"名款，嵌"二十一世本因坊秀哉"阳文朱印。盘覆内墨书"饭田三段让受"，中文意思为"赠饭田三段"。并有"昭和七年三月十八日"（1932年）年款。

从盘覆所题内容信息，可知此盘为秀哉赠予饭田之物。饭田三段名饭田春治，日本棋院棋士，师从广濑平治郎，毕业于早稻田大学，有与时任首相（内阁总理大臣）犬养毅指导对局谱存世。后升四段。此前一年，曾受两子与秀哉名人对局，有谱存世。

秀哉名人为此盘题"雨影"二字赠饭田，寓意不明，未敢妄评，不过笔者大胆揣测，或在那一段时间内，秀哉温习汉学，读到清姜任修五律《与华豫原言怀》：

不顾人岑寂，风檐作雨声。
一镫摇雨影，百盏到三更。
生死容身许，乾坤有骨撑。
醉言如可信，终古见交情。

此诗虽有"雨"字两出之小疵，然豪情万丈，侠气干云，格高调古，读之令人扼腕！

是否秀哉先生为诗中"一镫摇雨影，百盏到三更。生死容身许，乾坤有骨撑"的豪侠之气触及心灵，有感挥毫，抑或秀哉先生偶然读到宋人杨万里诗《晚归遇雨》

略略烟痕草许低，初初雨影伞先知。
溪回谷转愁无路，忽有梅花一两枝。

秀哉独爱"雨影"之意境，有所感触，又恰逢题字当日遇雨，忽然心动，即兴而书，姑录此两疑，识者自可无限遐思……

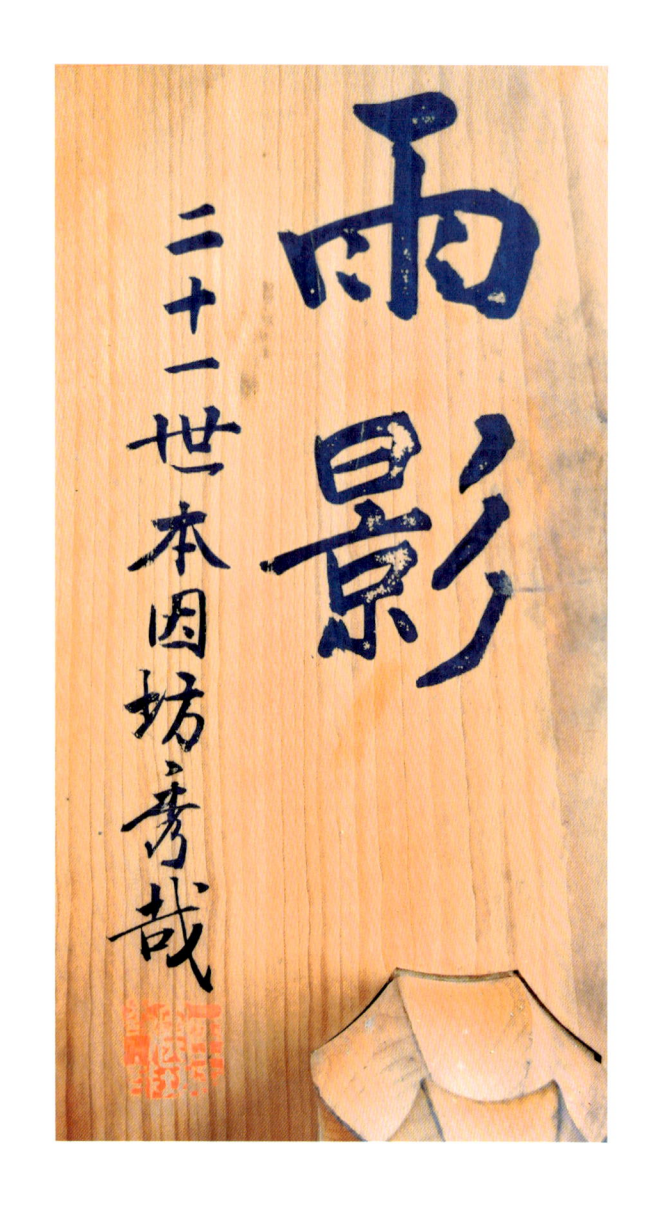

12. 本因坊秀哉题"流水"盘

此盘底书"流水""昭和甲戌初夏""本因坊秀哉题"。

"流水"应是围棋典故之一。《钦定四库全书》《御定渊鉴类函》卷三百二十九 巧艺部六"围棋"条（围棋三）记载：

古松流水　清簟疏帘

苏东坡观棋诗序云：余素不解棋，尝独游庐山白鹤观，观中人皆阖户昼寝，独闻棋声于古松流水间，意欣然喜之，自尔欲学，然终不解也。

此条记载说明，"古松流水""清簟疏帘"已成为围棋的代名词。

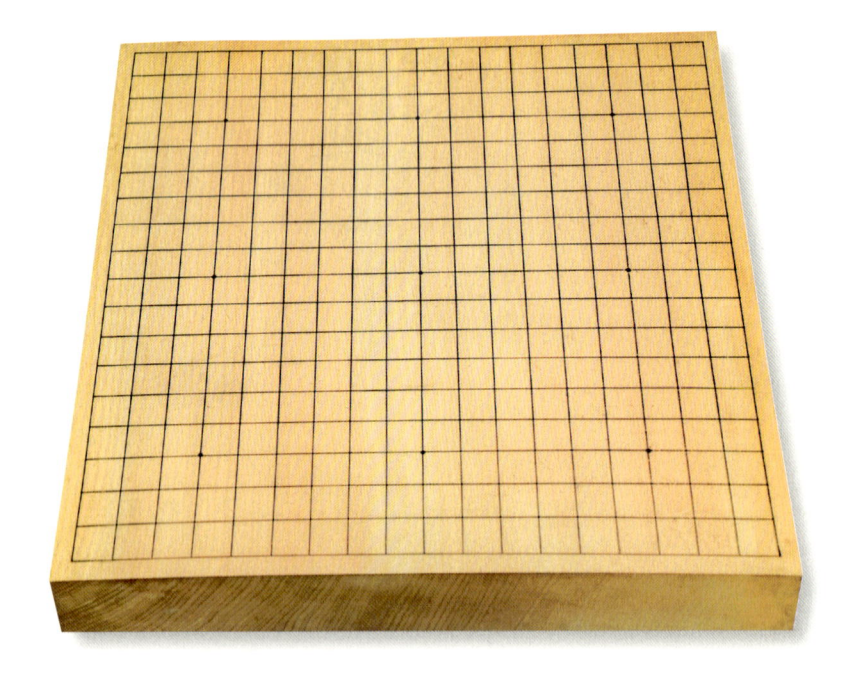

昭和甲戌年为1934年，秀哉名人于围棋早已功成名就，独步天下，不再拘泥于胜负了，余生所求只在于追寻围棋至道，此盘所题"流水"，大概是秀哉名人所体味的苏东坡对围棋"胜固欣然，败亦可喜"的超然心境。

施襄夏在《弈理指归》自序中曾言及"流水"与"弈之道"的关系:"岁壬子,携梁丈游岘山,见山下出泉,潆漾纡余,顾而乐之,丈曰:子之弈工矣!盍会心于此乎?行乎当行,止乎当止,任其自然而与物无竞,乃弈之道也!"

"流水"便是梁魏今教导施襄夏任其自然而与物无竞的"弈之道",而行棋如"流水","行乎当行,止乎当止",大抵就是围棋的最高境界了。秀哉为此盘题"流水",大有深意。

此盘为日向榧天柾盘,金黄色泽,榧香怡人,包浆沉稳,略有脱墨。

盘纵45.5cm,横42.5cm,厚11.5cm,总高24cm。

配有棋笥,内盛白蛤棋石,黑那智石。

13. 濑越宪作题"清高"盘

盘厚19.6cm，纵45.3cm，横42.6cm

  此盘为本榧天地柾盘，榧香浓郁，泛黄金色泽。盘底右书"清高"二字，左有"昭和癸未仲春 濑越宪作题"二行款。昭和癸未年（1943年）距今已有70多年，但此盘保存完好，包浆醇厚，灿然如新，品相上佳，十分难得。

"清高"一词，始见于秦末儒生，孔子八世孙孔鲋《孔丛子（一说《孔丛子》为后人伪托，列此不辩。）·抗志》篇："夫清高之节，不以私自累，不以利烦虑，择天下之至道，行天下之正路。"后世多以"清高"为清雅高洁，特立独行的世之君子之赞誉。说到孔鲋，不可不提及其对中国传统文化所作出的伟大贡献的一段轶事：秦始皇焚书坑儒时，孔鲋将家传《论语》《尚书》《孝经》等书，藏于老宅墙壁中，遂隐于嵩山，教弟子百余人，以传教化。至汉景帝时，破孔宅旧壁，得见其所藏之书，皆古文，《论语》《尚书》《孝经》等书，方得重现于世，后人称"壁经"或"古文经"。这便是著名的经典轶事 "鲁壁藏书"。明人孔贞栋有《咏鲁壁》诗述及："蝌蚪出从古壁中，至今大地书文同。秦人遗下六经火，三月咸阳焰尚红。"

言归正传，诗圣杜甫曾有诗句："诸葛大名垂宇宙，宗臣遗像肃清高。"（《咏怀古迹》之五）盛赞三国蜀汉名臣诸葛亮，即以"清高"一词概以括之。与杜甫齐名的唐大诗人白居易更自诩清高，《云仙杂记》载：乐天语人曰："吾已脱去利名枷锁，开清高门户，但莲龛子母丹，不知何时可成？"

"清高"是古时文人士大夫所追求向往的高格品调，并诗以寄怀，如唐代姚合"日日新诗出，城中写不禁。清高疑对竹，闲雅胜闻琴"句，元人刘崧"禅房远在东山下，千尺青松一片云。偃蹇不随龙起蛰，清高还与鹤为群"句。

明代刘璟诗《墨菊·其二》"石边老树带霜枝，黄菊襕襟竹叶稀。看尽却思彭泽令，清高不为岁寒移。"不胜枚举。

濑越宪作书"清高"以喻"棋道"，借以自省并告诫弈者：世事如棋，棋如世事，下棋时，当"不以私自累，不以利烦虑"，排除杂念，神游局内，唯有"择天下之至道，行天下之正路"方能得天下之至理，悟围棋之正道。

14. 濑越宪作题"怡乐"盘

本品为赤口日向陵营林榧所制，木口年轮虬结扭曲，油脂丰盈，包浆莹润，天面洁净，榧香清醇。盘底书"怡乐"，落款"昭和庚子初夏 濑越宪作题"。庚子年即1960年，是年6月，濑越宪作名誉九段作为团长率日本围棋访华代表团率先叩开了中日两国围棋交流的大门，奏响了二十世纪中日韩乃至世界围棋大发展的前奏曲，此行前夕，濑越宪作为此盘题"怡乐"，当也是濑越先生对此盛举热切期盼的一种心境写照。

《说文解字》释：怡者，和也。《尔雅》释：怡，乐也。

既和且乐，与世无争，便可自得其乐，故晋时著名的田园诗人陶渊明不为五斗米折腰，在《桃花源记》中有"黄发垂髫，并怡然自乐"句。

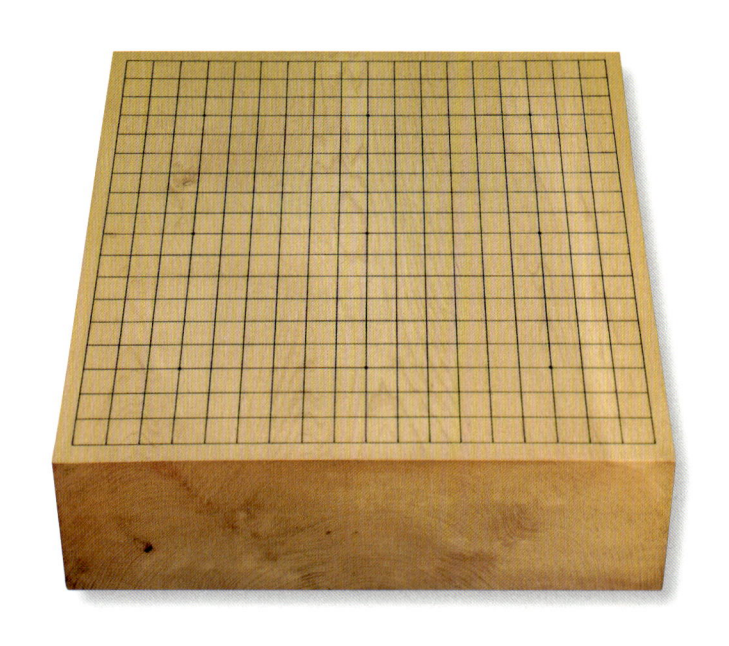

围棋虽然是竞技活动，但究其本质，正如吴清源大师所说，围棋所追求的是一种和谐、平衡的中庸之道，胜负只是围棋活动的结果，而在围棋活动过程中，唯有彻底

清除胜负的执念，只专注于行棋过程中盘面的均衡，才能把握局势，少犯错误，最后达到胜利的彼岸，而在弈棋的过程中，真能去掉胜负执念，自然可以做到心境平和，怡然自乐，享受围棋的真正乐趣。这便是濑越宪作所题"怡乐"的深意所在吧。

纵46.4cm，横42.3cm，厚13.2cm，足高12.4cm，总高25.6cm

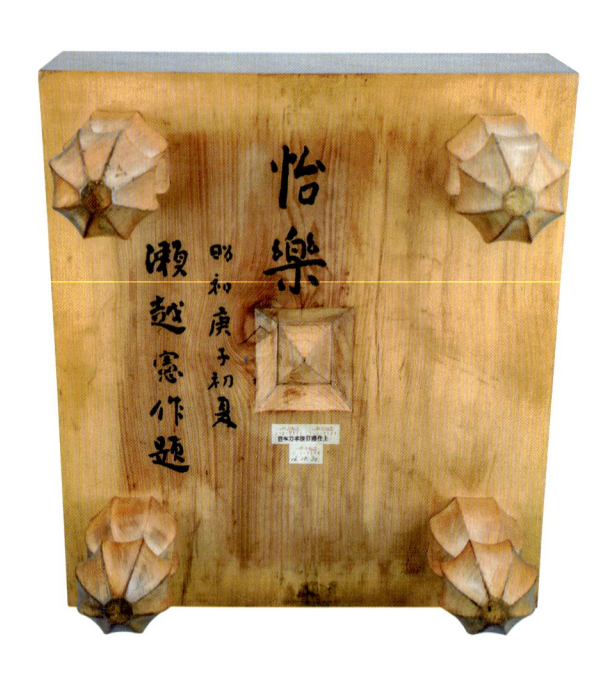

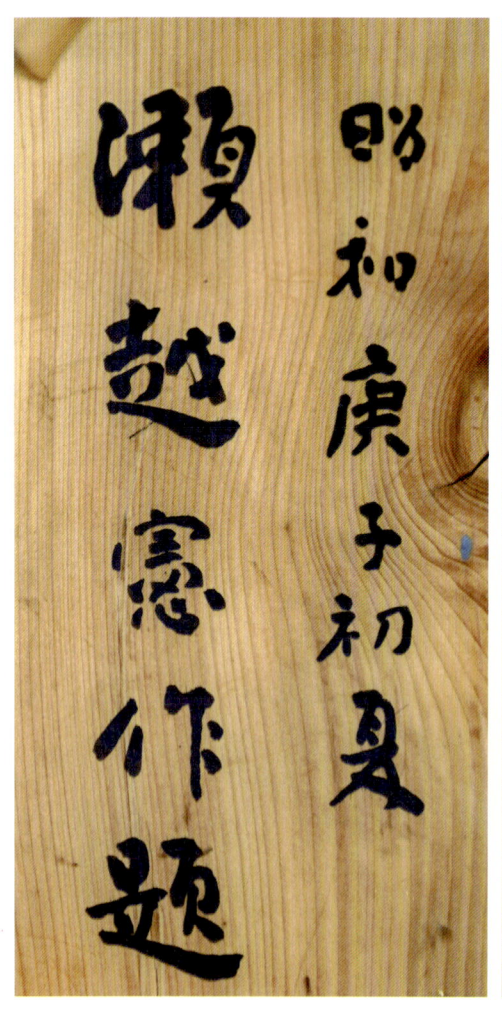

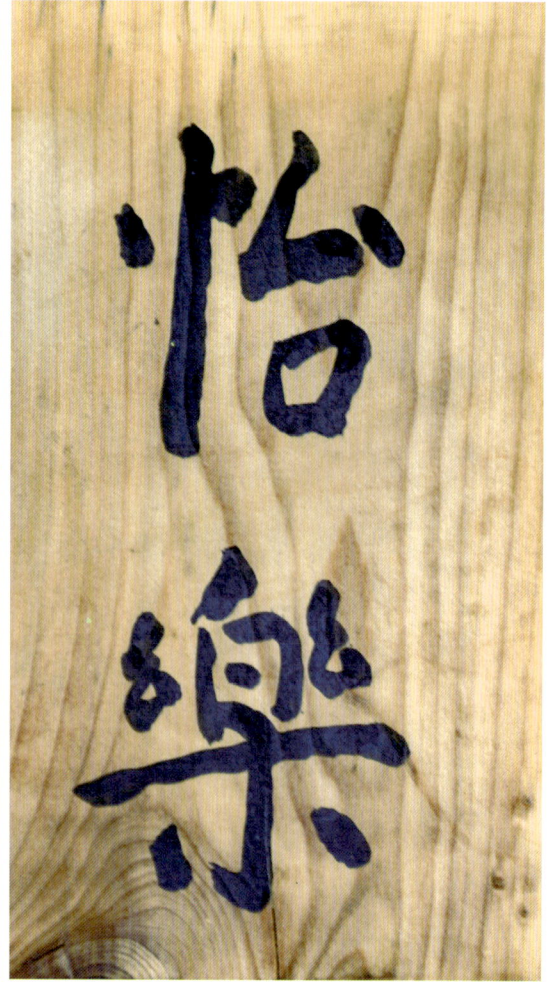

15. 岩本薰和（岩本薰）题"静观"盘

此盘盘底题书"静观"二字，下书"昭和戊申春"，署岩本薰和。昭和戊申年即公元1968年，此间的岩本薰多在海外生活，偶回日本逗留，竟能抽暇签署此盘，亦属机缘巧合，殊为难得。

"静观"一语出自道家，与"玄览"意境相近，老子曰："致虚极，守静笃。万物并作，吾以观复。"《大学》说："静而后能安，安而后能虑，虑而后能得。""静观"多为文学大家引用，如唐王维《酬诸公见过》诗云："静观素鲔，俯映白沙。" 宋 程颢《秋日偶成》诗之二："万物静观皆自得，四时佳兴与人同。" 既是"万物静观皆自得"，于围棋又何尝不如是！宋人赵崇森有五律 《隐逸》一首：

懒散数椽下，于人无所求。

静观棋得趣，闲坐石忘忧。

对酒红生颊，孤吟白上头。

高山有佳趣，便欲作清游。

其中"静观棋得趣，闲坐石忘忧"句，道尽弈者之乐——"静观"而得棋趣，虽非隐之大者，却也隐得潇洒。

然而对"静观"做最富哲理诠释的是宋人汪晫《静观堂十偈》诗：

静观打透两重关，无静无观总一般。

须信静时非境静，从知观处是心观。

"静非境静，观是心观"，可知心静才是至静，心观方为大观。守意能得静，收心可放观。

施襄夏曾有《自题诗》写静中悟道之妙：

弗思而应诚多败，信手频挥更鲜谋，

不向静中参妙理，纵然颖悟也虚浮。

岩本先生所题"静观"，其中自然不乏"棋中得趣"之乐，但更多的是表达对围棋的一种态度。"向静中参妙理，"方得颖悟弈道，作为弈者，当以"静"心作大"观"，唯其"静"方得以心"观"，唯以心观，方得入神，唯其入神，方得"神游局外，意在子先"。

此盘呈金黄色，包浆灿然，榧香醇厚，沁人心脾。不知是否为岩本先生所题"静观"的佛道境界所感，每用此盘研谱，便觉心如止水，万物皆空，宛如徜徉于幻境中，又似沐浴于围棋殿堂的圣光中，竟有一种无我的境界。

黑白轩主有诗曰：丁酉暮春，得岩本静观盘，诗以纪之。

须知守意能得静，住念收心可放观。

经纬方中参妙理，机发直透两重关。

盘厚五寸，纵一尺五寸，横一尺四寸

配罕见的小笠原桑棋笥，收叴小仓滨日产雪印蛤棋石，那智石黑子，外有木箱收纳。

关于岩本薰，笔者前些年在介绍欧洲围棋发展的文章《世界围棋眼》中曾做介绍，摘引如下：

谈到世界围棋的发展，就一定会想到日本的著名棋手岩本薰九段。

岩本薰九段是日本棋坛老一辈的传奇人物，曾获第三届、第四届本因坊称号并经历过距广岛核爆炸仅数十公里的本因坊决赛对局，1948年任日本棋院理事长。岩本薰因有一段时间在南美做生意，在此期间，他觉得将围棋国际化的意义重大，遂将主要精力投身于海外围棋普及之上，他自己出钱，在巴西的圣保罗、美国的纽约和西雅图、荷兰的阿姆斯特丹都建立了围棋中心。从而使当地围棋发展有了质的飞跃。为纪念岩本薰对围棋普及的贡献，世界各地经常举办一些纪念活动。其中智利和阿根廷围棋协会还在网上举办了岩本薰杯网络业余围棋锦标赛，世界参赛选手众多，人数和规模均大于世界业余围棋锦标赛。首届岩本薰杯网络围棋大赛就被来自中国北京的女棋手李月，也就是笔者胞妹获得。智利围棋协会的赛事负责人还在赛后借访问中国之机，不远万里，将冠军奖杯亲自带到北京，其对围棋活动的负责精神已达极致，着实令人感动。

2011年7月14日，日本棋院第八届"围棋殿堂"入选结果揭晓，经过委员会8位成员投票后，岩本薰九段成为入选围棋殿堂的棋士。

第四章 鉴 赏

16. 桥本宇太郎签名盘

本品是关西围棋总帅桥本宇太郎签名盘。

桥本先生是为人们所熟知的一代围棋大师，生于明治末年，活跃于大正昭和时期，师从围棋教育大家濑越宪作先生，是吴清源先生的同门学长，青年时期雅号"天才宇太郎""火之玉宇太郎"，第二、五、六期本因坊头衔获得者，号"本因坊昭宇"。棋风变幻莫测，擅出奇制胜。

桥本于1950年脱离日本棋院，在家乡大阪成立了与日本棋院分庭抗礼的围棋社团关西棋院。桥本一生所弈名局中以和岩本薰争夺本因坊头衔挑战赛的"核爆炸下的对局"，史称"核爆之局"最为有名。1977年桥本以69岁的高龄打败众多超一流高手，与藤泽秀行争夺第一期棋圣战桂冠，1982年以75岁高龄，进入本因坊战循环圈，为世人所惊叹。87岁逝世时仍是现役棋士。

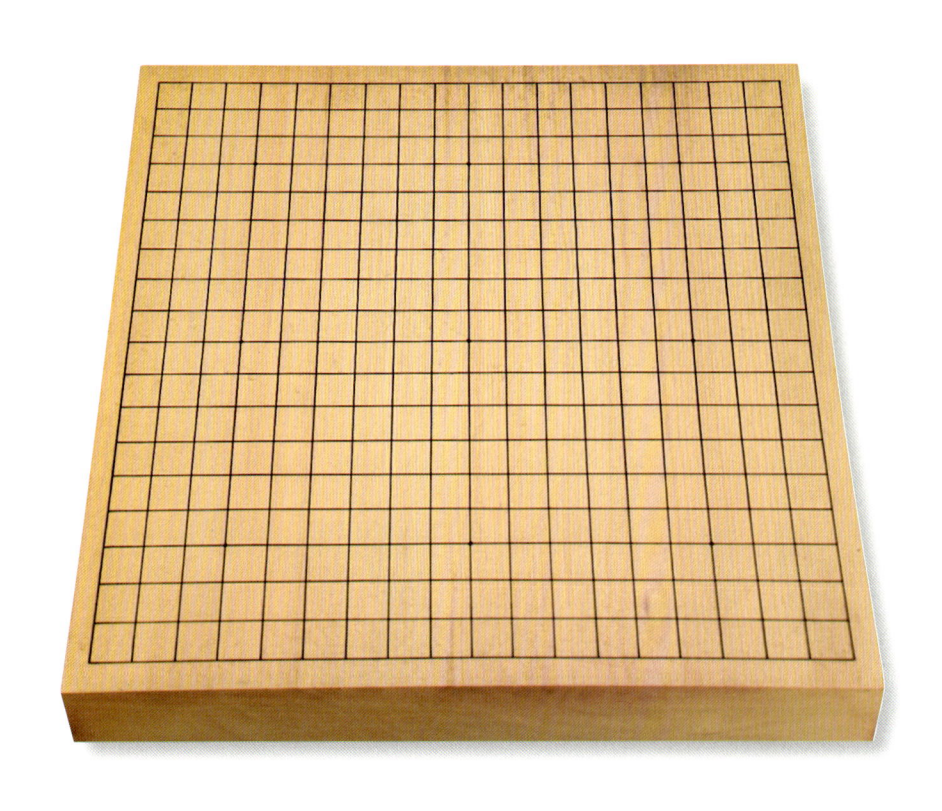

桥本先生在2014年入选日本围棋殿堂。

桥本先生一生著作颇丰，尤其在死活题创作方面堪称泰斗，素有"东有前田陈尔，西为桥本宇太郎"之说，仅在杂志发表的原创死活题就超过15000道之多。

先生门下弟子也是人才济济，英才辈出。有名的棋士有宫本直毅九段、宫本义久九段、东野弘昭九段、本田邦久九段等一众专业围棋名家。

大师一生对于日本关西围棋的贡献可谓空前绝后，深受棋迷所景仰，时人尊之为关西围棋总帅！

本品为赤口陵营林榧盘，榧香浓郁，黄金泛红色泽，盘底仅书"桥本宇太郎"名，无题字、年款。整体显得威严厚重，端庄大气。

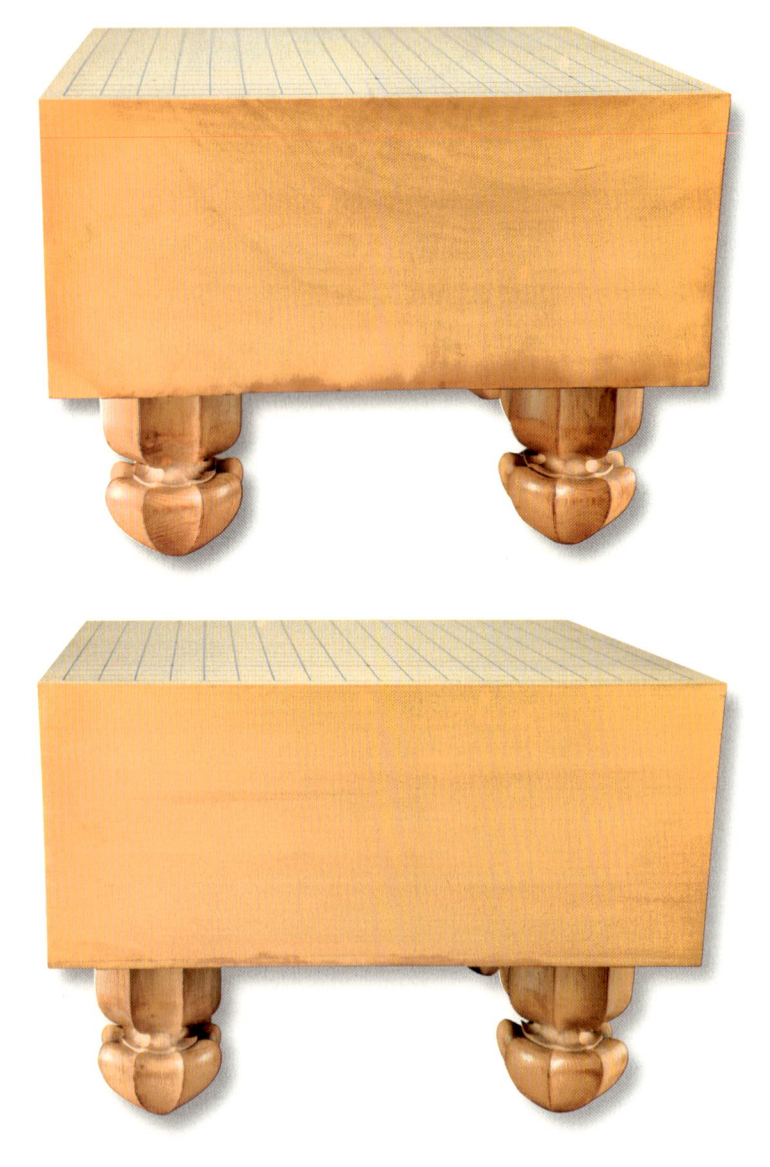

盘纵45.6cm，横41.8cm，厚17.9cm，总高30.9cm

17. 前田陈尔题字签名盘

本品为四寸八分本榧四方桩目盘，盘底有前田陈尔题字署名，题字不辨。

前田陈尔（1907-1975），日本棋院九段棋士。师从久保松胜喜代名誉九段及本因坊秀哉名人。1924年入段，1963年九段。1947年与坂田荣男等人脱离日本棋院，成立"围棋新社"，1949年复归。

前田陈尔才华横溢，时人称之为"鬼童丸"。四段时棋艺即与有"怪童丸"之称的木谷实五段比肩并论，为棋界"鬼怪双童"。前田特立独行，不随波逐流，于弈道每出一语，往往便振聋发聩，最著名的一例便是在新布局时代，木谷以新布局接连获胜，世人均以为新布局为木谷实制胜法宝时，独有前田一语破的："并非是新布局如何优秀，只是木谷七段太强大了而已。"

前田以"诘棋之神"大名享誉棋坛，其主要诘棋作品有：《前田诘棋集》、《新选前田诘棋集》、《新选诘棋百题》（正、续两册）、《诘棋之神1、2》（两册）、《前田初、中、上级诘棋》（三册）、《痛快前田的诘棋》《痛快诘棋杰作选》《一百万人的诘棋》等。

前田行棋算路深远，力量十足，极具攻击性，故有"攻击的前田"之美誉，曾与全盛时期的吴清源对弈34局，虽以11胜1和22负不敌，然从棋局内容看，堪称局局精彩，不乏传世名局。

对于前田陈尔，最为人们津津乐道的当是1933-1934年秀哉名人与吴清源所弈的"三三·星·天元"一局，此局十余年后时任日本棋院理事长的濑越宪作提出制胜的第160手为前田（当时五段）所发现。此论引起坊门众怒，以濑越宪作被迫辞职不了了之。

前田陈尔才华横溢，文采斐然，多年任日本棋院官方杂志《棋道》编集长，每做评论，鞭辟入里，时人有"毒舌"之称。

本盘厚14.5cm，
纵45.5cm，横42cm

18. 宫下秀洋、岩田达明、岐阜县知事平野三郎题"忍"字盘

此件藏品为日向榧天地枰盘，包浆灿然，泛金黄色泽，榧香怡人，沁人心扉，底书一"忍"字，落款昭和四十五年八月十八日，并有日本著名九段棋手雅号"福岛猛牛"的秀哉门徒宫下秀洋、木谷门最早成名的弟子岩田达明和日本著名的政治家时任岐阜县知事平野三郎的共同签名。笔力雄劲。

"忍"字是日本人，尤其是日本武者最为推崇的一种精神，这种精神已经成为日本大和民族的文化积淀，并作为一种文化信仰而世代传承。然追本溯源，"忍"之文化，植根于汉文化。

孔子早有警句："小不忍，则乱大谋。"庄子也有"强力忍垢，吾不知其他也"的名言。

而孟子"故天将降大任于斯人也，必先苦其心志，劳其筋骨，饿其体肤，空乏其身，行拂乱其所为，所以动心忍性，曾益其所不能。"的一段话尤其广为人知，在这里，孟子强调动心忍性，只有忍，方可曾益其所不能。故古之圣贤，无不能忍，忍人之所不能忍，方能为人所不能为。

宋代著名文学家苏轼 在《贾谊论》中更对不能忍之贾谊做如下评论：

非才之难，所以自用者实难。惜乎！贾生王者之佐，而不能用其才也。

夫君子之所取者远，则必有所待；所就者大，则必有所忍。古之贤人，皆负可致之才，而卒不能行其万一者，未必皆其时君之罪，或者其自取也。

贾谊未能终尽其才，是为不能忍之故，不能忍，则如苏轼所说"志大而量小，才有余而识不足也"。苏轼此"志、才、量、识"之论，至为精辟，发人深省！

用之于围棋，一"忍"字，告诫弈者：一局之胜负固当有必胜之志，更须有容人之量，虽满腹经纶，胸藏宇宙之机，若不能审时度势，当忍则忍，亦难以取胜，所以，就围棋每一局之胜负论，弈者所取者远（把握局势），则必有所待（审时度势）所就者大（胜利目标），则必有所忍（容人之量）。幻庵因硕在赤星因彻"吐血局"后，也曾为宝泉寺葆真大师题有"百战百胜不如一忍"签名盘。"忍"之精神，在日本棋界已是一种文化传承。

但"忍"说起来容易，身体力行则难，故宋大理学家朱熹早就从娃娃抓起，作训蒙绝句教导世人：《动心忍性二首·其一》

不当拂处常逢拂，不合空时亦至空。

处顺不如常处逆，动心忍性始成功。

此盘书一"忍"字，虽至简至约，却包含了至大至繁、极精极深的文化内涵和人生哲理。

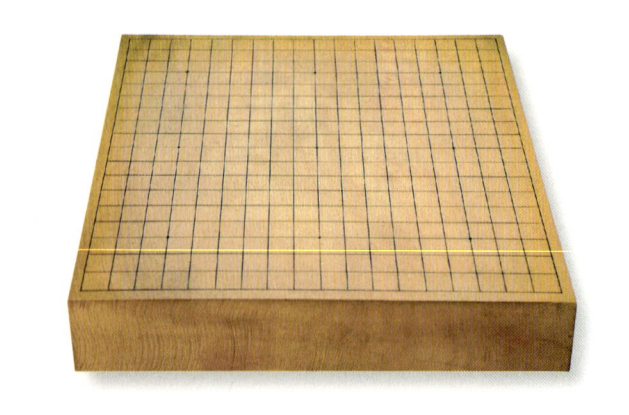

19. 吴泉（吴清源）题"正气"盘

　　此盘为本榧天柾盘，是日本棋院姬路支部开设大会纪念对局所用盘，盘底上书"正气"，下署"吴泉"名，右书"昭和十二年（1937年）初夏"，左书"日本棋院姬路支部开设大会纪念对局为今村氏"。由于此盘年代久远，历经岁月消磨，字迹略有脱墨，但仍清晰可辨。

　　日本棋院姬路支部位于日本兵库县姬路市，当在昭和十二年开设无疑，今村氏不知何许人，从所书内容分析，当是吴大师与之进行纪念对局者，对局之后，大师在此盘底墨书为之题字签名以志纪念。此盘虽距今已近百年，仍榧香醇厚，盘呈金黄色，包浆沉稳，四足略有斑驳，衬托岁月沧桑，更见古朴。

　　对于举世闻名，享誉世界的吴清源大师，原"台湾清华大学"校长沈君山曾赞曰：

　　相传苏子瞻为韩文公庙立碑，彷徨思索，不能落笔，忽得"匹夫而为百世师，一言而为天下法"两句，乃一气呵成。此传神一联，稍改数字："匹夫而为异国师，一着而为天下法"，正足为吴清源先生写照。

而金庸曾赞誉吴清源为自己笔下最为钟爱的人物风清扬，曾评吴大师棋艺：

独孤九剑，没有定式，变化无穷。他就像风清扬，清灵飘逸，仙风道骨。

李昌镐更是惊叹吴清源有如天人："有无法预测的惊人感觉。"

而吴清源大师之所以能于弈道有此成就，获此殊荣，是其心无旁骛，超然物外的精神修养的必然结果，这从吴清源大师传世的书法作品和诸多题字所书章句中即可见一斑。

本盘所题"正气"一词最早见之于《文子·符言》："君子行正气，小人行邪气。内便于性，外合于义，循理而动，不系于物者，正气也；推于滋味，淫于声色，发于喜怒，不顾后患者，邪气也。"

文子，姓辛氏，号计然。道教始祖老子弟子，《汉书·艺文志》道家类著录《文子》九篇，条下有班固注："老子弟子，与孔子同时。"文子常游于海泽，为越大夫范蠡授业之师，曾授范蠡七计。越王勾践用其五而灭吴。文子对于正气的诠释是内便于性，外合于义，循理而动，不系于物者，所以说，"正气"乃充塞天地之间的至大至刚之气。故历代文人，爱国志士，无不以浩然而禀天地之正气为目标，以追求达到君子之境界。

爱国诗人屈原《楚辞·远游》中曾有著名诗句："内唯省以端操兮，求正气之所由。"民族英雄文天祥更有《正气歌》流传于世："况浩然者，乃天地之正气也，作正气歌一首。""天地有正气，杂然赋流形。下则为河岳，上则为日星。于人曰浩然，沛乎塞苍冥。"

明代著名大儒吕坤在其代表作《呻吟语》中曾说："庙堂之上，以养正气为先；海宇之内，以养元气为本。能使贤人君子无郁心之言，则正气培矣；能使群黎百姓无腹诽之语，则元气固矣。此万世帝王保天下之要道也。"

陆放翁曾有句：扫空百局无棋敌，倒尽千钟是酒仙。

吴大师在日本棋坛打遍天下无敌手，是当之无愧的无冕之王，长居日本棋坛之庙堂，并君临天下数十载，深得"养正气为先"之"保天下之要道"。

"台湾当局"曾授予吴清源"棋圣"称号，然先生表示：

孔夫子才能称'圣'，我觉得我不够资格，圣人等于我们人的最高层次，我不敢接受。

我认为我当年取得的这些成绩还远远达不到这种高度，真是不敢当。

宋人（佚名）有《西江月》词曰"身禀五行正气，此心如鉴光明。不从龟鹤问年龄。万物有衰有盛。多谢道人著眼，我于身世常轻。任从性巧与心灵，此事从来分定。"

吴大师对"棋圣"称号坚辞不受，仅受"大国手"称号，终其一生，未受"棋圣"之封。

仅此一例，足见大师"身禀五行正气，此心如鉴光明"。其道心坚定若此。

也正是因为吴大师善"养正气"，具有"如鉴光明"之心态，方能"身禀五行正气"，而获"龟鹤"之龄，寿得百岁，成就一代围棋泰斗之传奇。

盘厚15.1cm，纵45.2cm，横42.3cm

20. 本因坊秀格题"松韵"盘

此盘底部有高川秀格题"松韵"二字，年款"昭和三十年新春"，名款"本因坊秀格"。

提起高川格，虽然对中国棋友来说并不陌生，但其声名却远不能与吴清源泰斗、坂田荣男宗师等相比，甚至还不如桥本宇太郎、藤泽秀行等人，其实高川格是名副其实的20世纪50年代日本棋坛霸主，1951年，日本棋坛发生一件大事，那就是第6期本因坊战中，代表东部日本棋院本部荣誉的坂田荣男挑战代表西部关西棋院荣誉的桥本宇太郎本因坊，坂田和桥本是当时日本棋界的两大天才，此战号称东西生死战，备受世人关注，最后以坂田败北告终。日本棋院本部遭此打击，士气空前低落，但就在翌年，高川格横空出世，在第7期本因坊战循环圈挑战者决定战加赛中击败坂田荣男，获得向本因坊桥本宇太郎挑战的资格，接下来的挑战赛中，高川格宇宙大爆发，将如日中天的本因坊昭宇——桥本宇太郎挑下神坛，雄踞本因坊宝座，达成本因坊9连霸，如此骄人的战绩，已是空前！

其间卫冕战战绩：

1953年　4-2 木谷实

1954年　4-2 杉内雅男

1955年　4-0 岛村利博（岛村俊宏 岛村俊广）

1956年　4-2 岛村利博

1957年　4-2 藤泽朋斋

1958年　4-2 杉内雅男

1959年　4-2 木谷实

1960年　4-2 藤泽秀行

直至1961年第16期本因坊战负于坂田荣男，整个50年代，高川格是当之无愧的围棋棋界日本第一人（其间虽十番棋败于吴清源大师，但严格地说，吴清源一直为客座棋士而非日本棋士）。

昭和三十年为1955年，此前一年，高川先生达成本因坊三连霸伟业，俨然已成为日本棋界第一人。是年七月将与无冕之王吴清源对弈十番棋。高川先生棋风至柔克刚，素有"流水不争先"之美誉，棋如其人，高川先生为人旷达，志存高远，隽逸儒雅，颇有古风。

所题《松韵》最早见于唐人刘沧《宿题天坛观》诗：

沐发清斋宿洞宫，桂花松韵满岩风。

紫霞晓色秋山霁，碧落寒光霜月空。

华表鹤声天外迥，蓬莱仙界海门通。

冥心一悟虚无理，寂寞玄珠象罔中。

高川先生何尝不想一学古人，隐逸洞宫，沐发清斋，任满岩风过，松韵棋声，冥心一悟，体味围棋妙理！高川先生为此盘题"松韵"，应该就是基于此种心境吧。

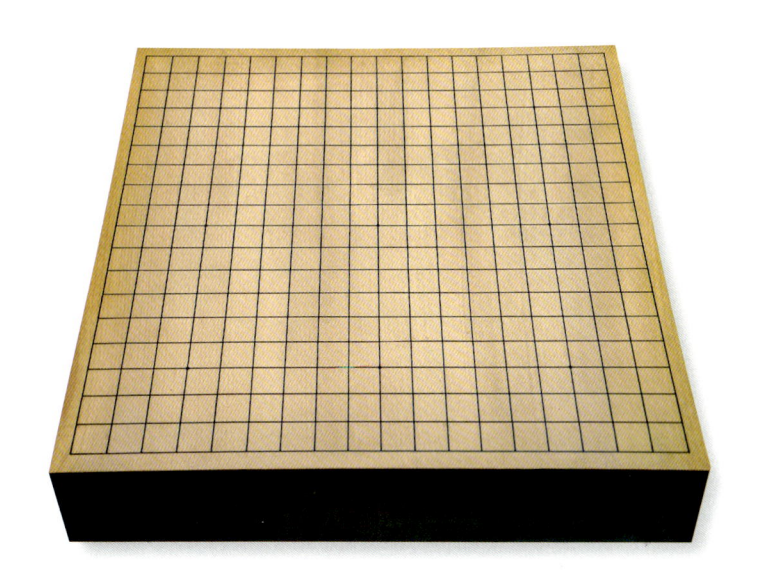

又宋释法泰《颂古四十四首》其七有句：
三界无法，何处求心。
山容雨过，松韵风吟。
横眠倒卧无余事，一任莓苔满地侵。

三界无法，何处求心？松韵风吟，无不可求，而高川先生于佛学亦有体悟，以禅道参棋道，棋道亦无法，于松韵风吟处求之，亦无不可！

此盘为日向陵营林榧赤口四方柾目盘，油脂丰盈，榧香浓郁，木口呈红色弦纹，赏心悦目。

盘纵45cm，横42cm，厚18.5cm，高31cm。

配有44号白玉化蛤棋石180枚，黑那智石181枚，以岛桑棋笥收奁。

白子纯手工制作，径21.3cm，明显小于明治后棋子规制，应是幕末时期作品。

21. 高川秀格题"三昧"盘

　　此盘盘底题书"三昧"二字，右书"昭和丙午晚秋"，下署高川秀格。昭和丙午年即公元1966年，此时的高川虽已落下神坛，但廉颇虽老，余威犹在，是年3月，高川获第十三届NHK杯快棋赛冠军。4月获第三届专家十杰赛亚军，仍有不俗战绩。棋如其人，高川格的棋风是"流水不争先"，其争也，绵绵不绝！这也正是高川先生的立世态度，高川先生其人恬静，淡然，并无大棋士的锋芒个性，恰如潺潺流水，绵绵不绝而绝不争先。走下神坛后，更深通佛理，故于是年晚秋，或有所悟，在此盘题书"三昧"。也许正是因为高川格悟得佛家三昧真谛，心境大进，故于两年后又成功挑战当时的棋界第一人名人本因坊林海峰，再获第一大冠名人头衔。

"三昧"一词，是佛家语，原为梵音samādhi，旧称三昧，三摩提，三摩帝。译言定，正受，调直定，正心行处，息虑凝心。心定于一处而不动，故曰定。正受所观之法，故曰受。调心之暴，直心之曲，定心之散，故曰调直定。正心之行动，使合于法之依处，故曰正心行处。息止缘虑，凝结心念，故曰息虑凝心。智度论五曰："善心一处住不动，是名三昧。"

又《十住毗婆沙论》卷十一云：

禅者，四禅。定者，四无色定、四无量心等皆名为定。解脱者，八解脱。三昧者，除诸禅解脱，余定尽名三昧。有人言，三解脱门及有觉有观定、无觉有观定、无觉无观定名为三昧。有人言，定小三昧大，是故一切诸佛菩萨所得定皆名三昧。

总之，三昧即是"得定"，即是排除一切杂念，使心神平静的一种"悟"。

唐代著名诗人白居易《庐山草堂夜雨独宿寄牛二、李七、庾三十二员外》曾有诗句论及"三昧"：

丹霄携手三君子，白发垂头一病翁。兰省花时锦帐下，庐山雨夜草庵中。终身胶漆心应在，半路云泥迹不同。

唯有无生三昧观，荣枯一照两成空。

同为唐代诗人白居易弟白行简也有《见杭州乌窠和尚后作》：

白头居士对禅师，正是楞严三昧时。一物也无百味足，恒沙能有几人知？

围棋之变化，何异恒沙之数，人类岂能参透！胜负荣辱，无非是"荣枯一照两成空"。若能参得棋中三昧之一二，则可以论弈道矣！

此盘呈金黄色，榧香怡人，不知是否因为高川所题"三昧"的灵气使然，每用此盘打谱，便觉心境平和，全无杂念，徜徉于黑白世界中，竟有一种忘我的感觉。盘厚六寸三分，总高一尺三分，天面纵一尺五寸三分，横一尺四寸三分。重20kg。

配有木箱，盘覆。

曾见前川棋盘店所藏"白眉"盘图，就是高川先生的一块签名盘，为前川棋盘店镇店之宝，此"三昧"盘无论从制作工艺，材质等自身质量及其文化艺术价值与"白眉"盘相比都不遑多让，甚至略胜一筹。

22. 坂田荣男题"富岳"盘

图为坂田先生初次本因坊防御战第五局对半田道玄挑战者的现场图，一直在坂田先生家中书房悬挂

此盘盘底顶端题有"富岳"二字,下署坂田荣男名。曾见本因坊秀哉有"富岳"题名盘,是本因坊秀哉昭和壬申年(1932年)署名题字的名盘,此盘现藏于日本棋院,偶尔在重大比赛中方得一现。如2011年9月1日,日本第36期名人战山下敬吾本因坊挑战井山裕太名人第一局,即使用该盘弈出。

"富岳"为富士山之意,日本人对富士山至为尊崇,象征威严,崇大,至高无上。杜甫有《望岳》诗云:

岱宗夫如何?齐鲁青未了。造化钟神秀,阴阳割昏晓。荡胸生曾云,决眦入归鸟。会当凌绝顶,一览众山小。

坂田先生题此"富岳"二字,志在追缅先贤,并以自励,凌富岳绝顶而一览众山!

此盘并未签署日期,但字体遒劲有力,朝气蓬勃,且从坂田先生所题字内容及仅署"坂田荣男"名,而未冠以本因坊头衔等因素推断,此盘题字时间应在20世纪50年代后期,坂田先生方当壮年,尚未取得本因坊头衔时。

此盘为日向榧天柾盘,呈金黄色,气味芳香,工艺精湛,堪称极品。盘罩古旧,见证了岁月的沧桑。

盘纵45.5cm,横41.5cm,厚21cm

第四章 鉴 赏

23. 坂田荣男题"灿灿"盘

坂田先生是日本昭和时期围棋明星群星璀璨中最为耀眼的一颗，因此，"灿灿"是坂田大师非常钟爱的词，无论是棋盘、色纸、扇面，坂田大师经常书"灿灿"以抒怀。坂田先生全盛时期经常以三三布局开局，而日语三三与"灿灿"同音，坂田先生书法作品钟爱灿灿一词，亦有此寓意。

灿灿是闪闪发光的意思，本盘题写时间大致与前盘前后同一时期，坂田先生虽尚未到达其人生的高光时刻，却也取得了不俗的成绩，"灿灿"不仅是坂田对自己已取得成绩的一种肯定和鼓舞，也是向前途更高光时刻的一种向往和鞭策。

24. 杉内雅男、杉内寿子伉俪签名盘

杉内雅男九段已近百岁，其夫人杉内寿子亦已年过九旬，是日本著名棋手，是长期活跃在日本棋坛上的最长寿棋手，并常有不俗战绩。就在逝世前的19天（2017年11月2日），杉内先生还在棋圣战预选赛中征战。杉内先生与夫人寿子伉俪情深，携手共进，于黑白世界中追求棋道，孜孜不倦，曾于：

1948年：获大手合甲组冠军。
1954年：获第9期本因坊战挑战者。高川 格vs杉内雅男 4∶2
1956年：获日本棋院选手权战挑战者。
1957年：获日本棋院选手权战挑战者。
1958年：获第13期本因坊战挑战者。高川格vs杉内雅男 4∶2

1959年：获第4期快棋名人。

1963年：获第7期围棋选手权战冠军。（杉内雅男2：1胜林海峰）

1976年：获第2期天元战亚军。小林光一vs杉内雅男 3：1

总共打入名人战循环圈5届、本因坊循环圈7届。

1963年，应中国围棋协会的邀请，以杉内雅男为团长，日本棋院和关西棋院联合派团访华，在中日围棋界的交往史上具有"里程碑"的意义和作用。代表团此行最重要的活动，就是授予精于棋道、热爱围棋的陈毅副总理为日本名誉七段棋手，以表彰他对围棋事业的开展以及对推动中日两国围棋交往所做的历史贡献。

图为杉内雅男赠送陈毅名誉七段荣誉证书

赠送证书仪式在人民大会堂隆重举行。日本棋院赠送陈毅"名誉七段"段位称号，关西棋院赠送陈毅正式七段称号。由杉内九段和宫本八段分别代表日本棋院和关西棋院宣读证书内容并赠予段位证书。赠送证书仪式中，日中友好协会常任理事岩村三千夫说，"日本围棋界授予国外人士以这样的荣誉，这是第一次。"周总理说，"围棋界的交往不仅有助于我国棋手水平的提高，也有利于推动两国关系的改善。"陈毅副总理也在仪式上发表了讲话。他感谢日本围棋界和日本人民的友好情谊，并愿以此为契机推动中日围棋的交流与发展，推动两国关系正常化。

杉内雅男是此次中日围棋划时代的文化交流活动的重要历史见证人。

盘厚七寸，总高一尺九分，纵一尺五寸三分，横一尺三寸九分

此盘为日本产榧，香气浓郁，木取独特，包浆灿然，可见岁月痕迹。盘底有"昭和二十九年三月二十七日"一行墨书，另行署名"杉内雅男 寿子"。此书为1954年在第9期本因坊战挑战者决定战循环圈赛中战胜强大对手坂田荣男九日后所题，后杉内先生终获本期挑战权，并挑战高川秀格本因坊，可惜最终以2：4失利，与本因坊头衔失之交臂。

25. 藤泽秀行为"黑泽"签名盘

本盘底书"昭和四十九年八月二十五日""……高""黑泽君 藤泽秀行",高上边字模糊不辨。此盘当是秀行先生为黑泽题写,秀行先生一生颇为传奇,纵酒豪赌,放荡不羁,酣醉之时,便慷慨悲歌,兴之所至,更一掷千金,不修边幅,不重礼仪,签名落款也与众不同,从不书干支年款。此盘为日向赤口榧,黄中透红,色泽艳丽,盘端盘底有弥合纹,厚度达到21cm七寸巨盘,十分难得。

秀行先生为题此盘时尚未获得棋圣头衔,故署藤泽秀行名。

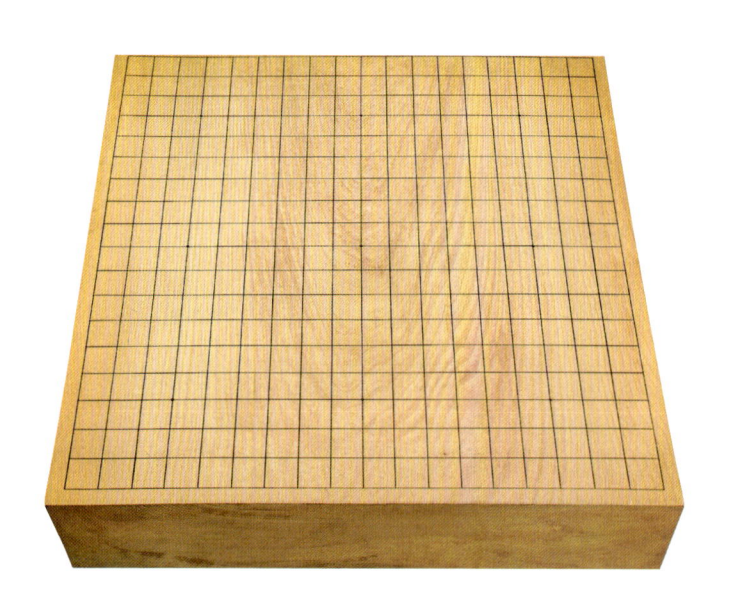

盘纵45.4cm，横42.2cm，厚21cm，总高32.6cm

26. 三王裕孝题"清和"盘

此品盘底墨书"清和",题"九段三王裕孝"名款。

"清和"一词,始见于《文选·扬雄〈剧秦美新〉》:"镜纯粹之至精,聆清和之正声。"形容声音之正。

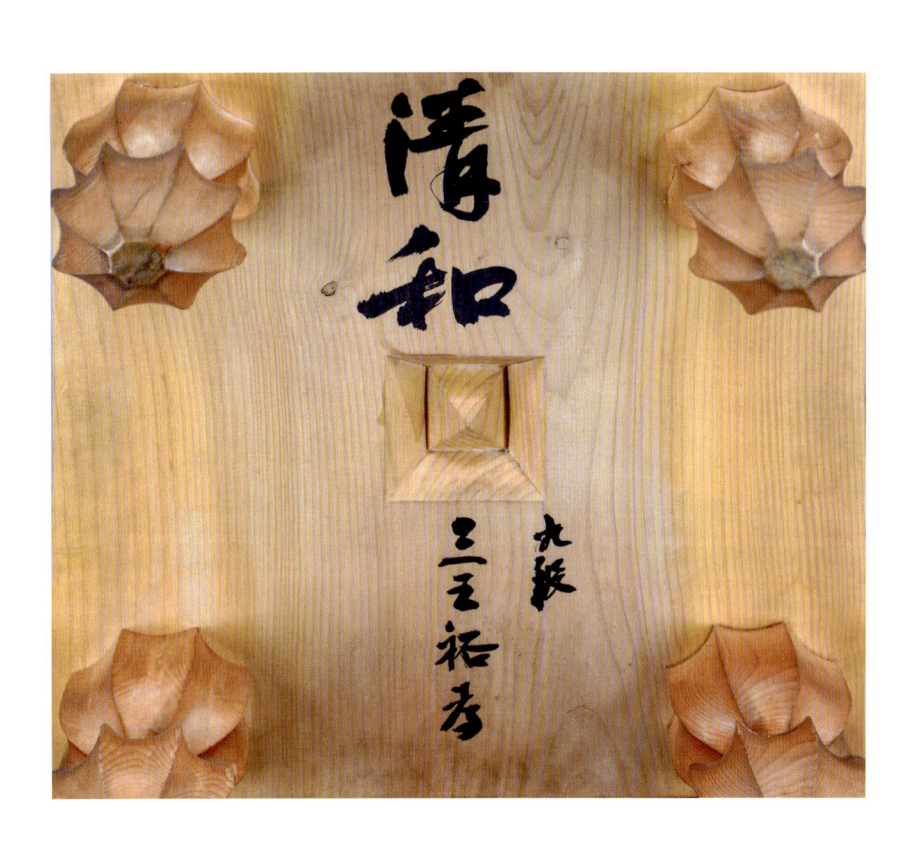

魏晋嵇康《声无哀乐论》也说:"琴瑟之体,间辽而音埤,变希而声清,以埤音御希变,不虚心静听,则不尽清和之极,是以听静而心闲也。"谓"清和"之正声,当虚心静听。

唐诗人赵嘏有《闻笛》诗:

谁家吹笛画楼中?断续声随断续风。
响遏行云横碧落,清和冷月到帘栊。
兴来三弄有桓子,赋就一篇怀马融。
曲罢不知人在否,余音嘹亮尚飘空。

以"清和"赞笛之正声。

古人也以"清和"形容盛世升平气象，汉贾谊《新书 数宁》："大数既得，则天下顺治；海内之气清和咸理，则万生遂茂。"

后因东汉时期著名天文学家张衡（字平子）《归田赋》："仲春令月，时和气清。"又有谢灵运："首夏犹清和，芳草亦未歇。"的诗句，古人又将"清和"指代二月或四月。

三王裕孝为此盘题写"清和"一词，是否有指日本围棋盛世升平气象之寓意，或指以此盘打谱，落子可发"清和"正音？抑或题字之际正当仲春令月或首夏四月，仅只率意挥毫？已不可知。但无论是何寓意，三王裕孝所书"清和"二字，笔力遒劲，颇见书家功力，令此盘色彩倍增，却是无疑。三王裕孝九段是濑越宪作高足，桥本宇太郎和吴清源的师弟，曹薰铉的师兄，虽棋名不盛，笔者独爱此盘题字词雅笔键，故藏之。

27. 名人加藤正夫签名盘

　　风靡上世纪七八十年代的日本七大超一流之一的加藤正夫先生，是广大棋迷耳熟能详的传奇棋士，加藤曾夺得头衔47次，在日本棋士中夺冠次数迄今排名第6，其中在王座战中尤为突出，共11次夺冠，并曾达8连霸，获得了名誉王座的资格。

　　加藤青年时代与石田芳夫、武宫正树，合称为木谷门下三羽乌，因其攻击力极强，被誉为"职业杀手"。

本品为日本日向产本榧棋墩，盘底有"名人 加藤正夫"签名。盘覆有"名人加藤正夫九段铭盘 退职纪念 昭和六十三年四月"说明文字，可知是加藤先生为棋界同好退职特别签名纪念。

日本棋友经常有在纪念日时，由同事或者朋友赠送棋盘，以示纪念，但如本品这样能达六寸（18cm）厚的高档本榧盘已不多见，更何况还请当时以五冠王之尊，如日中天的加藤正夫先生以名人头衔署名，价值不菲。

以如此奢华的珍贵之物作纪念品退职，应属荣退了，可见这位先生身份定然尊贵，颇受同仁及朋友的爱戴。众所周知，有加藤先生签名的榧木盘存世量极少，而加藤先生在名人位也仅称霸两期，因此以名人位签署的棋盘藏品可谓少之又少，此盘工料精良，更具文化价值，虽不能说是绝世孤品，却也世所罕见。

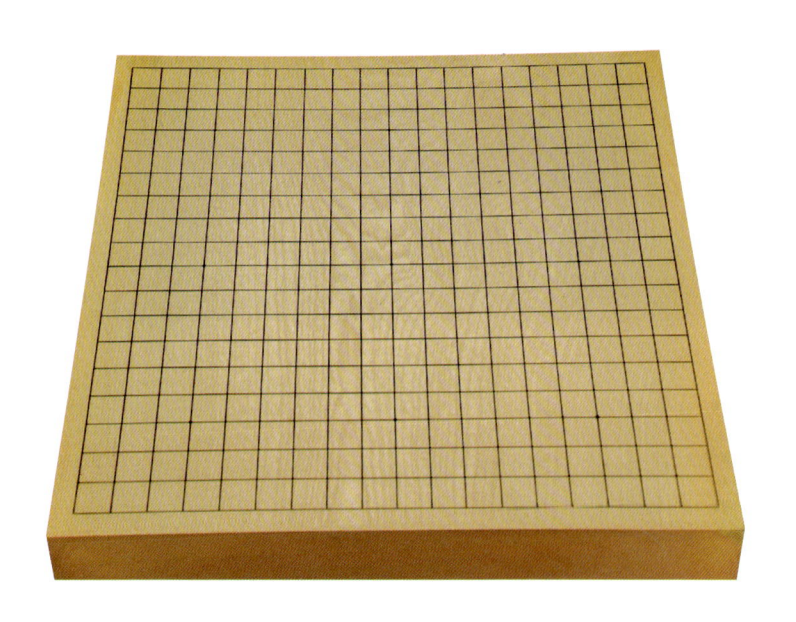

28. 武宫正树题"遊""慈"螺钿盘

　　武宫正树先生有宇宙流的雅号，是家喻户晓的棋坛明星，其奔放的棋风，潇洒的气质使得武宫正树成为众多围棋爱好者的偶像。棋界没有人怀疑武宫正树是20世纪最伟大的棋手之一。其伟大之处，不仅仅在于他高超的棋艺，独具一格棋风，更表现在他豁达开朗的性格，以及他对棋道执著的追求。

日本名誉棋圣藤泽秀行先生曾有惊人之语。"我们的棋用不了多少年就会被遗忘，只有武宫的棋才会流芳百世。"此语虽有些夸张，却道出了武宫先生"宇宙流"的蓬勃霸气及其对棋道意境的超凡理解。还在木谷道场时，有一次木谷实问门下弟子："星位的弱点是什么？"赵治勋答："是三三。"武宫正树答："是五五。"未出道时，武宫先生就有了对围棋独特的视角与理解。武宫先生战绩彪炳，各种新闻媒体多有报道，在此不赘。

　　这件藏品为黑漆镶嵌螺钿花鸟工艺棋墩，配以同为黑漆镶嵌螺钿花鸟工艺棋笥，绚丽华美，又不失高贵典雅，尽显其雍容华贵之风采。盘盖里面仅题一"遊"字，棋笥盒盖里面又仅题一"慈"字，对此，笔者静心参悟，忽有所得：一个"遊"字，初看平淡无奇，却暗含深意，《棋经十三篇》《斜正篇》有云：神游局内，意在子先，图胜于无朕，灭行于未然。武宫先生亦经常题"遊神"二字，"遊"之寓意，不言自明。

而棋笥盖里面所题之"慈"当如下解：

老子有云："吾有三宝：一曰慈，二曰俭，三曰不敢为天下先。"武宫先生或深得老子大义——慈为万物慈，俭为万世俭，不敢为天下先，并以此入围棋至道，故武宫先生"宇宙流"的大模样作战之棋风，或围而不杀，转换实地，或全歼入侵之敌，一举奠定胜局，是争而不争，不争而争，慈、俭万物，后为天下先之至理！未知然否？

二、文化历史名盘

1. 武田信玄题"攻防在手里"盘

本品为永禄十二年（1569年，明隆庆三年）秋，武田信玄在日本历史上著名的小田原之战阵中所制，棋盘背面有武田信玄亲笔墨迹："攻防在手里 永禄己巳拾月小田原出阵 御坂防人（花押）。"

此盘距今已有450余年，作为历史史料实物，具有巨大的历史文化价值。

小田原之战后，此盘为信玄女松姬珍藏，辗转流传，后为八王子市山岸光次收藏，并曾在上世纪昭和四十八年（1973年）于八王子大丸举办的"战国传奇武田信玄公息女松姬展"作为重要文物展出。

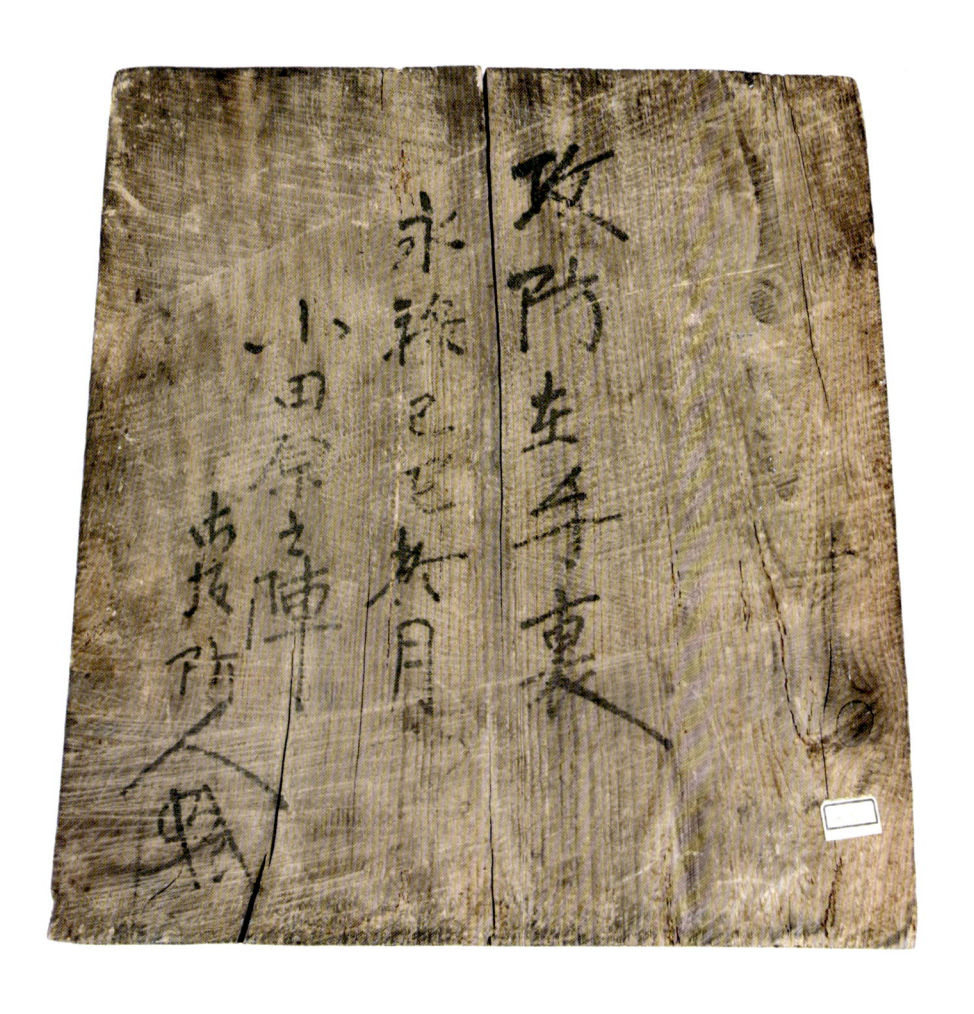

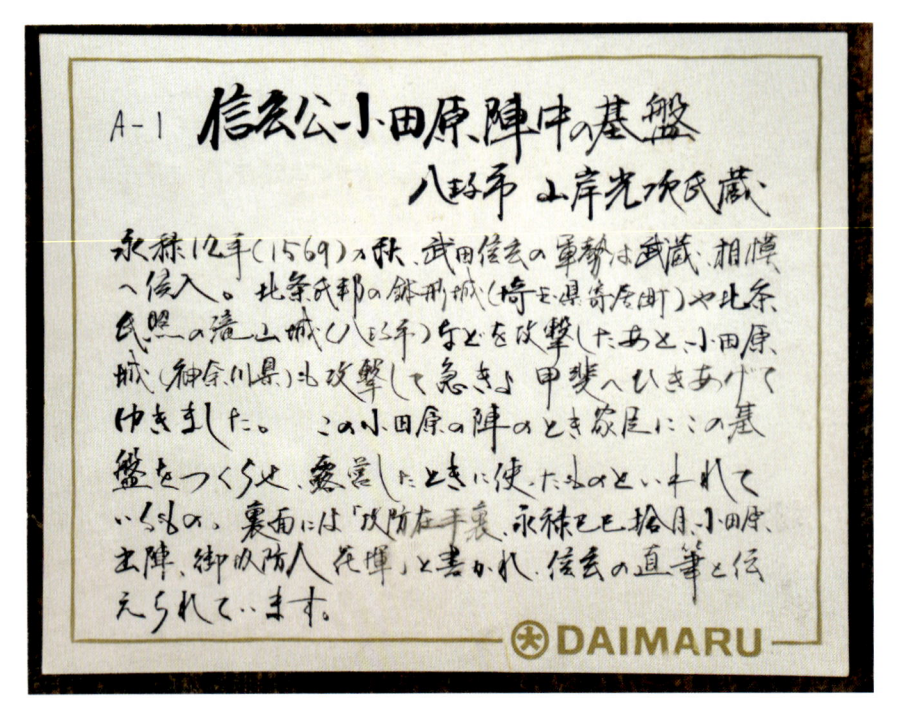

出展时展会文物展牌 "A-1信玄公小田原阵中之棋盘 八王子市山岸光次氏藏"

此次展会主办单位为读卖新闻社，藏家存有在出展时读卖新闻社发给当时文物持有者山岸光次的文物展品借用证明。

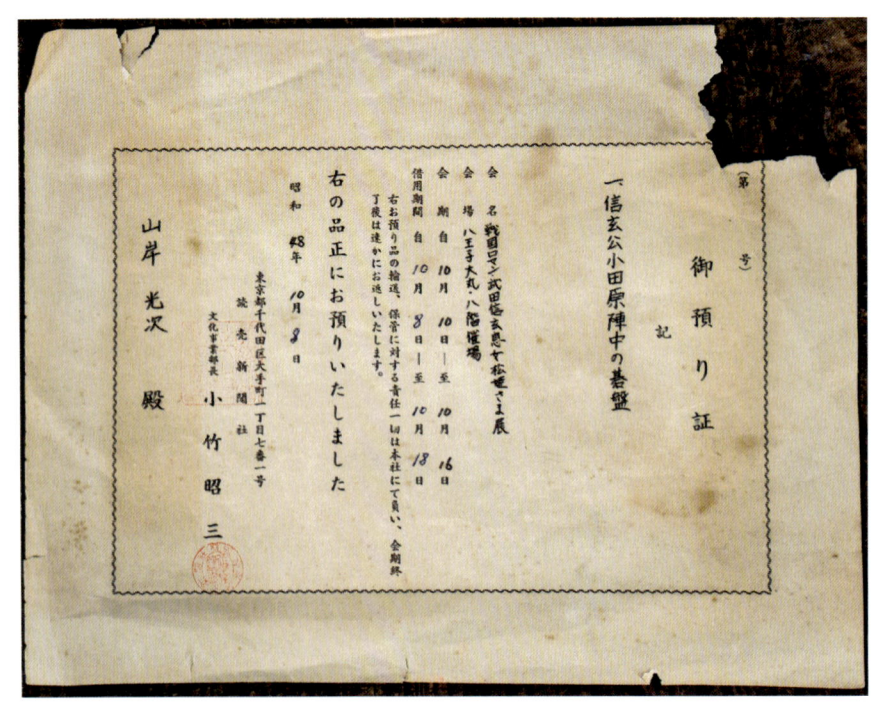

山岸光次的文物展品借用证明

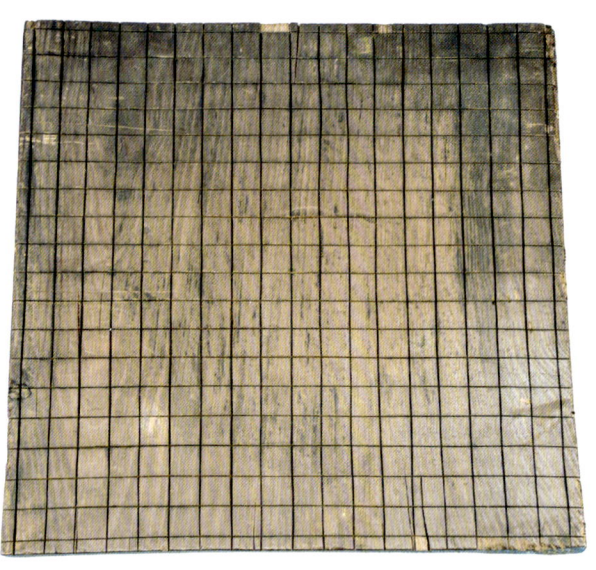

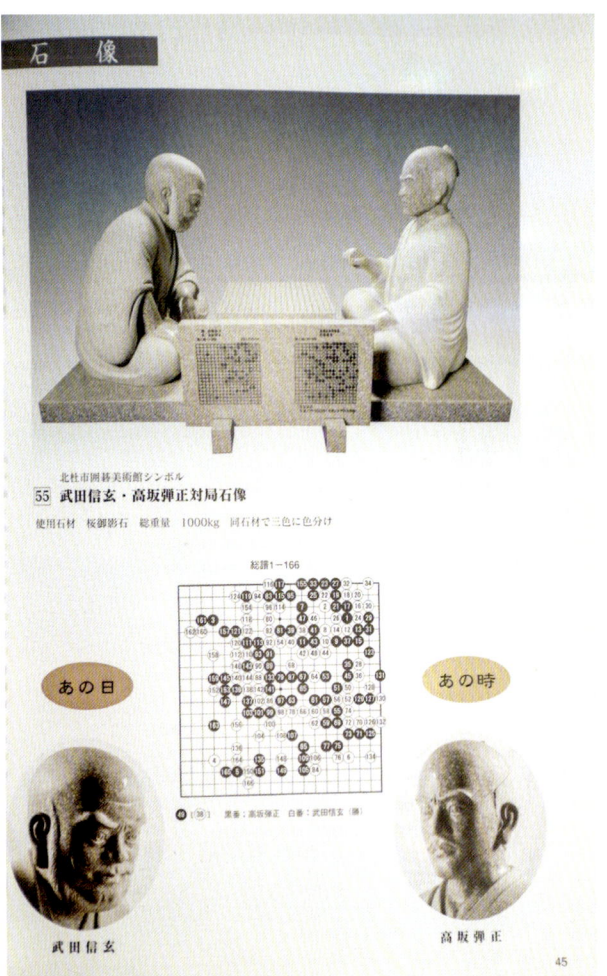

山梨县北杜市围棋博物馆藏武田信玄与高坂弹正对局石雕像和对局谱

本因坊秀哉名人在其大正六年出版的所著《旧幕府御秘藏棋战》一书中曾对此局做过详尽解说。

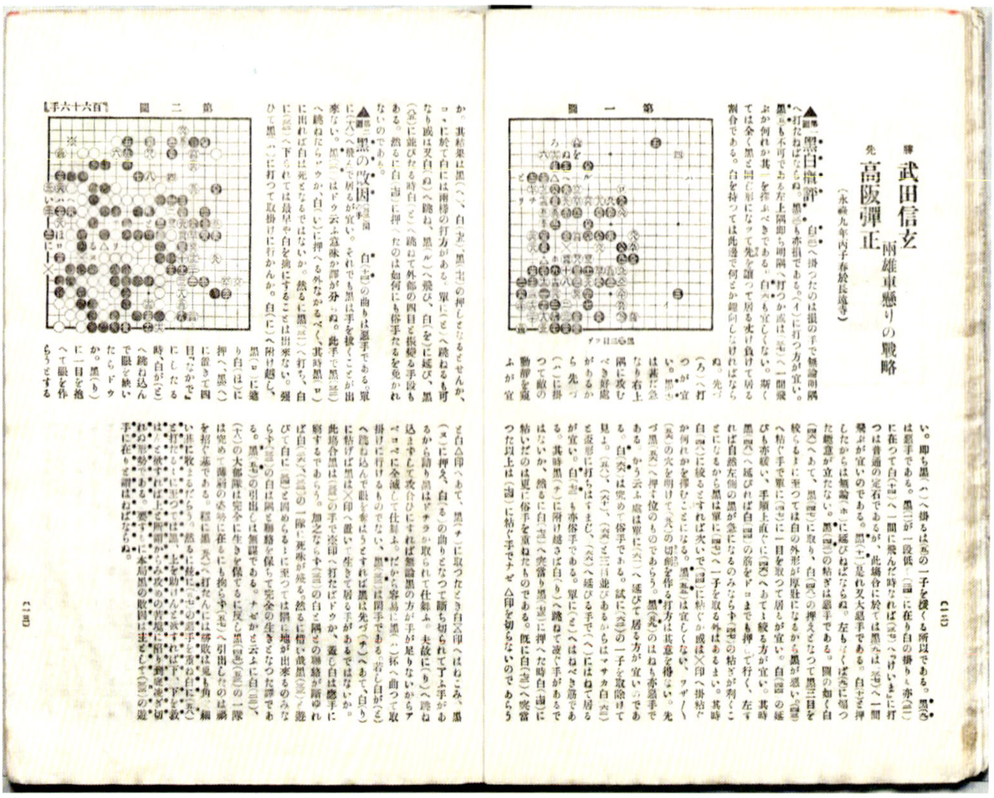
武田信玄
高阪彈正
兩雄車懸りの戰略
第一圖
第二圖

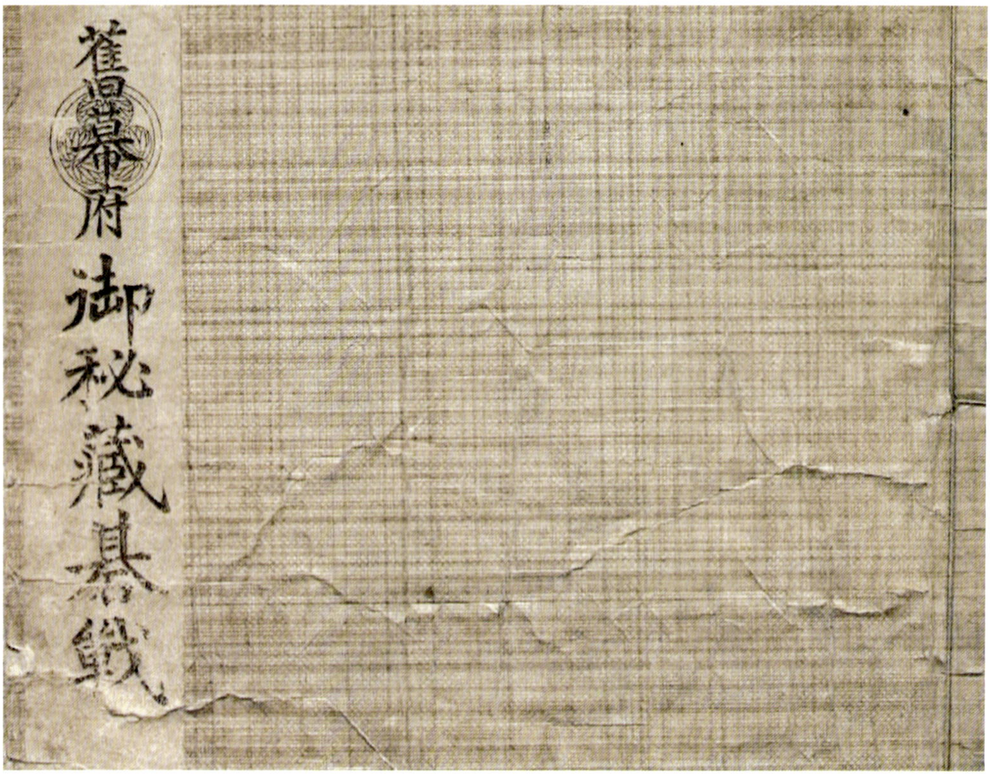
舊幕府
御秘藏碁戰

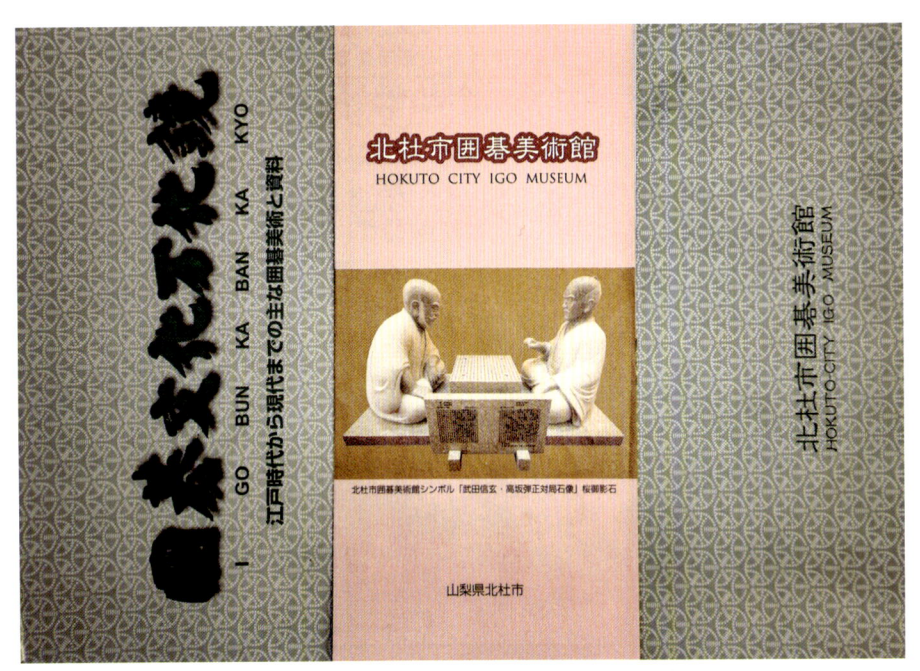

北杜市围棋美术馆出版《围棋文化万花镜》

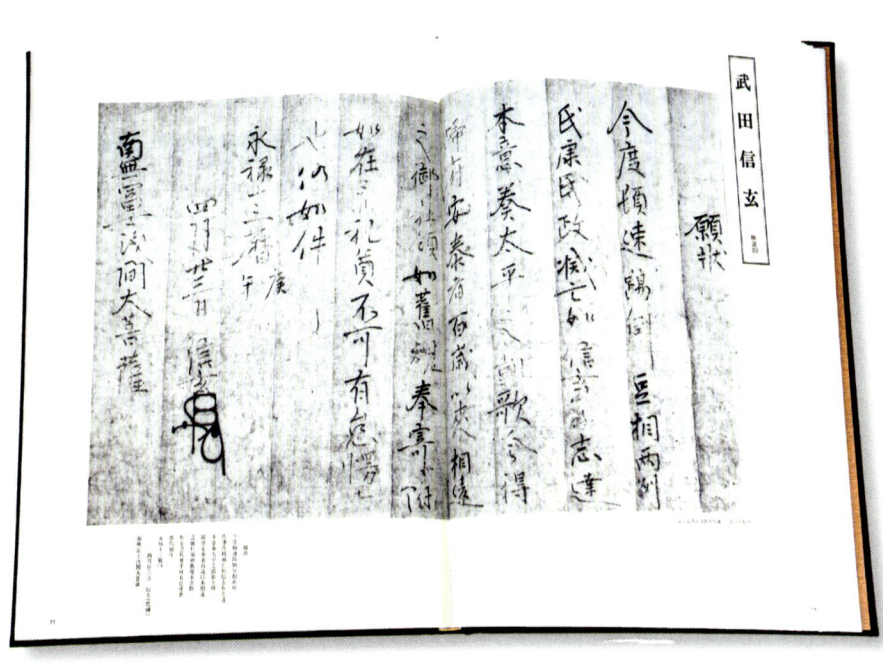

《静冈县名人书法》载武田信玄墨迹

笔者所藏武田信玄画像

　　武田信玄（1521年12月1日—1573年5月13日），日本战国时期甲斐国著名政治家、军事家。从四位下大膳大夫，信浓守，甲斐守，甲斐武田氏第十七代家督。原名武田晴信，幼名胜千代，通称太郎，出家后法号德荣轩信玄，清和源氏源义光之后，武田信虎嫡长子，武田信玄因任甲斐守，并且具有非凡的军事才能，被称为"甲斐之虎"。有"战国第一名将"之称，也被誉为"战国第一兵法家"。

　　武田信玄一生征战杀伐，大小战役无数，几无败绩，从天文二十二年（1553年）到永禄七年（1564年）。武田信玄和上杉谦信进行了五次川中岛合战。永禄十一年（1568年）二月，与三河的德川家康密约平分今川领土。元龟二年（1571年），骏河全境压制，开始攻略远江三河，进入与织田信长敌对状态。元龟三年（1572年），应与织田信长敌对的将军足利义昭之请，从甲府领起兵三万余上京，讨伐织田信长，在三方原合战中大败德川织田联军，此战是武田信玄军事生涯的顶点。元龟四年（1573年）农历四月十二日，殁于信浓的驹场，时年仅53岁。

　　信玄殁后，其子虽遵信玄遗言，三年秘不发丧，但终无信玄大略，难敌德川、织田联军，仅两年后，天正三年（1575年），织田信长便在长篠之战大破武田胜赖，天正十年（1582年），在织田和德川的进攻下，武田胜赖与武田信胜见大势已去，在天目山自杀，武田家宣告灭亡。

　　小田原之战是永禄十二年九月至十月间发生的武田信玄军与北条氏康军的合战。信玄公包围了小田原城，但未能攻占，后在三增岭之战中击破了追击的北条军，取得了胜利。

此盘是武田信玄在小田原之战阵中所用之棋盘，其木坚硬，略有伤裂，虽经岁月洗礼，已经形成浑厚包浆，圆润光滑，却仍棱角分明，可见制作当时未经细致打磨其工不精，罫线以军刀深刻，似有杀气凌人，见证了小田原战阵的一段铁血历史。

松姬 永禄四年（1561年）出生于甲斐。7岁时与织田信长嫡男织田信忠（11岁）订下婚约，在武田家被唤作新馆御料人，意为织田家太子的未婚妻。

元龟三年（1572年），父亲信玄开始西进，与德川家康发生三方原之战，织田信长向德川家派遣援军，遂与武田成敌，信忠与松姬（11岁）的婚约也因此解除，尽管如此，但两人恋情未减，遥相思念。

天正元年（1573年），信玄病逝，异母兄武田胜赖继承家督，松姬受其胞兄仁科盛信庇护，移居高远城下之馆。天正八年（1580年），盛信成为高远城城主。

天正十年（1582年），胜赖于天目山战死，武田家灭亡，松姬被盛信派人护送到北条家避难，暂居八王子城下的尼姑庵"金照庵"。

同年，信忠遣人迎娶松姬，不料在前往织田家的途中突闻噩耗，信长、信忠父子于本能寺之变中战死。在家族灭亡，爱人猝死的双重打击下，松姬看破红尘，于22岁时在心源院（现八王子市下恩方町）出家，号信松尼。

天正十八年（1590年）时移居至御所水（现八王子市台町）。一边修行，一边办学馆，并育蚕桑，抚养三个侄女。并曾与异母姐见性院共同照护二代将军德川秀忠之子幸松。

时有前武田家臣、当时为江户幕府代官头的大久保长安，助信松尼建造其草庵，并与许多武田家旧臣组成了八王子千人同心团追随左右。

松姬于元和二年（1616年）殁，享年56岁。草庵辟为今信松院。八王子市留下了大量和松姬有关的史迹和故事。在1973年武田信玄息女松姬委员会和读卖新闻社共同举办的《武田信玄息女松姬展》中简洁地记载了松姬的一生和活动轨迹。

松姬曲折复杂的人生给后人留下了丰富的想象空间，并有大量的以松姬为主要人物的小说、影视、动漫、游戏创作。

其中较为著名的有小说：《托孤之约》（丛文社、高桥银次郎著），《松姬行》（角川春树事务所、仁志耕一郎著），《松姬街道 高远·八王子》（摇篮社、铃木晴树著），《战国姬·月之卷》（集英社、藤咲步那著）等。

影视剧：《女人风林火山》（1986年、TBS、演：佐藤由纪绘→铃木保奈美）

《武田信玄》（1988年、NHK大河剧、演：上田爱美→香川沙美）

《春日局》（1989年、NHK大河剧、演：原知佐子）

清须会议（2013年、东宝、演：刚力彩芽）等

漫画：武田信玄与松姬：生于战国之世的父女（北泉社、高桥正光作）

游戏：《起舞樱花中》《战国大战》《战国松姬传》等。

2. 日本第七位女天皇女一宫御手游盘

所谓家纹，是一个家族的标志。从各种资料都可看出，家纹的历史就是纹章的历史。家纹在日本始于平安时代中期，它问世的具体年代，在日本有两种说法，一说在保元、平治年间（1156-1159年）；一说是在源赖朝（1182-1204年）初年。不论哪种说法，纹章都是先在公卿贵族生活中问世。当时诗歌音乐等艺术流行，公卿贵族经常外出参加社交活动，多乘牛车前往，很多人的车又都是黑漆涂面，难于辨认彼此之辇，有人便在车的某个部位镶嵌上金丝图案，它就是家纹的起源。

随着人们生活的多样化，家纹的适用范围也越来越广。有的家族在织布时索性将家纹织于衣料上，这种家纹也称地纹。穿在身上不仅有了家族的标志，而且给服装增加美的色彩。这种做法流传至今。

日本第七位女天皇女一宫御遊皇家菊纹盘

此件藏品外箱底部墨书端楷"女一宫榡御手遊　棋盘　拜领　莲叶院"三行14字，箱内收纳本榧金莳绘菊纹家徽盘，所绘金黄色菊纹图案为皇室专用之十六瓣八重表菊纹，此种菊纹只有皇室方可使用，亦称之为神纹。丰臣秀吉在天正十九年（1591）下令禁止使用菊桐纹，德川时代、享保八年（1723）禁止使用葵纹，明治元年（1868）再颁令禁止使用菊纹。

盘面老气十足，有幽幽榧香，配同款金莳绘德川型棋笥，藏白古雪印蛤棋石，黑那智石，棋子印纹细密，如梦如幻，有紫褐色包浆，斑驳陆离。

整套藏品虽经岁月消磨，但仍保存完好，唯其略显沧桑的陈旧感和厚重包浆，隐隐然尚存皇家庄严气派。

所书"女一宫榡御手遊　棋盘　拜领　莲叶院"，其中"榡"字（汉语读音she）未知何解，不过在日文中"様"字通常用以表示敬语，与"榡"字形相近，当可以通用。此段文字传达的两个人物信息十分重要。

其一：女一宫 日本八位女天皇中的第七位，即明正天皇（1624年1月9日－1696年12月4日，在位期间为1629年12月22日－1643年11月14日），与明崇祯帝同时，是后水尾天皇第二皇女。明正天皇讳兴子，幼名女一宫。由于后水尾天皇与执政幕府将军发生龃龉，为平衡皇室与幕府关系，后水尾天皇退位，由只有5岁的女一宫继承皇位，是为明正天皇，而女一宫母中宫德川和子，为二代幕府将军德川秀忠之女。女一宫是当时三代将军德川家光外甥女，和德川家有血缘关系，得以在其任内与幕府关系保持良好。明正天皇也是日本历史上第三位终身未嫁的女天皇。

其二：莲叶院为西郡局法名，西郡局（？~1606年），又名于西郡之方，其父为三河国西郡城城主，今川氏家臣鹈殿长忠，祖母是今川义元之妹。永禄五年（1562年），家康攻打于西郡局的父亲鹈殿长忠的领地。之后，战败的长忠为了向家康证明自己的忠诚，将西郡局嫁给家康做侧室。成为德川幕府初代将军德川家康第一个侧室。这时家康二十一岁。西郡局也算是女一宫曾外祖母。此盘为女一宫幼时玩物，传承自第一代幕府将军德川家康侧室西郡局，此盘存于16世纪末期，大约在我国明万历神宗期间，距今已有430年以上历史。

3. 最后的将军德川庆喜所用盘

德川庆喜为江户幕府的第15代征夷大将军，也是江户幕府及日本历史上最后一位幕府将军，倒幕战争后，于1867年（庆应三年）10月14日奉还大政予天皇。从而结束了265年的德川幕府统治的江户时期，日本历史进入明治时期。

德川庆喜出身水户德川也就是"德川御三家"之水户家。关于"德川御三家"，最早指定的是将军宗家、纪州家、尾张家。水户家则是世代作为副将军，负责弹劾将军的不正行为以及幕府与朝廷的沟通事宜。"德川御三家制度"的一个重要作用就是当宗家没有继承人的时候，就从御三家迎入养子继承将军之位。并由水户家决断御三家之中继承将军位人选。如前所说，"御三家"指的是"德川宗家""纪伊德川家""尾张德川家"，而"水户德川家"作为别格，绝对不可以迎入养子，但是却被允许作为"副将军"（比如有名的水户黄门）享有较高的权利。如此安排，是因为水户藩正位于江户的东北方"鬼门"方位。以阴阳风水的气数论，为防止发生从江户的鬼门攻入的事态，从而造成幕府灭亡的危险，故德川的一门移居水户藩镇守，既然水户藩正位于江户东北方的"鬼门"方位。根据阴阳风水气数推断，从鬼门所入即为鬼邪，因此德川家有戒令，不得从水户藩迎入养子。但在后来的演变中水户家加入了御三家。以致不知何种原因，德川家竟未遵此禁令，出身水户家的庆喜9岁时被过继给了一桥德川家，后来成了最后的幕府将军。而巧合的是，庆喜继任将军位不久，就被迫退位了，幕府之亡，恰应"鬼门"之说，这也为德川家族的没落带上了一丝神秘的色彩。

德川庆喜退任将军后，一直过着与世无争，不问政事的隐居生活，于1902年（明治三十五年）被册封为公爵，1913年因肺炎而逝世，享年七十七岁。

在其长达40多年的隐居生活中，德川庆喜在摄影、狩猎、民谣歌曲研究等活动之余，酷爱围棋，并曾就学于当世顶尖高手，今仅存明治三十八年（1905年）德川庆喜受五子与井上家围棋名宿高崎泰策所弈指导棋谱，弥足珍贵。此局弈于现东京都千代田区永田町（当时为东京市麹町区）的星冈茶寮。

德川庆久，德川庆喜第七子，后袭公爵位，为贵族院议员。

德川庆光，德川庆喜孙，德川庆久长男，青年时期对中华文化极为倾倒，有较深造诣。

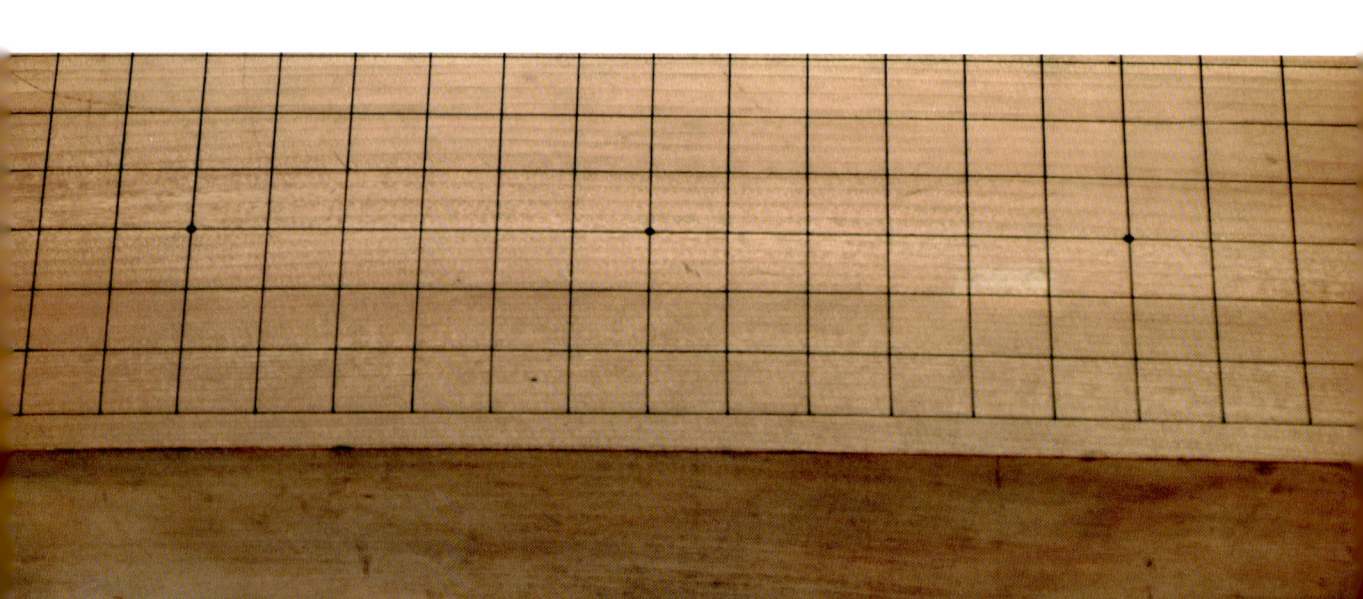

自第一代幕府将军德川家康始，德川家历代将军对围棋都情有独钟，德川家康对日本围棋的发展所做贡献巨大。德川家康酷爱下围棋，1612年德川家康授予当代围棋、将棋高手俸禄，制定制度使围棋、将棋职业化。并设立棋所、将棋所统辖相关事宜，同年又将棋所拆分为棋所与将棋所。由于德川家康较喜欢围棋所，所以最初将围棋棋士席次列在将棋棋士上位，之后沿用，棋所地位因此较将棋所高，而在1737年引发将棋名人三代伊藤宗不满将棋名顺诉讼事件，当时名顺、席次以下列方式排列：

围棋名人（若无名人，则由本因坊家家督代替）

将棋名人

本因坊家家督（在有名人，且名人非本因坊家家督情况下）

围棋其他三家家督（按照段位排列）

将棋三家家督（按照段位排列）

棋四家跡目（按照段位排列）

将棋三家跡目（按照段位排列）

但最终仍以围棋为上位。

德川家康对围棋的积极贡献，使得日本成为围棋中兴之国，全面超越中国（20世纪初，中国围棋的绝顶高手尚不如日本围棋职业初段选手），直到20世纪90年代末中韩才赶上乃至超越日本。2004年日本棋院创院八十周年，提出了设立围棋殿堂的构想，11月15日创立了围棋殿堂数据馆，每年选出一位或多位对围棋做出卓越贡献者，德川家康因其"与各大名、武将等公家频繁交流围棋，促进围棋普及订定围棋制度、俸禄授予，使围棋得以职业化"的贡献于2004年5月28日入选第一回的围棋名人堂。

关于德川家对围棋的支持，德川家三代将军家光有一轶事便是实例，据《坐隐谈丛》记叙："家光颇能弈，每每与伊达政宗对之。然政宗每与家光对局辄戏曰：'吾由小石川口攻汝。瞧，小石川口溃矣！'家光三连败，恕其过言，命政宗改建小石川口。"政宗所提到的小石川口即是江户城唯一的隘路小石川口修建工程，是有名的"攫取神田川租金"工程。只是因为三连败，就将修建工程委派给了伊达政宗，可见德川家光对围棋态度之一斑。

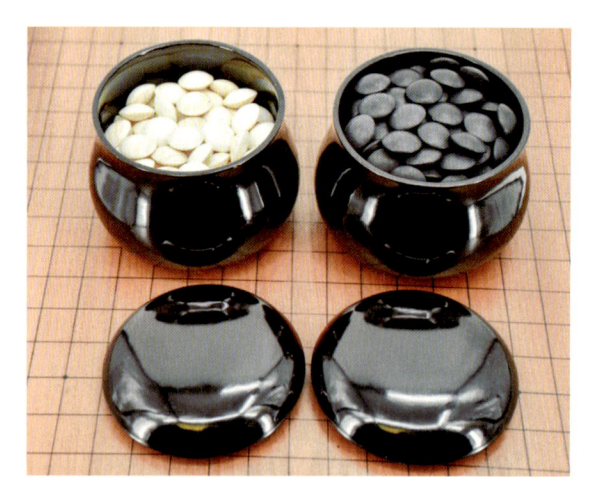

德川庆久夫妇和德川庆喜

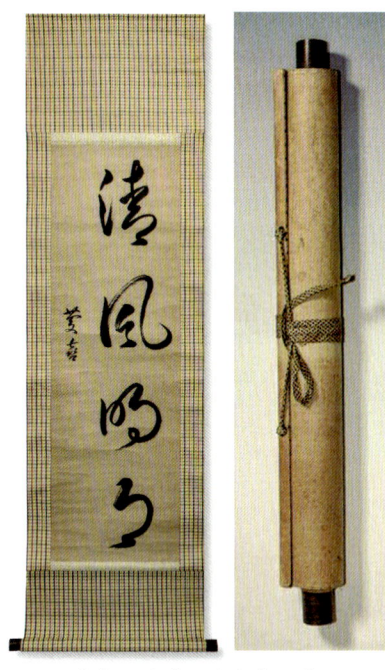

附：笔者所藏德川庆喜书法条幅：

纵约一尺五寸，横约一尺三寸五分
厚约五寸七分，高约九寸六分

日本著名围棋学者安永一在《日本的围棋史》中曾有评价："德川家康对日本围棋功劳甚大，如棋所制度的改善，升段之鉴定，名人之产生，以及棋士俸米的保荐等。"

此盘底部有德川庆光亲笔书"德川庆喜庆久所用 德川庆光书"墨迹。材质不明，疑似栃木，但包浆浑厚，极其罕见，虽历史久远，依稀仍有淡淡的香气逸出。

配黑漆古制式束颈棋笥，棋笥底有金漆题"专心庵"三字款。

配古三河白蛤棋石三分四厘，那智黑石三分六厘。

整套棋具典雅大方，完全是德川庆喜退职隐居后低调奢华的生活写照。

4. 德川家徽盘

德川家徽盘

本品为江户时期黑漆木箱金莳绘德川家徽盘并同款黑地髹漆三叶葵纹金莳绘型棋笥，镰仓海岸手工制作白雪印蛤棋石。

从战国时代后期开始，由于有战国三雄之称的织田信长、丰臣秀吉以及德川家康都酷爱围棋，围棋在贵族中迅速发展，随着德川家康一统天下，日本历史进入了江户时期，开始了长达265年的德川幕府时代，围棋更得到官方支持，围棋棋具制作工艺水平也迅速提高，较之镰仓时代，江户时期各大家族纷纷重金延请著名棋盘师制作绘有各自家徽的棋具，这一时期的棋具制作水平是日本历史上的鼎盛时期。

笔者所藏这套黑漆木箱金莳绘德川家徽棋具便是这一时期的代表作。棋盘，棋笥形制以及金莳绘制作工艺明显具有江户时期工艺特征。此套棋具保存完好，斑驳的棋箱虽刻画着其所历经历史岁月的沧桑，棋盘也略有曾经使用的过的磨痕，但所幸并无刮蹭磕碰，棋笥底部与棋笥盖顶端虽略有磨痕（日本对弈习惯使然，对弈时要将盖子翻过来置于席上，以备盛装所俘对方棋子），然棋罐周身却仍亮丽灿如新，熠熠发光，一如昨日。棋子为32号雪印古蛤棋石，包浆灿然，温润如玉，强光之下，呈半透明状，可见纹印细密，直贯全贝。

整套棋具精湛的金莳绘工艺配以德川家纹,在向世人展现其华美艳丽而又不失端庄高冷的贵族精神的同时,其典雅大方的江户时期器型形制的制作工艺以及略显沧桑的岁月磨痕,又散发着古拙质朴的时代气息,此器完整流传至今,品相极佳,堪称绝品。

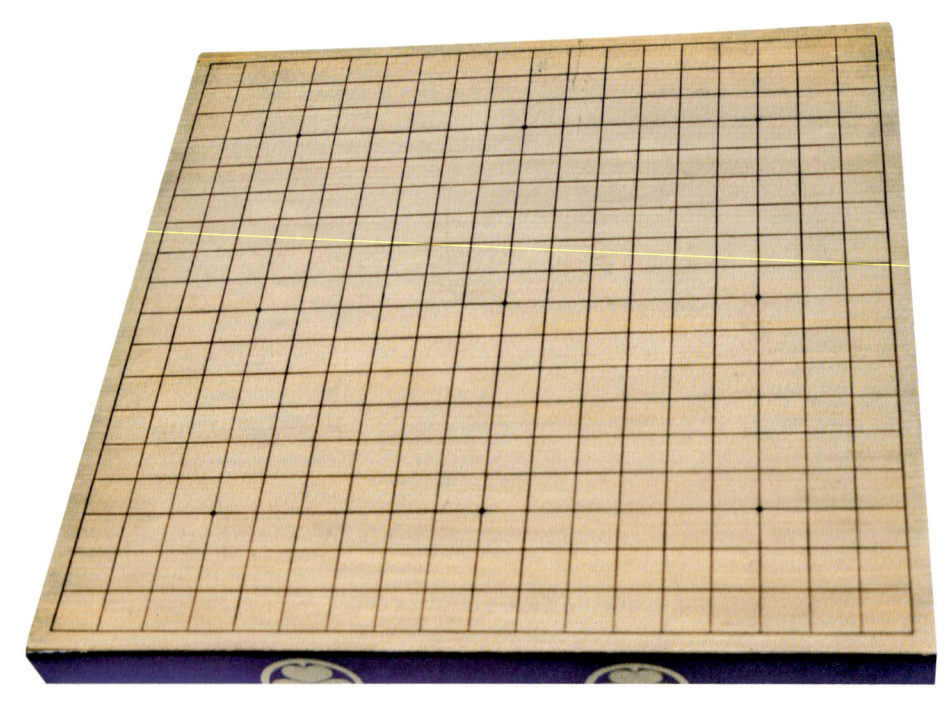

盘厚14.9cm（四寸九分），高26.5cm（八寸七分）

　　在幕府时代的日本，有两种家徽是被明令禁止使用的，那便是代表皇家标志的菊纹和代表德川家幕府标志的三叶葵家纹，丰臣秀吉在天正十九年（1591）下令禁止使用菊桐纹，而在德川时代、享保八年（1723）禁止使用葵纹，因为葵纹是德川将军家的家徽，德川幕府关于"葵纹"的使用，有非常严格的规定，只允许德川将军家及德川御三家使用。"御三家"一词源自江户幕府时代，是指除德川将军家外，拥有征夷大将军继承权的三大旁系

　　本品为典型的幕府时代黑地髹漆三叶葵纹金莳绘足附棋盘，有别于明治后的伪作，整体髹漆沉稳，泥金厚重，四面均为5枚三叶葵德川家纹，构图简约庄重，却隐隐有上位者之威严。棋墩有黑漆木箱全覆护套。配套同款黑地髹漆三叶葵纹金莳绘型棋笥，庄重典雅，亦有黑漆套箱收纳。镰仓海岸手工制作32号白雪印蛤棋石180枚，晶莹圆润，略有淡茶色包浆，见证时代沧桑，黑那智石181枚。

第四章 鉴 赏

5. 唐草三叶葵盘

盘纵44.5cm，厚17cm，横41.5cm，总高29cm，重16.7kg

　　平莳绘是一种用漆描绘图样，在图样上附着金粉，金粉之上再用漆固定，待干后研磨的金莳绘工艺。

　　日本金莳绘工艺中，经常出现唐草图纹，其细密优美的曲线，令作品彰显出温柔婉约却不失奢华的庄严大气，本品四边均有唐草环饰中突显的德川家徽，典雅大方中彰显出大名家的豪华贵气，是江户时期德川家藏用品，与一般金莳绘棋盘略有不同的是，本品仅四边以平莳绘技法绘唐草三叶葵德川家徽图案，盘底及四足均为本色，令人耳目一新。本品所用材质为日向榧，虽经岁月磨洗，包浆醇厚，仍榧香四溢。

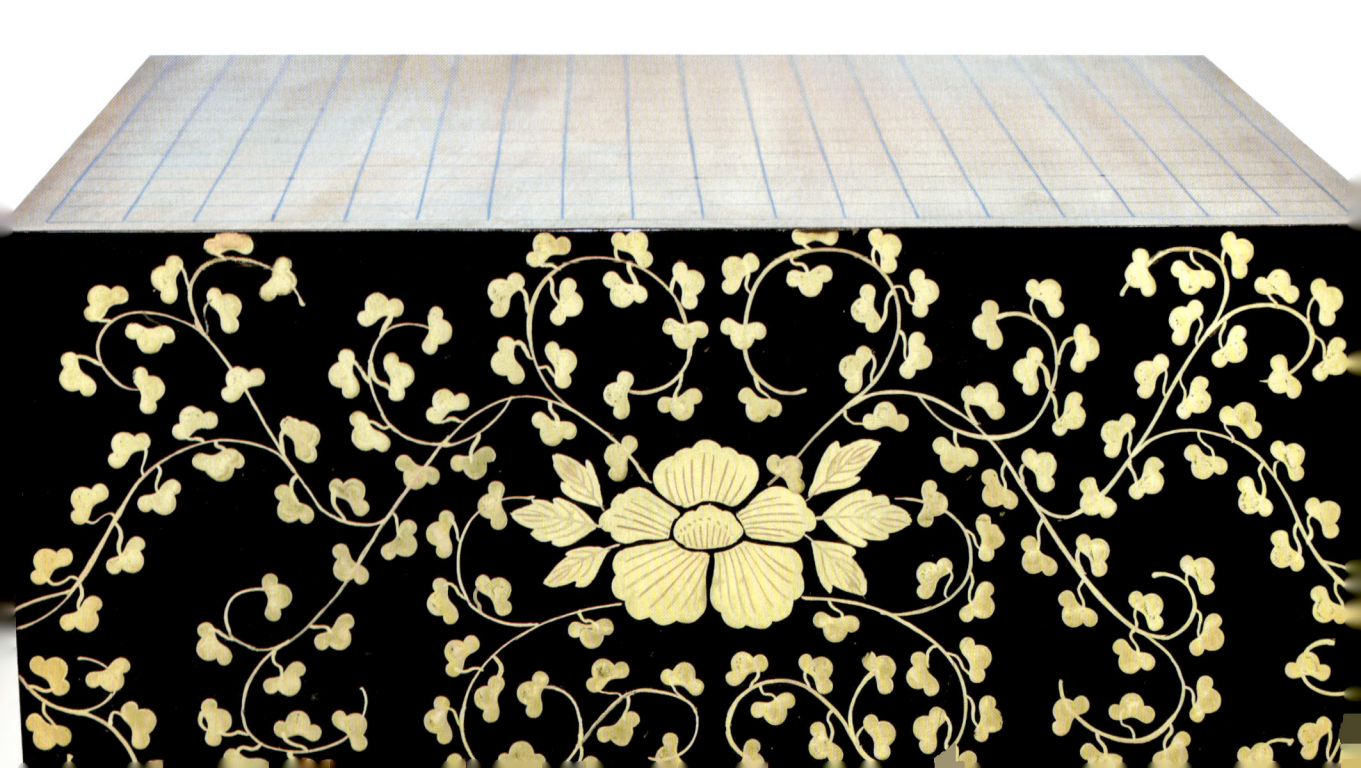

6. 萨摩藩嵌螺钿总梨地肉合莳绘盘

本品为江户时期萨摩藩岛津家传总浓梨地嵌螺钿肉合莳绘盘，纵45cm，横39.5cm，厚13cm，总高24.5cm，重10.9kg。

岛津家"丸之十字"家徽又称辔纹，也是最古老的徽章，传自镰仓时代初期的岛津忠久，一说岛津忠久是创建了镰仓幕府的源赖朝的私生子，岛津氏的祖先岛津忠久的盔甲印有十字纹，而岛津义弘率领岛津军挥舞着岛津"丸十字"旗在著名的"崎原合战"中以寡凌众，以不到五百的兵力沉着应战，击败十倍于己的伊东义佑大军，取得关键性的胜利。并曾在松原合战中挥舞"丸十字"大旗率军突围，至今，在鹿儿岛的歌谣中还经常能够听到："看到了，看到了，隔着松原，看到了丸十字的风帆。"

本盘为镶贵石嵌螺钿浓梨地肉合莳绘棋盘，除天面外，其余四面及底面并四足均以浓梨地金莳绘技法绘饰。四边以集"研出 莳绘""平莳绘""高莳绘"于一身 的"肉合莳绘"技法绘制各不相同的图绘，其中两面以瑞兽、祥云、山石组图，两只瑞兽状如麒麟，动感十足，栩栩如生，形态各异，双睛分别嵌以红、蓝贵石（珊瑚），山石有螺钿镶嵌点饰。又有萨摩藩岛津丸十字家徽纹饰。另两面为牡丹、祥云、山石组图，同样有岛津丸十字家徽纹饰，山石亦有螺钿镶嵌点饰。集"研出 莳绘""平莳绘""高莳绘"于一身 的"肉合莳绘"技法令得整个画面更加立体化，栩栩如生，给人以强烈的视觉冲击。伫立盘前，有一种浓厚的艺术气息扑面而来，面对如此精湛的技艺，此盘只可作为传世珍品把玩鉴赏，实不忍做对弈打谱之使用！

　　本品四面图案造型各不相同，有两重箱覆收敛。

第四章 鉴　赏

7. 萨摩藩岛津氏盘

萨摩藩，又名鹿儿岛藩、岛津藩

　　萨摩藩是萨摩国的藩主（类似于于中国古代的君王），领有萨摩国、大隅国和日向国的一部分，位于九州西南部，即今天的鹿儿岛县和宫崎县的一部分。都为岛津氏所有。岛津氏的祖先是自称秦始皇后代的秦氏子孙唯宗氏后代。

　　著名的明治维新三杰西乡隆盛、大久保利通即出身萨摩藩鹿儿岛（另一人为长州藩出身，本名桂小五郎的木户孝允）。幕末时代，以维新三杰为首的一批日本政治家发起倒幕运动，萨摩藩、长州藩、肥前藩、土佐藩即为当时的四强藩，也是近代明治维新运动中倒幕派的主要力量。最终倒幕派取得胜利，迫使最后的将军德川庆喜"大政奉还"，从而结束了日本历史上始于1185年终于1867年共682年，经历了镰仓幕府、室町幕府、明智幕府（明智光秀未成为幕府将军）、德川幕府四个幕府制的历史。

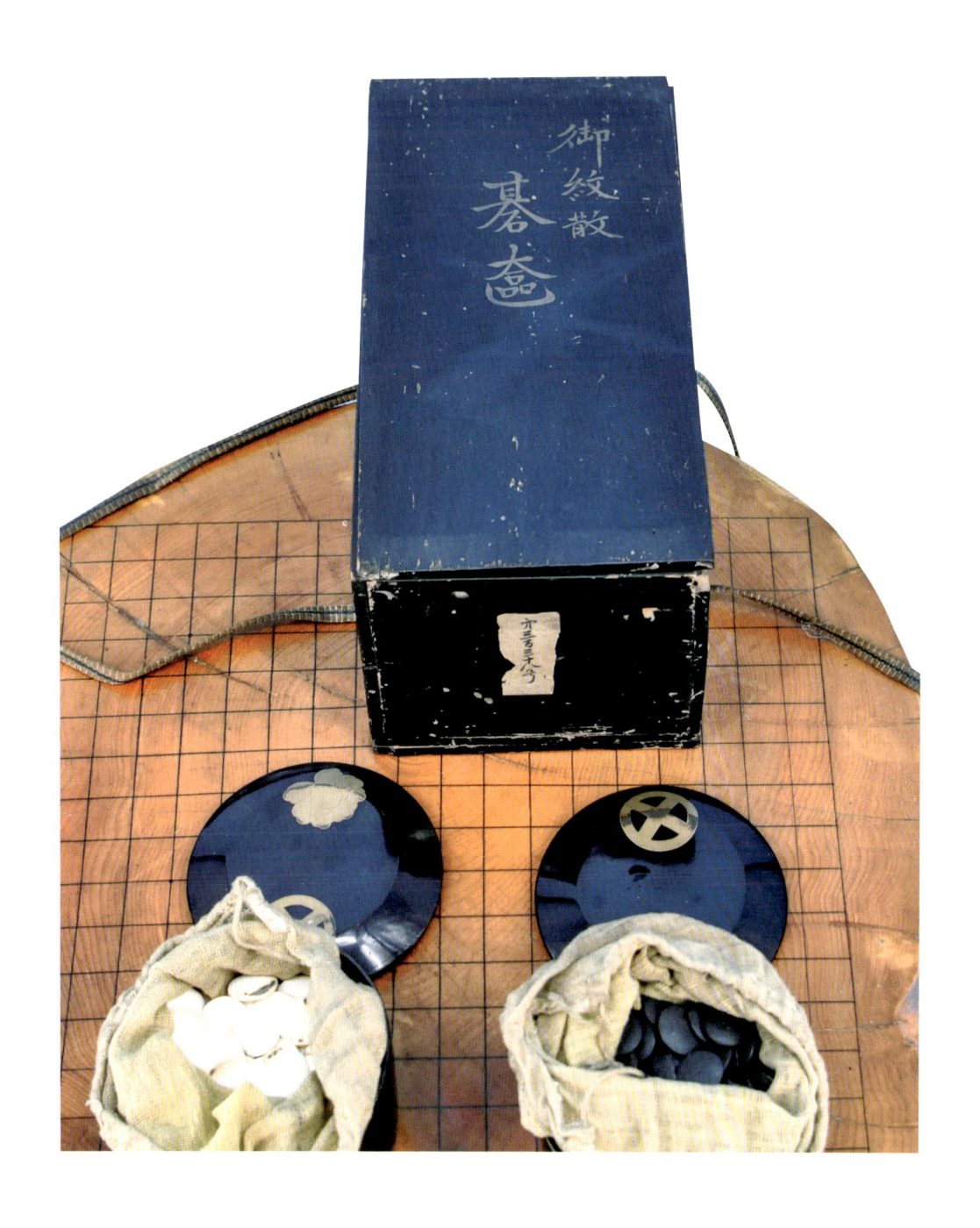

本藏品即是江户时期萨摩藩主所用棋具，棋墩、棋笥均以金莳绘工艺绘有萨摩藩岛津氏十字家纹图案，家纹以金粉涂磨，极尽华贵。整体构图简洁庄重，不失威严。

盘厚四寸八分，足高三寸八分，纵一尺四寸八分，横一尺三寸八分。其规制正符合日本1807年后古制。配有黑漆木箱，漆金书有"御纹散　棋盘"，棋笥亦配有黑漆棋奁，漆金书有"御纹散　棋奁"字蛤棋石棋子为老镰仓海岸蛤棋石，由于年代太过久远，有部分棋子已呈深褐色斑痕。但无论如何，整套棋具除岁月的痕迹，令其沉淀出略显陈旧的历史沧桑感外，棋墩、棋笥保存完好，棋箱棋奁亦无大伤碰，实为难得！

8. 琉球王室纹徽盘

巴纹最早出现在中国商代青铜器上，瓦当和太极图上也均有巴纹图案。三国时期蜀汉学者《谯周三巴记》说："阆苑白水东南流，曲折三回如巴字，故名三巴。"在日本，巴纹是一种日本八幡神的神纹，也是琉球王族尚王家家纹，成为琉球王室纹徽，"巴纹"在江户时期相当流行，变化超过300种，公家的西园寺家，武家的宇都宫家、小山家、结城家，赤松家和小早川家等都用"巴纹"。巴纹最常见的是三头左巴和二头右巴。

本品为江户时期作品，盘足带有明显江户时期特征，髹漆沉稳，虽经时代变迁，整体老旧沧桑，却无脱漆，可见其髹漆工艺之精湛。

盘纵40.4cm，横34.5cm，厚13.5cm，此寸法较之有记载的日本历史上的任何时期寸法都小得多，从无所见，应是古琉球所制棋盘。

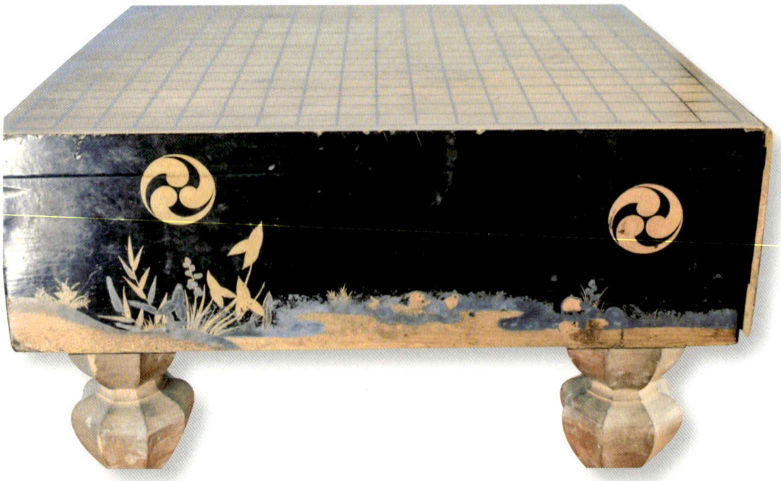

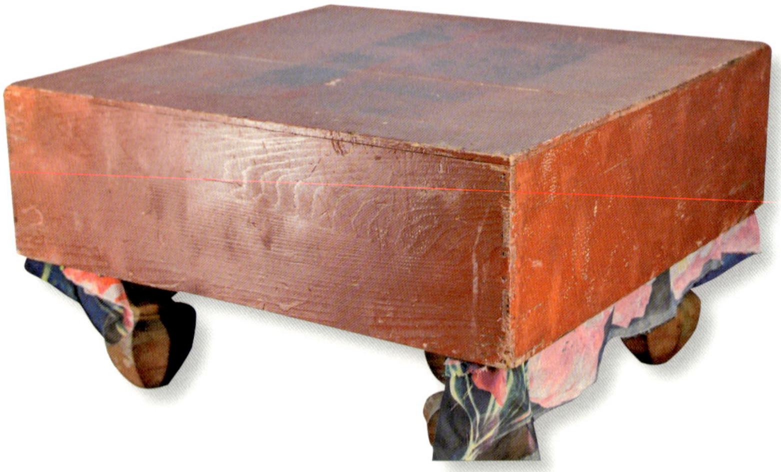

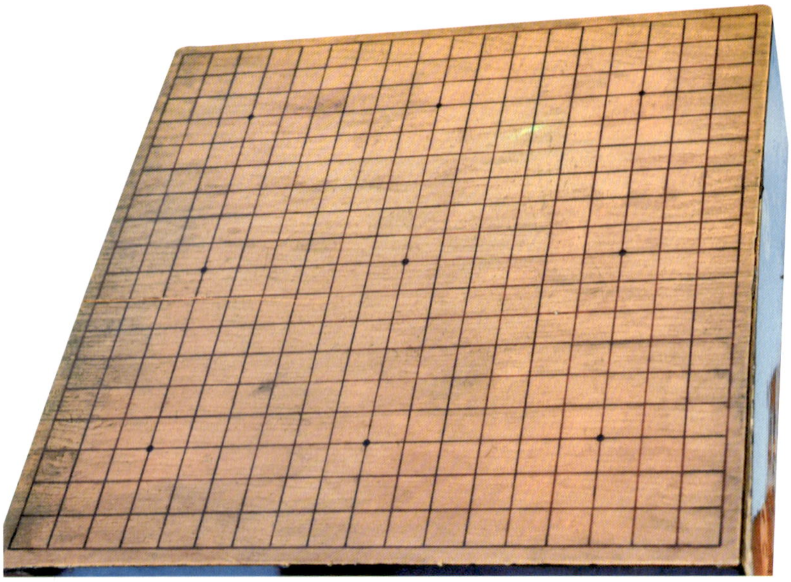

9. 四家徽盘、棋笥

本品为浓梨地金莳绘四家徽纹盘。四家徽分别是三叶葵、五三桐、左二巴和丸错鹰羽纹。其中三叶葵为德川家徽，左三巴曾为琉球王室徽纹，前文已有介绍，不再赘述，说说五三桐和鹰羽纹。

五三桐的由来和历史传承较为复杂。汉时王逸曾说："木有扶桑、梧桐、松柏皆受气淳矣，异于同类者。柏冬茂，阴木也；梧桐春荣，阳木也；扶桑日所出，阴阳之中也。"

而《诗经·大雅·卷阿》里对梧桐这样描述："凤凰鸣矣，于彼高岗。梧桐生矣，于彼朝阳。"《春秋演孔图》："凤为火精，生丹穴，非梧桐不栖，非竹实不食，非醴泉不饮。身备五色，鸣中五音，有道则见，飞则群鸟从之。"可见中国自古以来，就有凤凰栖于梧桐的说法。

汉朝的韩婴在《韩诗外传》里对凤凰的描写中有这么一段："黄帝乃服黄衣、戴黄冕，致斋于宫，凤乃蔽日而至。黄帝降于东阶，西面，再拜，稽首曰：'皇天降祉，不敢不承命。'凤乃止帝东园，集帝梧桐，食帝竹实，没身不去。"

前引诸文，说明梧桐很早就与帝王有了难解难分的关联，也因为这个典故，桐竹凤凰的纹样被用在了日本皇室所穿的御衣之上，桐纹更是在镰仓时代的末期被定为皇族纹章，距今已有800余年历史。室町幕府的初代将军足利尊氏，得到当时的后醍醐天皇赏赐的"桐纹"。战国时期，至13代将军足利义辉又将"桐纹"赐予织田信长。德川幕府时期，桐纹不再作为皇家御赐使用，而是上至大名，下至普通百姓都可以自由使用的家纹图样，开始广泛普及起来。

时至今日，桐纹依然可以在皇室以及政府机构中看到。众所周知，日本皇室的家纹是十八重菊纹，而副纹便是桐纹。所以桐纹也成了日本政府、内阁总理大臣、内阁府，皇宫警察，法务省的机构标志，象征权威。

丰臣家徽纹便是五三桐，又叫作太阁桐，五七桐也是天皇家的副家纹，现在是日本内阁总理大臣的徽章。

关于丸错鹰羽纹，《家纹见闻》载：日本古时候在重要节日和仪式上，左右近卫两阵之中都会竖立着老鹰的旗帜以彰显权力。而当时的武士对于鹰的力量也非常向往，以至于鹰羽制成的箭矢也被奉为上品。所以鹰羽被用作家纹是非常普遍的一件事情。可是当时使用整只鹰做家纹的却很少，大多数都是使用鹰的羽毛来做家纹。"日本家徽中向有"五大纹"之称，"五大纹"指的便是鹰羽纹、片喰（读若餐）纹、木瓜纹、藤纹、桐纹。纹章本来是阿苏神社的神纹。中古时期，武士社会兴起后，众武士家族崇尚鹰的凶猛威武，可充分展示武士的尚武精神，故对鹰羽纹情有独钟，多用两片羽毛的纹样作为家纹图样。江户时期有120多家大名、旗本采用鹰羽纹作为家徽。

本品纵45.5cm，横40cm，厚13.5cm，并有同样绘有家纹图案的浓梨地金莳绘棋笥，棋笥还绘有鹤纹、龙胆纹图案。

日本使用鹤纹作为家徽的武士家族很多，鹤纹种类也很多，根据《永仓追罚记》载："高井左卫门尉——松鹤，南部氏——菱鹤，近江御门后裔葛山备中——庵内对鹤。战国末期，诹访家与森家使用鹤之丸。"可知棋笥上所绘鹤纹为鹤之丸，当是诹访家与森家使用之家徽。

龙胆在平安时代就受到女性的喜爱，《源氏物语》《枕草子》中就有关于对它的描述。龙胆花形十分美丽。其花语是：爱着悲伤着的你。

龙胆纹是源氏家族所传之家徽，关于龙胆纹的来历还有一种传说：

龙胆，多年生草本，高30-60厘米。根茎平卧或直立，短缩或长达5厘米，具多数粗壮、略肉质的须根。花枝单生，直立，黄绿色或紫红色，中空，近圆形，具条棱，棱上具乳突，稀光滑。

龙胆每逢秋后，开放紫花，样子摇曳可怜。有人将其花叶画出，称为龙胆纹。平安时代，贵族常用龙胆纹的样式编织、刺绣衣服纹样。龙胆草源于中国，其根苦，味似龙胆，传言人若煎服便可增加魅力，成为领袖人物，古老相传有行者役小角与二荒山（日光山）偶遇一兔子吃下一株雪地中挖出的小草，于是仿而效之，经常服用，渐渐拥有超能力。日本平安时代末期至镰仓时代的著名政治家，镰仓幕府首任征夷大将军，日本幕府制度的建立者源赖朝之母是役小角的信奉者，对龙胆之神奇深信不疑，致使源赖朝与龙胆因缘颇深。

因为源赖朝在镰仓创立幕府，镰仓市遂将龙胆纹作为市章，因龙胆叶酷似竹叶，故又名笹龙胆纹，为源氏家纹世代相传。

棋笥内盒古镰仓海岸雪印蛤棋石，本那智黑棋子。

10. 本因坊秀哉、二代中川龟三郎、岩佐铚、濑越宪作签名"大会纪念"盘

    此盘底部书有"大会纪念"四字，署名分别为右边"本因坊秀哉名人"、上边"七段濑越宪作"、左边"七段岩佐铚"、下边"八段中川龟三郎"。底部有阳文朱印"大会纪念"印记。

    虽未签署日期，但经考证，可以断定此盘签名日期当为1927年，证据如下：

濑越宪作与岩佐铿同时升为七段，日期为1926年，此盘签名时间当在1926年后，但中川龟三郎于1928年即辞世，此盘签名时间当在1928年前，可证此盘签署日期在1926年至1928年之间，查此期间可称之为围棋大会的唯日本棋院1927年举办的第一次大手合战，此战是围棋升段制度革新——取消段位推举制而代之以比赛制决定升段的第一次尝试。此次大会也开启了日本棋史极为重要的一页，绝对值得大书特书。

此次大会由秀哉名人任裁判长，中川龟三郎与岩佐铿为副裁判长，濑越宪作为东西对抗赛主将并获优胜。此四人在棋界地位非比寻常，秀哉名人为当时棋坛霸主，自不必说，其余三人亦俱是当世棋界顶尖人物：濑越宪作曾创立"裨圣会"，中川龟三郎曾任方圆社第四任社长，岩佐铿曾任方圆社第六任社长。故此盘由以上四人签名以志纪念。

以上可证此盘为1927年日本第一次大手合升段赛大会之纪念盘，此盘见证了日本围棋段位制升段制度革新的历史之一页。弥足珍贵。

此盘为老本榧盘，包浆灿然，黄中略泛赭红，虽近百岁，然抚玩之际，甘甜之香气幽幽，沁人心脾，是一具有着丰富历史文化内涵的盘中佳品。

此盘纵约一尺五寸二分，横约一尺四寸，高约九寸九分，厚约五寸七分，有两重箱保护。

11. 太宰府天满宫盘

此盘底部书有"壹千五十年大祭 纪念 昭和二十七年三月 太宰府天满宫"字样。

全日本有诸多天满宫，用以供奉祭祀平安时代的学问家菅原道真（845—903），菅原道真在日本被誉为"学问之神"与"书法之神"。唐末曾被任命为日本遣唐使，精通汉学，博学多才，留下很多脍炙人口的诗篇，其中不乏描述弈棋的诗句，如《山家晚秋》：

数局围棋招坐隐，三分浅酌饮忘忧，若教天下知交意，真实逍遥独此秋。

诗中所描述的与知交纹枰对弈，浅酌忘忧，秋日逍遥，飘然若仙之意境，正是盛唐一代文人骚客之雅兴。可见当时日本文化审美所受中国汉文化影响之深远。另《菅家文草一 诗》载《观王度围棋献主人》一首：

一死一生争道频，手谈厌却口谈人。殷勤不愧相嘲弄，漫说当家有积薪。

及《菅家文草二 诗》前有小记：去冬过平右军（右近卫少将）池亭，对乎围棋，赌以隻圭新赋，将军战胜，博士先降，今写一通訓（读音：[chóu]古同"酬"）一绝，奉谢迟晚之责。诗曰：

先冬一负此冬訓，妒使隻圭降弈秋，闲日若逢相坐隐，池亭欲绝古诗流。

菅原道真辞世前最后的一首咏及围棋的诗作，作于宽平七年（895年）道真51岁时，名曰《围棋》。此时道真学问事业均已达到顶峰。

手谈幽静处,用意兴如何。下子声偏小,成都势几多。偷闲犹气味,送老不蹉跎。若得逢仙客,樵夫定烂柯。诗中"成都势几多"之成都一词当是围棋的另一别称,应与"成都府四仙子图"之成都同解。

附上拙作《弈史品读4　成都府四仙子图(杨中和孙佽与王珏刘仲甫四人联棋)》文:

(四仙子图载于宋人李逸民所著之《忘忧清乐集》,是篇名为《成都府四仙子图》的四人联棋谱,也是中国乃至世界围棋史上有谱所载的第一局"四手联谈"棋谱。对于四手联谈的记录,始见于北宋沈括所著《梦溪笔谈》卷十八《技艺》一篇中:"四人分曹共围棋者,有术可令必胜;以我曹不能者,立于彼曹能者之上,令但求急;先攻其必应,则彼曹能者其所制,不暇恤局;则常以我曹能者当彼不能者。此虞卿斗马术也。"此文介绍围棋技艺中四手联谈的排兵布阵,战术运用的取胜之道,可见宋时围棋四手联谈玩法已非常普及。但有谱可考的开山之作却是此篇《成都府四仙子图》。对此谱,元人严德甫、晏天章编著《玄玄棋经》中录有《四仙子图序》一文有详细记录:"东昏徐宗彦述其图云:元祐九年正月十日,济阳刘甫之仲甫、毗陵王君玉珏、邺郡杨正甫中和、夷门孙敏之佽，相遇于彭城之市楼。熙然谈笑而相谓曰：侵窗气清，埋檐雪白，可乘一时之兴，共筹四子之枰，众欲之乎？咸称其乐。兹四子者，盖往者之所莫及，而来者之所未有。可谓冠绝天下，而为圣代之棋师者矣。局展未几，天台老人翩然来观。置酒于坐隅，且饮且战，神合意闲，更相应变。局结而胜负几均矣。观者莫不竦身而加叹焉。宗彦因索笔以录其事于局图之首，用识异时尔。四仙图谓四人围棋，取其名也。一人为一朋。元祐九年正月十日，刘仲甫、王珏、杨中和、孙佽共棋一局。中和、珏用黑，仲甫、佽用白。黑受先。各一百二十五着，白胜一路。"

四人中，刘仲甫已有另文介绍，不做赘述。王珏与刘仲甫曾在东京万胜门长生宫对弈，并有《长生图》传世。孙佽、杨正甫二人均查不到生平事迹资料，仅见于《忘忧清乐集》所附清钱曾《读书敏求记》一则所记：逸民云："我朝善弈显名天下者，昔年待诏老刘宗，以至今日刘仲甫、杨中隐（疑为杨中和）、王琬（疑为王珏）、孙佽、郭范、李佰祥辈。"

然此三人能与有宋一代围棋大家，著名国手刘仲甫联谈共弈，当亦是一代弈林高手无疑。

关于《成都府四仙子图》之"成都府"，有必要作一说明。根据"序"中所记述："东昏徐宗彦述其图曰：元祐九年正月十日，济阳刘甫之仲甫、毘陵王君玉珏、邺郡杨正甫中和、夷门孙敏之佽，相遇于彭城之市楼。熙然谈笑而相谓曰：'侵窗气清，埋檐雪白，可乘一时之兴，共筹四子之枰，众欲之乎？'咸称其乐。"可见此局弈于彭城。即今江苏省之徐州。谱名却为《成都府四仙子图》，一般会被人误会为此局弈于成都。如日本著名围棋活动家安永一先生在其著作《中国之围棋》中就说："该书还记载了宋代名手刘仲甫等四人在四川的首府——成都下的联棋。"即误认《成都府四仙子图》弈于成都。其实此处成都府非今日之四川首府成都之谓。据查丕栋考证"成都"一词当是围棋的另一别称，根据如下：

中国古代有井田制，其纵横似围棋盘，明陈继儒曾有"井田，弈局也"之比喻。而《司马法》述井田制："井十为通，通十为成，成十为终，终十为同"；《周礼·地官·小司徒》述井田制则为："九夫为井，四井为邑，四邑为丘，四丘为甸，四甸为县，四县为都。"此两述不同是因为各诸侯国有自己的制度，总之"成"和"都"是井田制的单位。于是就有了以"成都"连用表示井田，从而引申为"弈局也"。其实，井田之成都，若从山顶望去，方田若寸，恰如棋之方罫，以成都而喻棋枰，便是古人实际观想的形象思维的结果，正因此，"成都"也就成了围棋的别称。此说似乎有些小众，然唐段成式《观棋》诗有："闲时弈楸倾一壶，黄羊枰上几成都"句，互为佐证，亦将围棋盘描述为"枰上成都"。所以，喻"成都府"即为"弈府"，再引申为今人之所谓"棋坛"，亦通。而既然"成都"亦为围棋之别称，"成都府"即是今人所谓棋坛之意，则《成都府四仙子图》按照今人习惯，便是《棋坛四仙子图》。

菅原道真对围棋如此痴迷，后人的祭祀大典中，自然少不了奉上一具精美棋盘以志纪念。

　　太宰府天满宫是位于日本福冈县太宰府市的神社，也是菅原道真的墓地，已有1100多年的历史，与京都的北野天满宫并列为日本全国天满宫的总本社。便如我国的孔庙，天满宫是日本祈求金榜题名的圣地，许多家长和准备高考的学生都来此祭拜，求其保佑，据统计，每年有多达700多万人来此祈福，在小木板上写下他们期望成功的愿望。

这里每年举办许多祭祀活动，如正月的莺替节、鬼术节，春季的曲水之宴，秋季的神幸式大祭等。此盘即为太宰府天满宫昭和二十七年（1952年）三月曲水之宴祭典的纪念盘。因这一年恰逢菅原道真逝世1050年，故此盘题"壹千五十年大祭 纪念 昭和二十七年三月 太宰府天满宫"字样。"曲水之宴"是以日本《源氏物语》中平安时代的皇族生活为背景的一个传统祭典，每年三月三日举行，便如我国的"上巳节"，此祭典活动始传于我国，每逢此日，文人雅士相聚筵宴，曲水流觞，吟诗赋文，王羲之著名的《兰亭序》所记录即是曲水宴之盛况。

此盘材质为日本产榧木，有甘香味。盘罩内面有"福冈县松本棋盘店"印记。

有配套金莳绘棋笥，可惜在运输途中保护不当，有裂。值得一提的是所配玉化蛤棋石为江户时期手工制作老子，晶莹剔透，有星点黄斑，是见证了岁月的痕迹。

12. "桥本宇太郎奖"优胜纪念盘

本品为五寸五分日本榧盘。榧香怡人,纹理细腻,盘底书"大阪祭参加第三回各界团队选手权大会 桥本宇太郎赏 优胜",署"桥本宇太郎"款。

所谓大阪祭就是日本三大祭祀活动之一的天神祭,为日本三大传统祭祀活动之一,天神祭在每年的大暑之后的7月24日和25日这两天举行。"人生之目的为祭" 是很多日本人的一大生活信条,因此祭祀活动在日本十分流行。祭祀活动是对生命之渴望的狂热表达,是对人内心中深受压抑的真实诉求。所谓"人生得意须尽欢",尤其是当未可知的死亡随时可能逼近时,狂欢就表现得更为极致和本真。

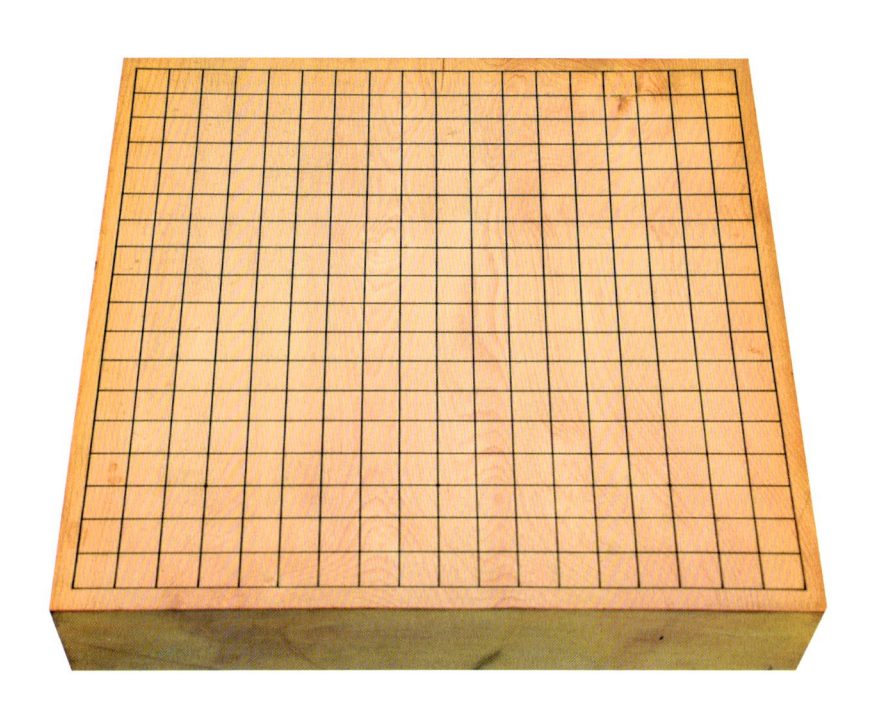

祭祀活动在天满宫举行，天满宫是祭祀的开端，更是热闹的中心漩涡。大阪的天满宫是公元650年日本建都在难波津（大阪）的时候，为保佑大阪城，在城西北角所建的宫殿。后于公元949年扩建为天满宫，以祭祀天满天神、学问之神菅原道真。关于天满宫，前文介绍"天满宫纪念盘"时已有做介绍，不赘述。

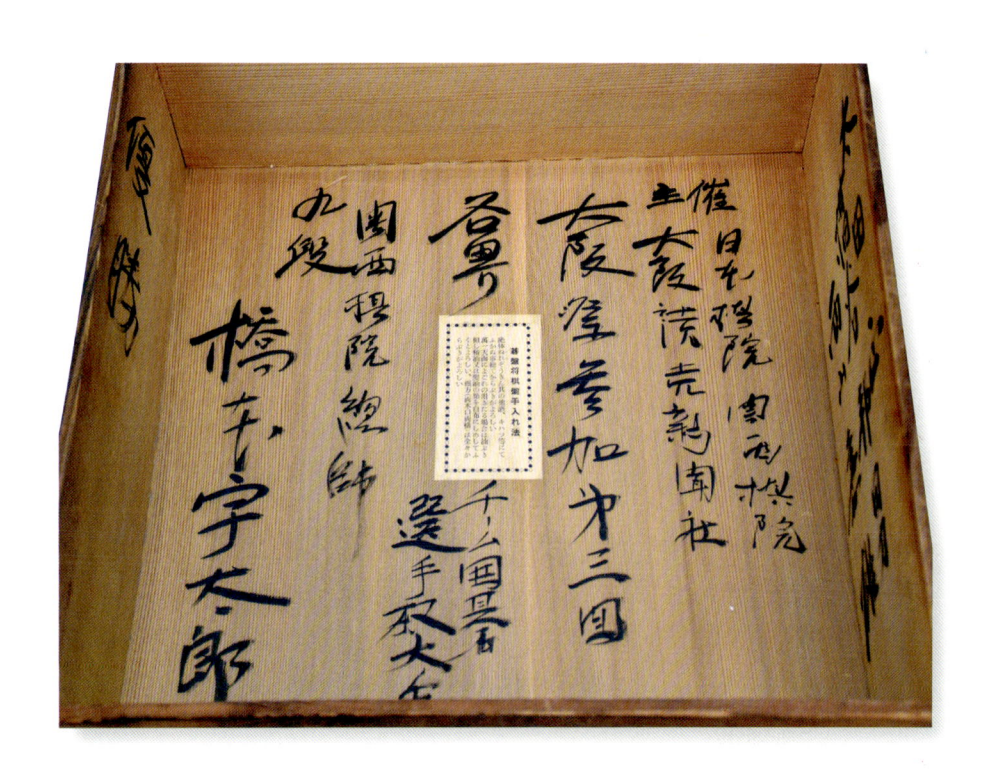

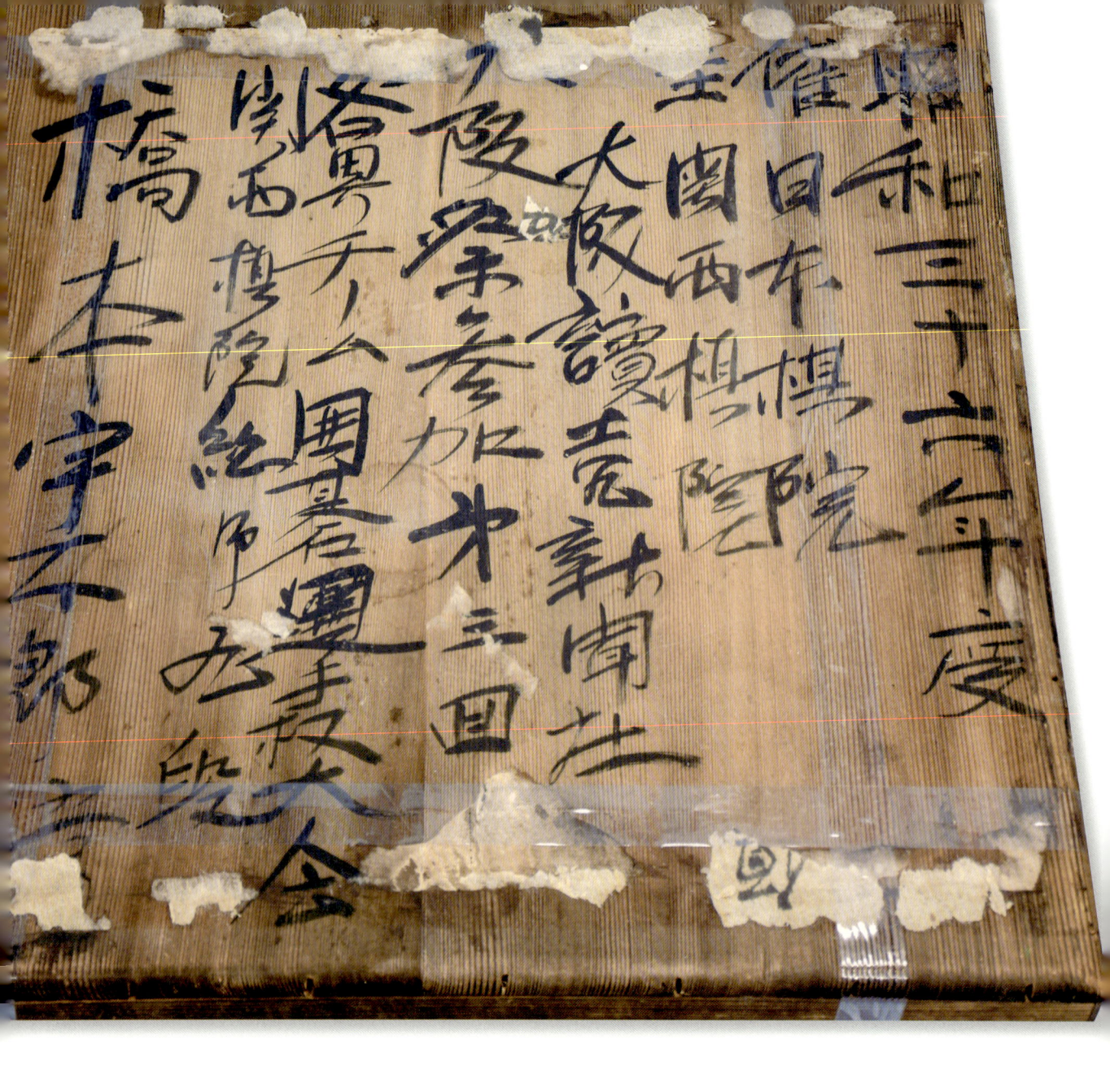

由读卖新闻社主办，关西棋院、日本棋院协办的"大阪祭参加第三回各界团队选手权大会"于昭和三十六年（1961年）在大阪举行。此次大会又名为"桥本宇太郎赏"其冠军奖赏为以关西围棋总帅，一代围棋大师关西总帅桥本宇太郎九段签名纪念的珍贵"桥本宇太郎赏"签名盘，桥本宇太郎先生墨宝中正平和，庄严气派，字如其人，笔力雄劲，彰显着一代围棋宗师的威严厚重，也透露出与大师"火之玉"棋风之不同的"风流潇洒"——文雅而不失风情的"关西气骨（坂田荣男语）"。

本品盘覆面上记述了这一围棋盛事。盘覆内有冠军队成员的签名，盘覆内外均有桥本宇太郎签名。此类优胜纪念盘记录了日本围棋史上某重大围棋盛事，极具文化价值和历史意义，实为难得。

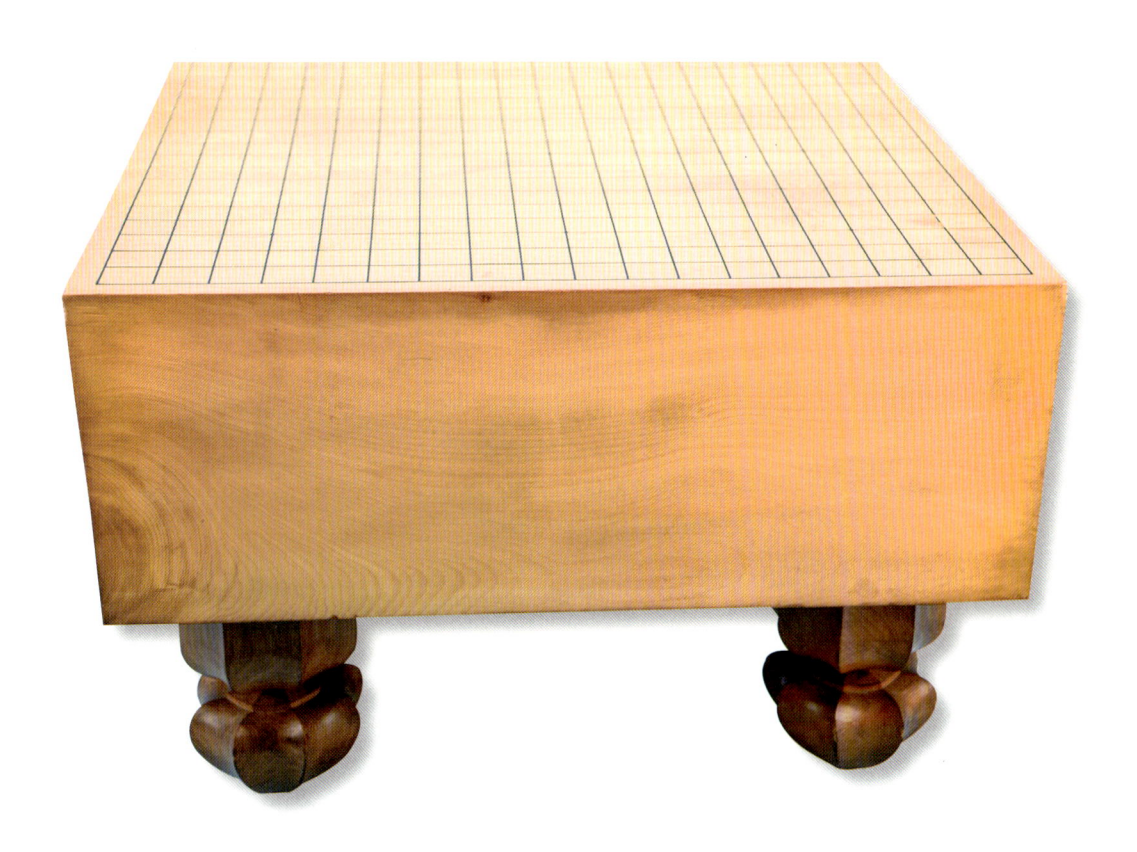

13. 木南道孝家纹盘

此盘盘覆内外面均有墨色"丸剑片喰（剑酢浆草）"纹家徽，盘底刻有木南道孝字样。从盘的制作规格形制，尤其是盘足工艺判断，此盘当是幕末时期产物，传至木南道孝后，在盘底刻上其名的。

江户时期用"片喰"作家纹的大名有森川、松平、酒井诸家，其中最为繁盛的就是酒井家，酒井祖先为清和源一族的新田氏，与德川家族为同一祖先，据《三和后风土记》载，酒井氏家纹最初为葵纹，因家康曾祖松平长亲非常欣赏酒井氏之武勇，也十分喜爱酒井氏的葵纹，袭而用之，后酒井氏为避免混淆，尊松平以剑片喰"状似葵，汝以此片喰为己用"授意，遂以剑片喰为酒井家纹，酒井氏分为左卫门尉和雅乐头两大支脉，两脉皆用片喰纹，而雅乐头派又在其上添加剑形，成为剑片喰纹。片喰纹基本上都为三叶。

盘厚12cm，纵44.7cm，横40.1cm

木南道孝，1920年出生于大阪府。从东京高等师范学校（现在的筑波大学）毕业后，曾任大分的中学教师，大阪的大手前高等女校教师等职，后在大阪市教育委员会任职。

1949年至1952年获日本110m障碍赛项目冠军，4年连续优胜，1951年以14秒5打破日本记录并保持记录11年未被打破。

1952年代表日本参加赫尔辛基奥运会。

1971年始，陆续担任大阪田径协会理事长、大阪田径协会会长。日本陆联名誉副会长、大阪市体育协会会长等职。

2000年获得大阪文化奖。

2008年，因为败血症性休克，87岁去世。

2014年5月，为表彰木南的功绩，第1届"木南道孝纪念田径运动会"在大阪长居召开，至2018年为止共举办5届。并将于2019年5月6日（月）举行第6届"木南道孝纪念田径运动会"。

此盘传承有序，且为名人所自用，颇具文化历史价值，值得珍藏。

14. 赠原内阁官方副长官道正邦彦先生盘

本品盘底有"赠原内阁官方副长官道正邦彦先生 第六回glück auf会纪念 1988年2月21于博多都……"四行墨书。虽为本榧二寸桌上盘，但却记录了原内阁官方副长官道正邦彦参加围棋活动的轶事。字迹墨色略有脱落，但不影响辨认，此段文字，无疑增加了此盘的文化价值和纪念意义。

道正邦彦（1919年10月9日—2016年10月26日）是日本著名的政治家。1976年任福田赳夫内阁官房副长官，曾参与1977年9月28日达卡日航劫机事件和著名的成田机场拆迁斗争的谈判。1994年获叙勋一等，授瑞宝章。2016年10月26日，以九十六岁高龄因心力衰竭辞世。

15. 日本兄弟公司销售株式会社成立纪念盘

日本兄弟工业株式会社是一家多元化日本公司。公司生产各种各样的产品，包括：打印机，缝纫机，大型机床，标签打印机和打字机，传真机，电脑和其他相关电子产品。

日本ミシン製造株式会社
ブラザーミシン販売株式会社

　　日本兄弟公司的起源可以追溯到安井兼吉1908年在名古屋市经营缝纫机维修作坊设立的安井缝纫机商会。后其子安井正义继承了家业，更名为安井缝纫机兄弟商会。安井正义与其弟安井实一共同亲手研制开发了制造缝纫机的机器设备，实现了缝纫机的日本国产化的理想。并于1934年改组安井缝纫机兄弟商会，创立日本缝纫机制造株式会社，这就是著名的日本兄弟品牌公司前身。

　　1941年，公司规模不断扩大，为适应公司发展需要，将生产与销售分设公司经营，设立了兄弟缝纫机销售株式会社。本品即是为庆祝兄弟缝纫机销售株式会社成立，业界同仁之贺赠礼品，至为贵重。本盘见证了日本兄弟公司成长、发展的一段重要历史，其历史文化价值不可估量。

　　本品为日向榧杢木四方柾目六寸一分天柾盘，金黄色泽，榧香醇厚，历久弥新，包浆灿然。盘底书"赠 日本缝纫机制造株式会社 兄弟缝纫机贩卖株式会社"。盘纵45.3cm，横41.5cm，厚18.5cm，总高30cm，重18kg。

16. 得寿庵盘

　　江户时期有将榧棋盘称为栢棋盘的习惯，如前文曾引用过的《大江俊矩记》曾记一条以"代金壹两三步"买得棋盘棋子事，详细记录了棋盘寸法："文化四年二月廿八日庚子　棋盘柏厚五寸三步（约16cm），广一尺三寸七分（约41.15cm），长一尺四寸八分（约44.8cm），高九寸（27.27cm）。"即是一例。

得寿庵名不见经传，也未知有何历史文化传承，但所传出的本套棋具却极具历史文化特色。盘覆书有"榧棋盘　得寿庵"字，棋笥箱书"棋石壹组　得寿庵"，字体为标准隶书，端庄秀丽，箱外罩精美唐草花纹布套，可见日本江户时期织物特色。

五寸一分榧盘包浆醇厚，老气十足，榧香怡人，盘纵45.5cm，横42cm，厚15.5cm，总高28.5cm。

紫檀棋笥内奁老37-39号手工制玉化蛤棋石，白170枚，那智黑石174枚，珠光玉润，晶莹剔透。棋笥箱内有精美绫罗绣垫。

细玩本件藏品，亦可见日本庵寺僧尼的围棋文化之一斑。

三、历代制盘宗匠珍品盘

1. 正德二年名人棋盘师九兵卫作文化二年名人棋盘师町田平七郎修复盘

九兵卫是日本幕府前中期最负盛名的棋盘师,谈到日本制盘上著名的制盘大师,素有"名人九兵卫,上手堪兵卫"之说,一直到幕末时期仍享有盛名的福井堪兵卫较之九兵卫亦差一等级。因其久远,传世至今的九兵卫作品如凤毛麟角,世所罕见。

元禄の碁盤

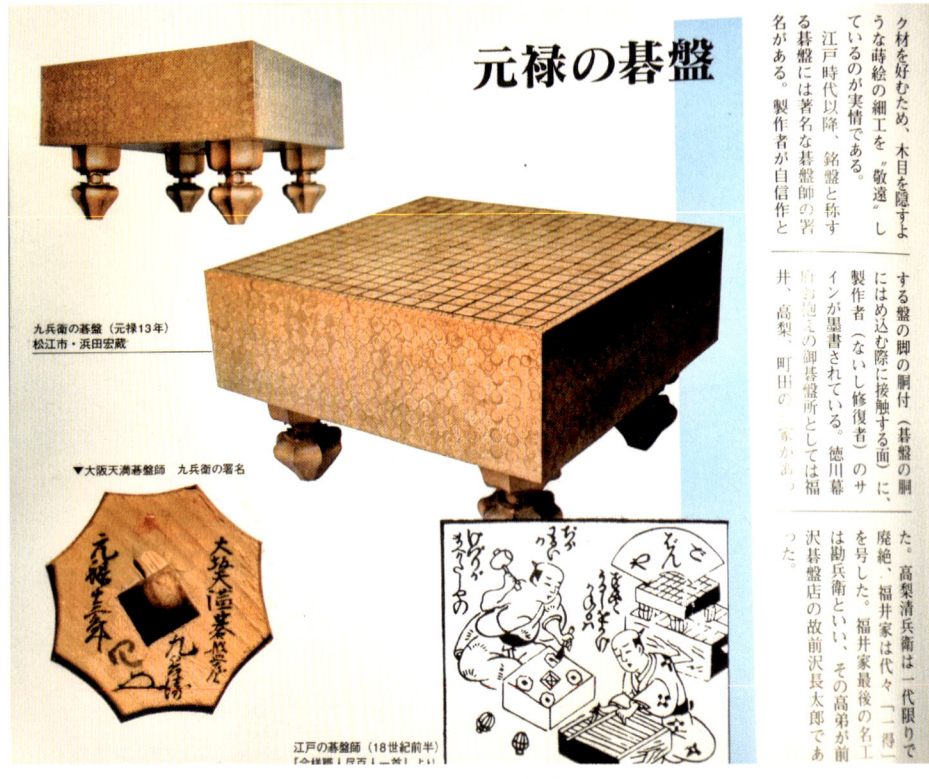

九兵衛の碁盤（元禄13年）
松江市・浜田宏蔵

▼大阪天満碁盤師　九兵衛の署名

江戸の碁盤師（18世紀前半）

ク材を好むため、木目を隠すような蒔絵の細工を"敬遠"しているのが実情である。
江戸時代以降、銘盤と称する碁盤には著名な碁盤師の署名がある。製作者が自信作とする盤の脚の胴付（碁盤の胴）にはめ込む際に接触する面）に、製作者（ないし修復者）のサインが墨書されている。徳川幕府お抱えの御碁盤所としては福井、高梨、町田の三家があった。高梨清兵衛は一代限りで廃絶、福井家は代々「一得」を号した。福井家最後の名工は勘兵衛といい、その高弟が前沢碁盤店の故前沢長太郎であった。

九兵卫元禄十三年作品

葡萄杢の盤 ●丸八碁盤店蔵

理由は、案外美的感覚による

九八棋盘店藏九兵卫"葡萄杢盘"

　　此盘盘底与盘足接榫处有"正德二壬辰年 八月吉日""棋盘屋 大阪 天满 九兵卫（名人画押）"字，盘一足书"文化二丙辰八月町田平七郎修复仕者也"。

盘底与盘足接榫处书有"棋盘屋 大阪 天满 九兵卫（名人画押）"字

盘底与盘足接榫处书有"正德二壬辰年 八月吉日"

正德二年为1712年，距今已300多年，文化二年为1805年，距今已200多年。

盘一足书"文化二丙辰八月町田平七郎修复住者也"。

此盘盘覆内面有原收藏者画图并记文图示，文如上述，后记："正德二辰年至嘉永元年迨及百三十七年"，可见此盘乃1712年由名人棋盘师九兵卫作品，97年后经著名棋盘师町田平七郎修复，又四十年后被原主人收藏。此盘既为名人棋盘师所作，其最原始主人身份可想而知，后有幸被嘉永主人珍藏，爱护有加。

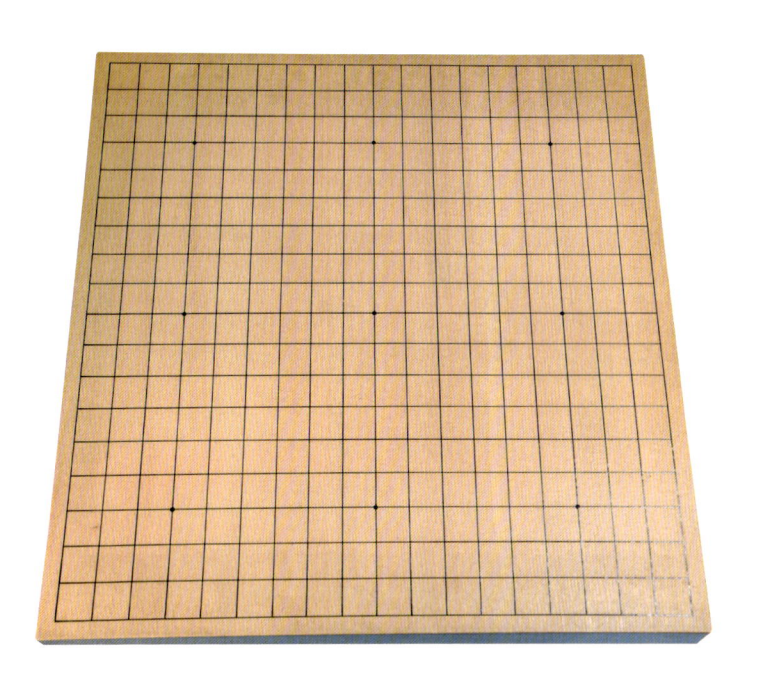

本盘品相上佳，为四方柾盘，榧香浓郁，包浆灿然，几无瑕疵，两端木口有弥合纹，更增古朴。本盘寸法纵43.7cm，横40.7cm，厚15cm，符合古制。与《视听草六集九》"棋道珍话 棋盘寸法：总高最高七寸八步（分），盘厚三寸九步，长一尺四寸五步，横一尺三寸五步，缘三步（分）"记载基本相同略厚。

而其纵横寸法与《小坪规矩》所载寸法"长一尺四寸六分，横去长九分，也就是一尺三寸七分。"基本相符，略小0.2cm，当是町田平七郎修复削减所致。

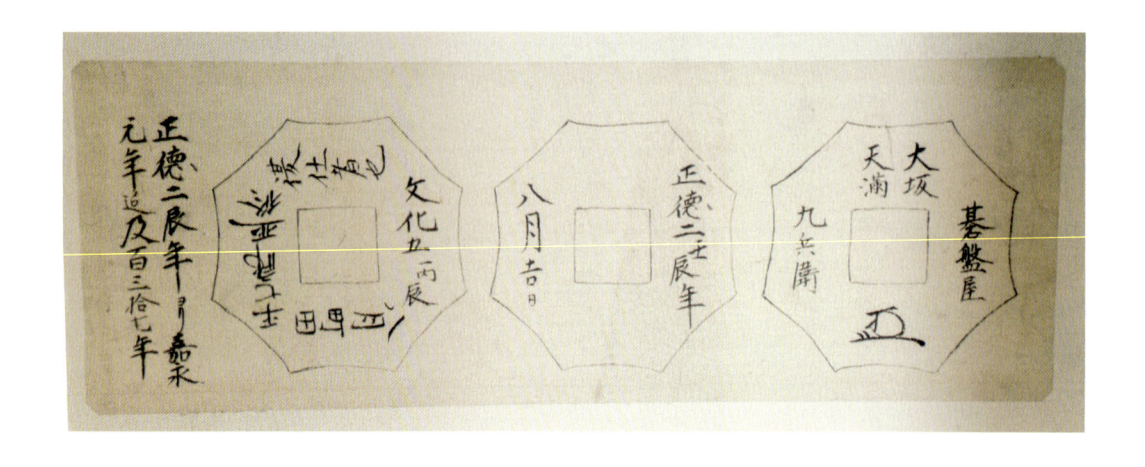

关于九兵卫，《古事类苑》《江户鹿子》："六诸职名匠诸商人　棋盘师"条记有庄九郎、清左卫门、九兵卫名字。

《人伦训蒙图汇》围棋条也记载有棋盘营造所有大阪天满、江户南传马町等。

关于町田平七郎，后文有详细介绍。

2. 天明八年町田平七郎修复、文化十年高梨清兵卫再修复盘

本件藏品为幕末著名棋盘师町田平七郎于天明八年修复之江户中期古盘，后文化十年著名棋盘师高梨清兵卫又再修复。一盘足底部有"天明八年戊申八月中旬御棋盘师江户元祖町田平七郎修复仕 日本桥通三丁"，另一盘足底部有"文化十（年）（癸）酉润十一月本所相生町二丁目高梨清兵卫修复之"题铭。

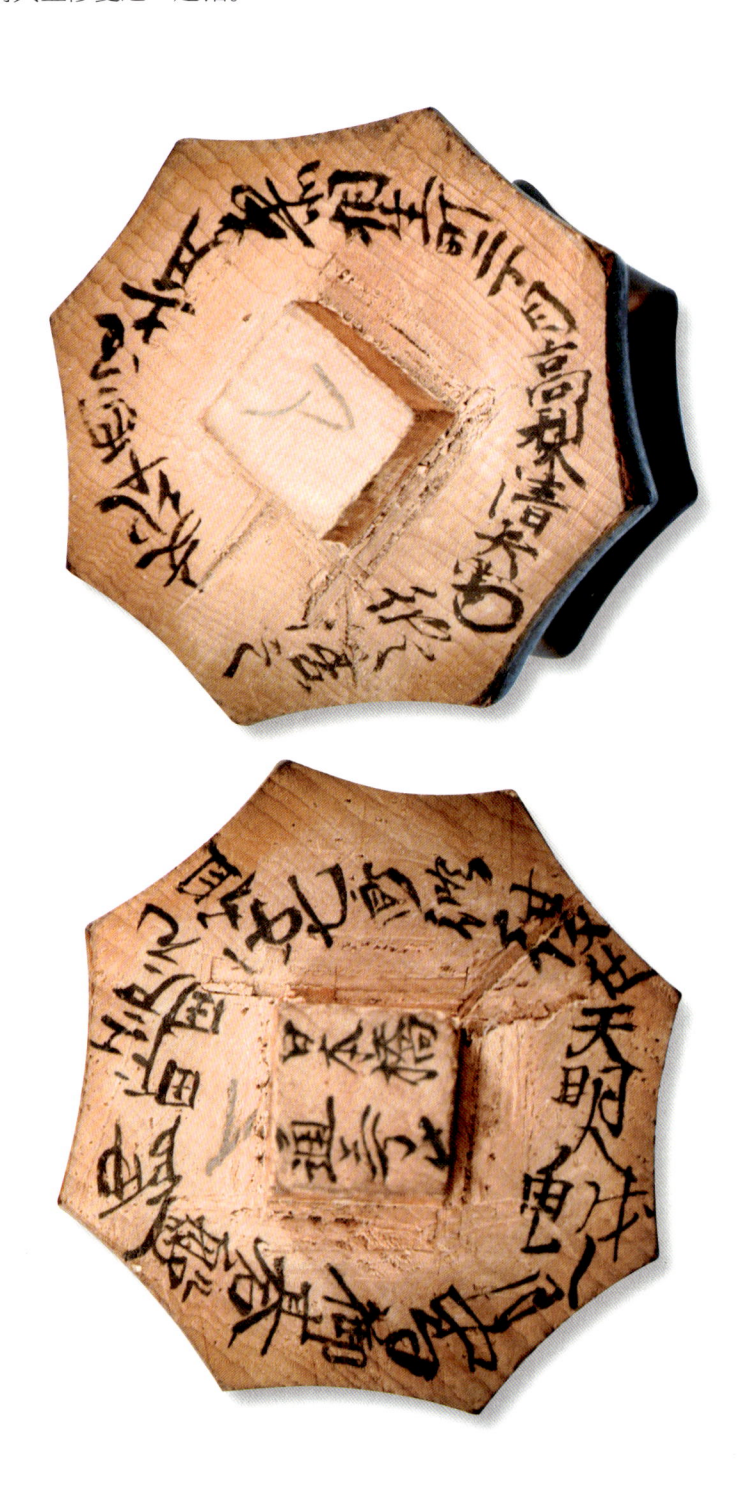

天明八年即清乾隆五十三年（1788年），可见此盘制作年代最晚也在18世纪初期，距今已有300多年历史了。

德川幕府时代，当政鼓励围棋、将棋文化发展，制盘师职业也应运而生，江户后期，有御棋盘所町田、高梨、福井三家代表当时制盘工艺的最高水平。

町田氏为萨摩岛津氏庶家，町田平七郎是江户中期的著名棋盘师，从其盘足所称"江户元祖御棋盘师"之名号可知，町田平七郎是首位由当时官赐棋所指定的江户御棋盘师。德川幕府棋盘所曾制作有精品 "雪" "月" "花" 三盘传世，未留制盘者名号，但其中现藏于日本棋院的著名的"雪之盘"曾由町田平七郎于文化三年七月修复。

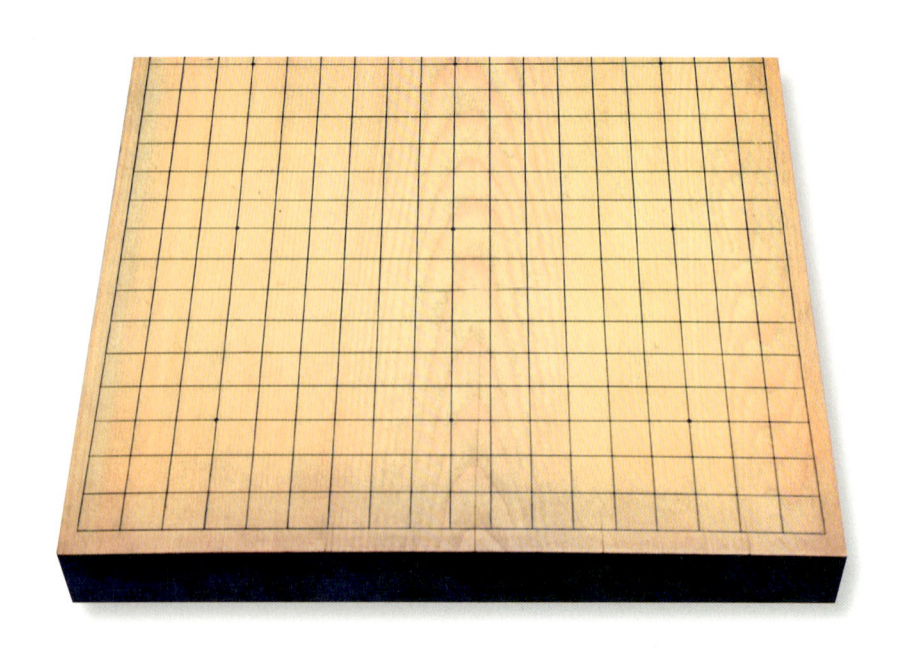

盘纵45cm，横41.6cm，高11.8cm，总高23.6cm

高梨清兵卫为幕府末期的江户御棋盘师。本所相生町二丁目即本因坊家官赐棋所地址。此盘修复于本所相生町，可见当时御棋盘所便设在坊门。

此盘历经300多年沧桑，为德川幕府棋盘所制作，又经町田平七郎和高梨清兵卫两位御棋盘师先后修复，传承至今，见证了德川幕府时代棋盘制作工艺的一段历史，其文化价值不可估量。

3. 宽政四年町田平七郎修复、文政十年高梨清兵卫再修复盘

本品如前盘，也是德川棋盘制作所作品，盘足有町田平七郎署字："宽政四壬子五月江户元组御棋盘师町田平七郎修复仕 日本桥四町目角"。

另一盘足有高梨清兵卫署字："文政十亥二月御棋所御盘师高梨清兵卫修复 本所相生町"。其制作年代与前盘大致相当或稍晚，也在江户中期。此盘寸法制式较道悦寸法略小，当是修复时削减所致，盘纵43.7cm，横40cm，厚11.5cm，总高23.2cm。

本盘盘覆比较别致，原箱外表附有一层精致金彩图绘，后被人覆以一层不知是何材质的薄膜，薄膜部分脱落，露出一角方显示出庐山真面。但仅从露出一角之金彩涂绘，亦可彰显出其高雅华贵气质。

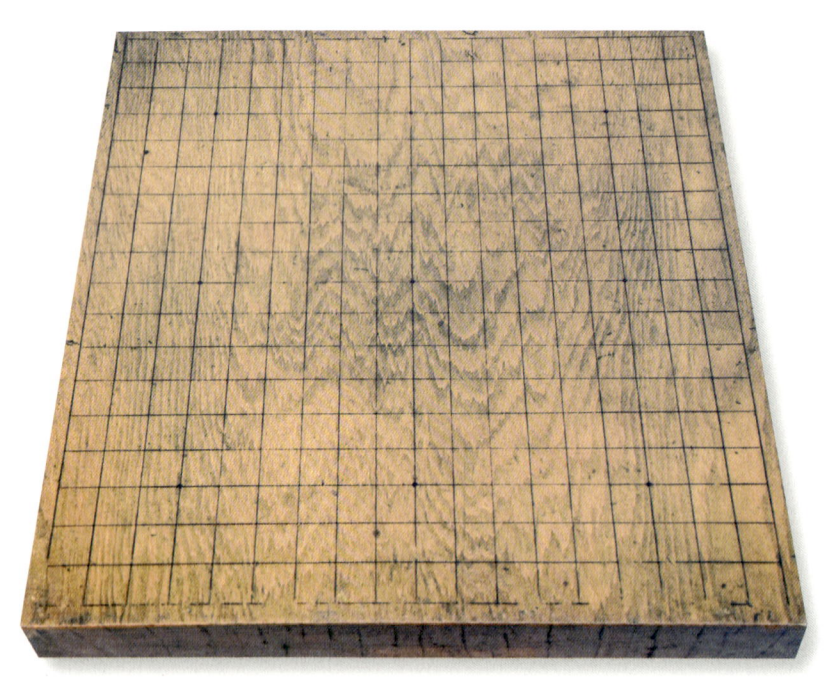

盘覆内题有前主人诗：《夜雨围棋》
夜窗谁对一枰棋，叉手倾心下子迟，成败难分黑敌白，短檠油尽未明时。

陆游《夜坐闻湖中渔歌》一诗有"短檠油尽固自佳，坐守一窗如漆黑"句。盘覆题诗意境全在"夜窗谁对一枰棋""短檠油尽未明时"二句，当是从陆游诗句化来。此诗中规中矩，意境深远，可见本盘原主人不仅是弈林高手，也是饱学鸿儒，风流雅士。惜其书法不佳，未能更增其值。

4. 明治十年白井繁吉修复盘

此盘的与众不同之处在于棋盘罫线刻画手法非传统工艺，而是朱漆刻线，此种刻线虽非仅见，却也存世绝稀，俗话说，物以稀为贵，何况此盘足内书有珍贵历史信息："明治十丁丑年八月御棋盘师白井繁吉修复"，此盘制作时间当在18世纪末期，最迟也在19世纪初期，可见此盘当是江户时期遗物，故藏之。

明治十丁丑年八月御棋盘师白井繁吉修复

关于御棋盘师白井繁吉，日本史料目录第81集《信浓国高井郡东江部村山田庄左卫门家文书目录》中有一条记录：

诸回票 从明治十二年二月至明治十四年二月八日 山田

……

记（榧棋盘1面他价2日元25钱收取）马喰4丁目白井繁吉（印）、马喰四棋盘细工所。

此条记载了明治前期左卫门家曾从马喰四棋盘细工所购得棋盘师白井繁吉榧棋盘一具，信浓国高井郡东江部村山田庄左卫门是信浓国大名家，贵族阶层，当时当主为第十一代山田庄左卫门显善［文政四年（1821）至明治十八年（1885）］。能有资格为其制棋具者，自非凡俗，可知白井繁吉应该是幕末明治初的名棋盘师之一，经营一家马喰四棋盘细工所。

1900年版岩崎健造编《围棋段级人名录增补》边栏印有方圆社书刊发售点，其中就有"同日本桥区马喰町四丁目棋盘师 白井房吉"一条，白井房吉与白井繁吉是否同为一人，抑或白井房吉是白井繁吉之子，未能考辨，但至少在明治后期，白井繁吉的棋盘制作工艺仍有传承，确有实证。

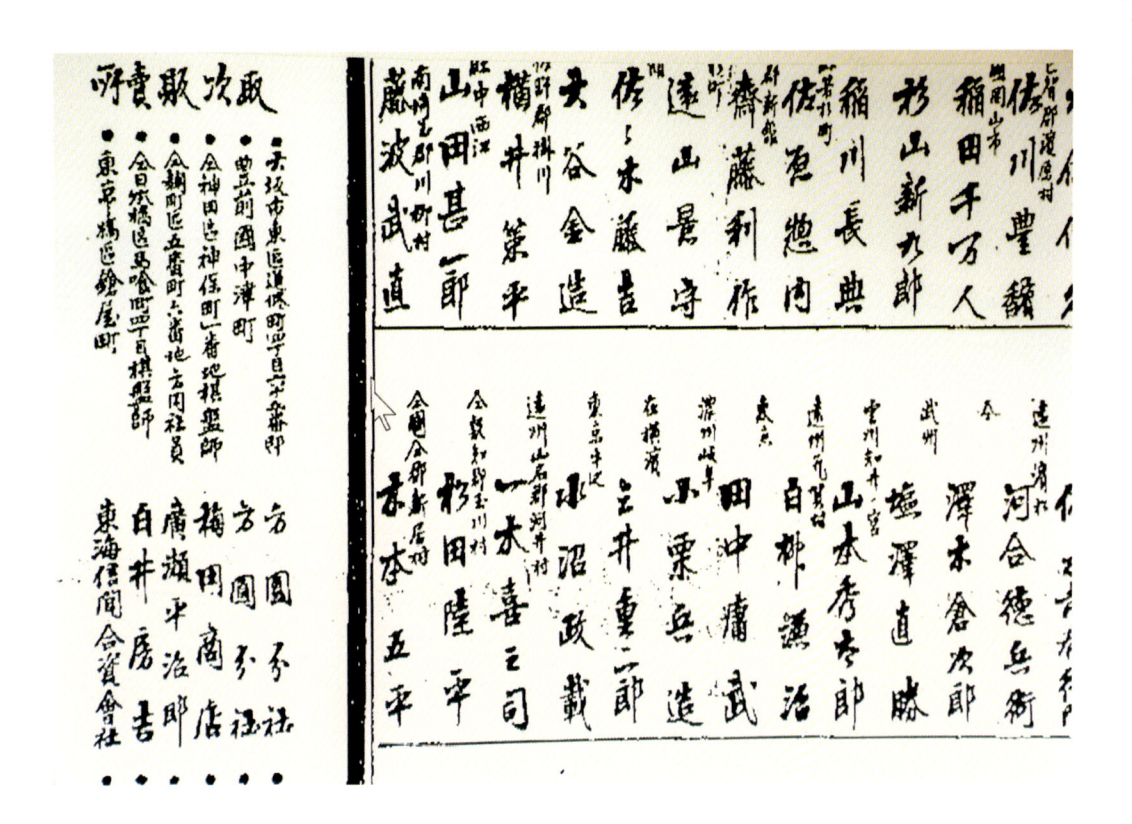

此盘天面古朴，虽经200多年岁月洗礼，略有磨痕，却无大伤碰，仍有榧香怡人。

5. 明治二十七年青柳吉太郎修复江户时期魔除盘

此盘足底有"明治二十七年六月上旬芝源助町御棋盘师青柳吉太郎修复"字样，可见此盘当在江户时期制作。关于修复者青柳吉太郎，日本将棋世界2016年1月号第172页 在介绍前泽长太郎之生涯时有一段话曾做介绍：前泽长太郎的客户主要是围棋棋手、棋盘师、杂货商，其中包括棋盘师青柳吉太郎（本名初太郎）、最后的幕府御用棋盘师·八代目福井勘兵卫（其父号"一得"）……"可知青柳吉太郎是幕末、明治前期著名棋盘师，与同时代的最后的幕府御用棋盘师，八代目福井勘兵卫齐名。

日本将棋世界2016年1月号第172页

本盘为江户时期四寸七分本榧四方木口魔除盘,天面桩纹对角斜排,文本细密,齐整有序,十分震撼。金黄色泽,包浆莹润,流传至今,不可多得。

盘纵44.8cm,横41.8cm,厚14.5cm,全高约26.0cm,基本符合江户中后期棋盘形制。盘足明显具有江户工艺特征。

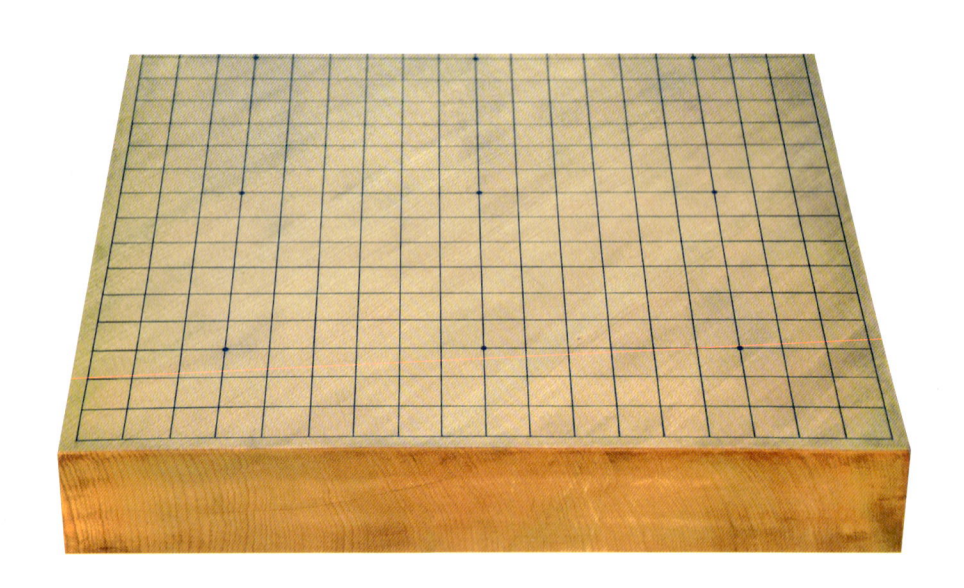

6. 大正十二年名人棋盘师平井芳松作盘

平井芳松，日本明治、大正、昭和前期的著名棋盘师，明治、大正时期有"东福井，西平井"之说，平井就是一直活跃到昭和前期的著名制盘巨匠平井芳松。被誉为名人棋盘师，其每出一盘，便有人不惜重金，争相求购，2016年，平井芳松所制一具七寸榧木盘曾拍出100万人民币的高价。

笔者所藏此具日向产本榧天柾盘，足部有棋盘师平井芳松亲笔书"大正十二年七月平井芳松作"字样。

此盘距今已近百年，包浆厚重，色泽怡人，榧香甘醇，天面尤净。

盘纵45.5cm，横42.2cm，
总高27.5cm，厚14.5cm，
重16kg

7. 昭和十一年平井芳松作盘

此盘天面纯净，光洁如新，整体呈金黄色，略有泛红，一掀布覆，便有榧香扑鼻，甘甜醇厚。足部有棋盘师亲笔书："昭和十一年七月 棋盘师 平井芳松作"字样。

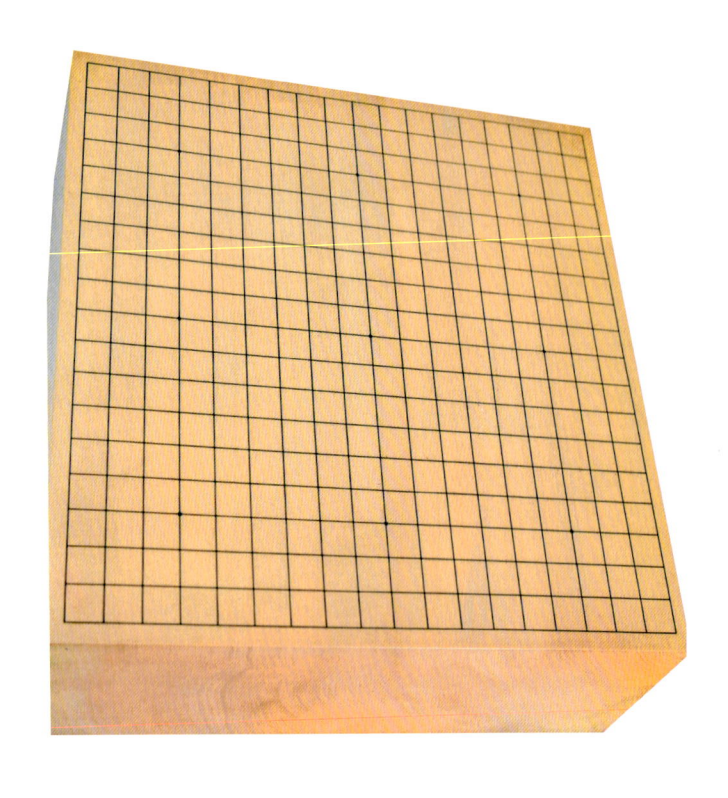

盘厚四寸五分，纵一尺五寸一分，
横一尺三寸九分，总高八寸六分

  并有生地（原木打磨不涂漆）小笠原桑棋笥一副，内盛那智黑石179枚，日向产小仓滨蛤棋石雪印三分179枚。

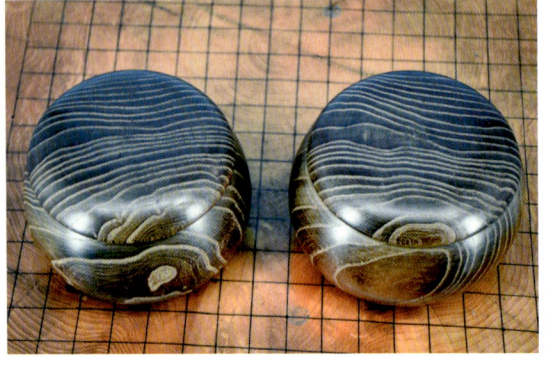

8. 大正十四年吉田虎义（一代吉田寅义）作盘

现代日本最负盛名，被日本棋院指定为棋具代言人的"吉田棋盘店"是由初代吉田寅义于大正五年（1916年）在埼玉县行田市开始创业的，初代吉田寅义继承发展并完善了日本"太刀目盛"的传统技法，至今已有四代传人。是日本著名的以"太刀目盛"技法制盘的工作室。

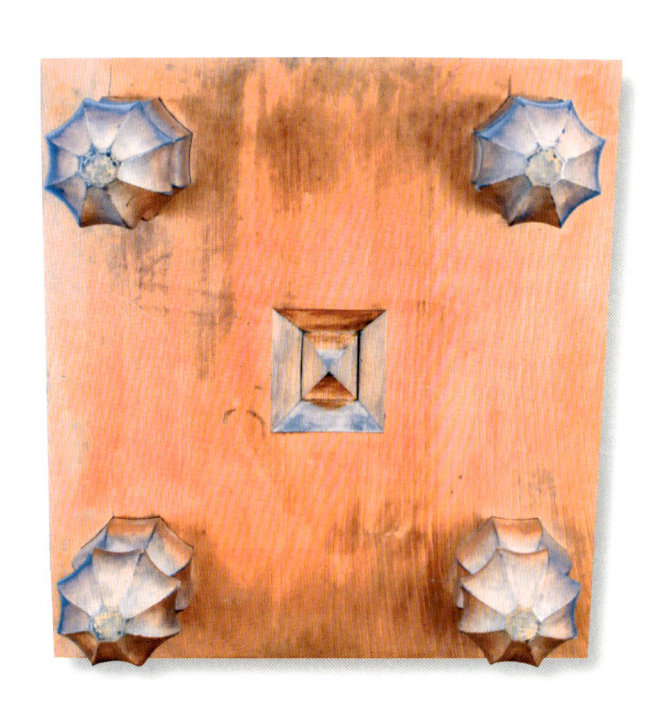

众所周知，"太刀目盛"是吉田流的家传绝技，秘不外宣，除此之外，盘足轮廓清晰，圆润饱满也是吉田流的制盘工艺特征。

吉田家至今都保持着盘足手工制作，这都归功于初代吉田寅义的严谨课徒。大正时期，制盘分工明确，弟子制盘，刳足，目盛各司其职，从二代起，逐渐改为全部工序都由一人完成。

初代吉田寅义工艺精湛，极负盛名，所制之盘署"吉田虎义"名。

本品为日向佐土原产榧，赤口，榧香浓郁，百年沧桑，包浆醇厚，无伤无裂，灿然如新。盘三足内壁分别写有"东京棋盘师吉田虎义谨作""日向国佐土原产本须榧柾六寸盘前面""大正十四年二月四日终作姊妹盘其二"等丰富资料，大匠之心，至为严谨。

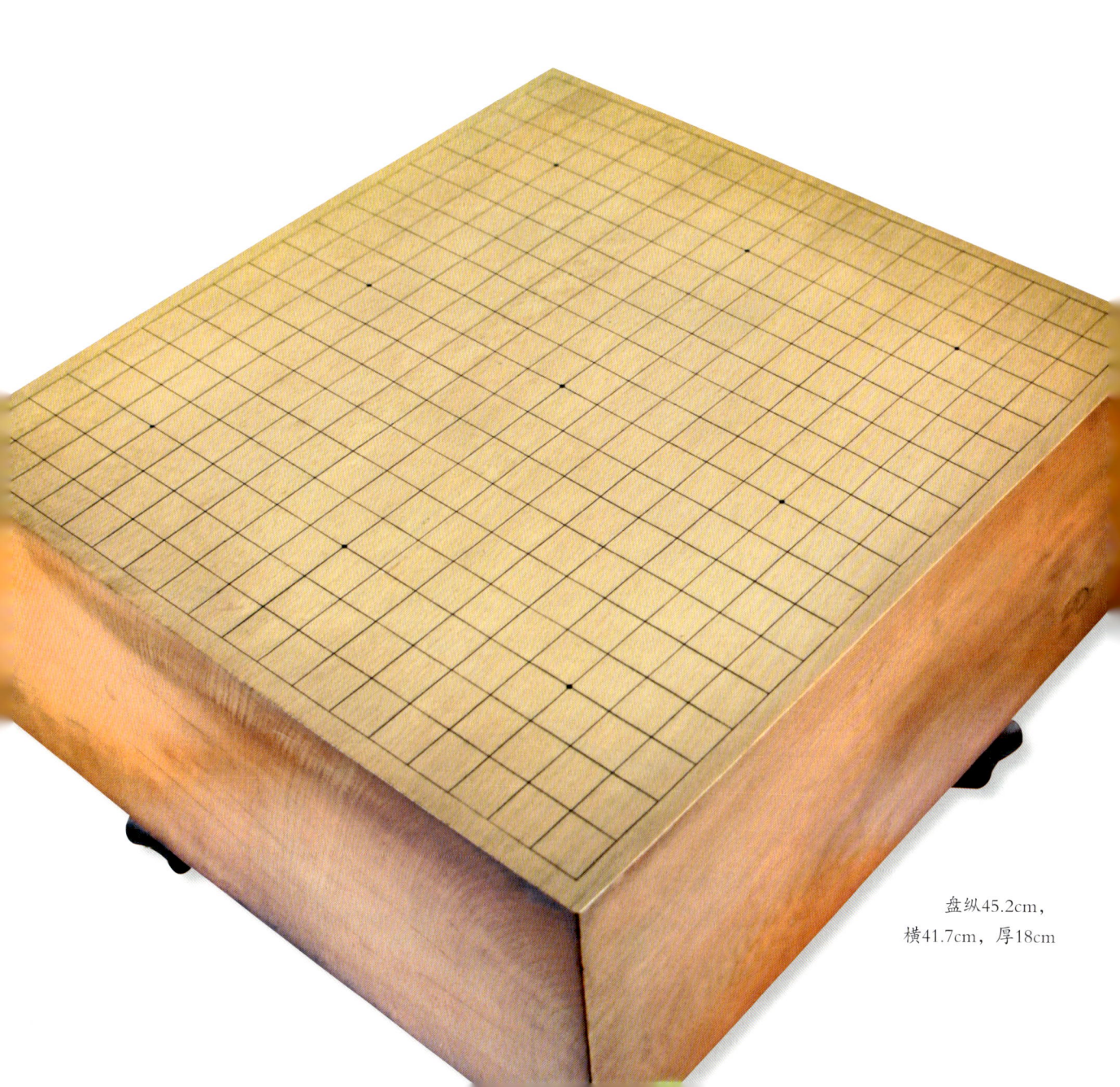

盘纵45.2cm，横41.7cm，厚18cm

9. 一如（二代吉田寅义）作九点四寸红桧盘

    吉田寅义是日本昭和期著名的制盘大师，一代宗匠，曾多次获得日本政府及国际各展览会颁发的卓越技能章和现代名工等奖章。二代目吉田寅义生于昭和二年（1927年），23岁师从初代吉田寅义，27岁得一代吉田虎义太刀盛秘传并袭名二代目吉田寅义，从1966年开始自号"一如"，其后所制棋枰盘底均有"一如"签名，钤"一如"名章。

    "一如"之号，据说是由于某汉语学家在观看吉田寅义二代目制盘后，为其专注精神和精湛技艺所震撼，乃书"黑刃一闪，盘底存神"色纸以赞，并释其义："您工作时的精神境界已达到'物心一如'之境地，如有神助。"大师对"物心一如"之定位甚为嘉许。

    "一如"本为佛家语。不二曰一，不异曰如，不二不异，谓之"一如"，《摩诃般若波罗蜜经☐昙无竭品》："是诸法如，诸如来如，皆是一如，无二无别，菩萨以是如入诸法实相。""一如"便是真如之理，犹言"永恒真理"，万物本体。

唐人傅翕有《颂》（其八）曰：

万类同真性，千般体一如。若人解此法，何用苦寻渠。四生同一体，六趣会归余。无明即是佛，烦恼不须除。

万物同真，心无二性，方能做到"黑刃一闪，盘底存神"。

正如世界著名实业家、哲学家日本稻盛和夫在《心法之贰：燃烧的斗魂》一节中所说："在传统工艺的世界里，工匠们在工作之前先要洗净身体，有时要像刀匠一样，用白衣束身。因为在他们的意识里，器物制造是一种神圣的行为，因此在制造器物时，需要先清洗自己的身体，净化自己的灵魂，而且通过这样的仪式，把自己的灵魂注入到要制造的器物中去。在这种行为的根底处，不是西方式的将物质和精神分开考虑的二元论思想，而是将物、心合一的'物心一如'这一日本固有的世界观。"

正是这种把自己的灵魂注入到要制造的器物中去的"物心一如"的工匠精神，造就了一代制盘大师的传奇，"一如"大师所制棋枰，无一不是精美的艺术品。

侧面局部，鹑杢、笹形杢纹，状若麟羽

    本藏品为"一如"大师上世纪昭和时期作品，红桧天柾盘，盘厚达九点四寸（28.5cm），纵42.8cm，横45.9cm，总高40.3cm，如此大料，世所罕见，本品木本细密如丝，非树龄近千年之材不能制出。整体包浆灿然，微微散发出桧木特有的淡淡幽香。天面莹润光滑，木口有紫色油脂溢出，盘两侧有似屋久杉特有的鹑杢、笹形杢纹，状若麟羽，赏心悦目。堪称盘中极品。

    红桧是日本丝柏的近亲种，产于台湾，是台湾的稀有木种，其价值虽不能与木曾桧相提并论，却大大高于种植日桧。上世纪，日本曾大量采伐台桧，以满足国内需求，台桧被砍伐殆尽，现已近枯竭，为保护这一珍稀树种，"台湾当局"于1992年决定禁止砍伐。除了因干枯或强风而倒塌的稀有情况以外，禁止出料。台桧可制盘之材，早已一木难求。

盘底有"一如作"三字墨书并钤"一如"阳文朱印,"如"字深蕴幻庵"百战百胜不如一忍"之"如"字笔意,神采飞扬,飘逸潇洒,可见大师的深厚汉学功底及书法造诣之一斑。

10. 吉松三治作屋久杉近七寸盘

本品盘覆有棋盘师 吉松三治 吉松棋盘及地址等印记，盘四足内顶部有各有吉、松、三、治四字标识。

吉松三治先生是日本佐贺县唯一一位棋盘制作大师。佐贺县地处九州，经常有埋木（神代木）被发现，轰动一时并引起新闻效应的是1997年3月，从佐贺县旧富士町的林道施工现场发现的长约20米的巨大埋木，经专家年代测定鉴定，确认此木为上古时卷入某种泥石流而埋于地下5200年的榧埋木，价值不可估量。

吉松三治所制棋盘以定制为主，每制一盘，精益求精，颇费时日，大师技术精良，太刀目盛工艺尤为精湛！其作品均作为艺术品为围棋爱好者珍藏，市面流传甚稀。

　　本品所用材质为罕见的屋久杉。屋久杉产于日本的世界自然遗产之地——屋久岛，岛上千年以上杉木称之为屋久杉。屋久岛土地贫瘠，怪石丛生。并时有台风来袭。以其恶劣的生长环境，致使屋久杉不得不扎根于石缝之间，深植广布，亦因此根深蒂固，得以历数千年而不朽，犹如我国的崖柏，其中最古老者树龄竟达七千年以上，正是日本最早的绳文弥生时代，屋久杉与日本的文明史同步，故屋久杉古木又称绳文杉，而由于火山爆发，地壳变动久沉水中或久埋地下者称神代杉。

　　本品木本细密，油脂丰盈，呈暗紫色弦文几欲溢出，具有屋久杉特有的药香味，嗅之幽然淡雅。盘两侧面均有屋久杉特有的笹形杢纹。

本品接近七寸（六寸九分）厚度已近极品。纵45.8cm，横42.3cm，厚20.9cm，总高31.5cm，重达21.6kg。屋久杉有如此整齐大料，已属难得，更为著名棋盘师斫琢以成盘存世，又为我所遇得藏，幸甚！

11. 泉繁藏88岁作银杏木盘

　　本品为六寸银杏盘，盘底足槽内有"高（日字不辨）市泉繁藏八十八岁作"字样，泉繁藏不知何时代人，生平未见著录，或是不知名棋盘师，抑或是围棋兼制木爱好者，但以八十八岁高龄，竟能完成如此精湛的制盘工艺，怕也是古今一人了！足见其对围棋或者对制木之痴迷。凭此一点，此盘就值得收藏。

　　盘纵47cm，横43cm，厚18.2cm，总高30cm。总体无伤无裂，包浆厚重，实为银杏盘中上乘佳品。

12. 山木大元作台桧盘

本品盘底署名山木大元作，山木大元是上世纪日本著名的棋盘师，所制之盘中规中矩，极见功力。1981年8月1日发行的通卷第690号《棋道》载有"日本第一人者雕刻名人山木大元作超豪华十二寸台桧盘，售价108万日元。"最引人注目的是此盘所用材质，盘两侧面呈似屋久杉所特有的笻杢和笹杢纹，与福井堪兵卫昭和三年所作日桧盘弦面纹极为相似。

福井堪兵卫昭和三年所作日桧盘弦面纹

　　木口有丰富的紫红色油脂渗出，且有桧木特有的略甘甜且含药香的气味，如此厚重台桧大料，仅材料就已难得，何况制成七寸八分巨枰，又是名家巨匠所制，更增其收藏价值。

本品为天地柾日桧七寸八分盘，无伤无裂，整体肃穆庄严，又不失华美。

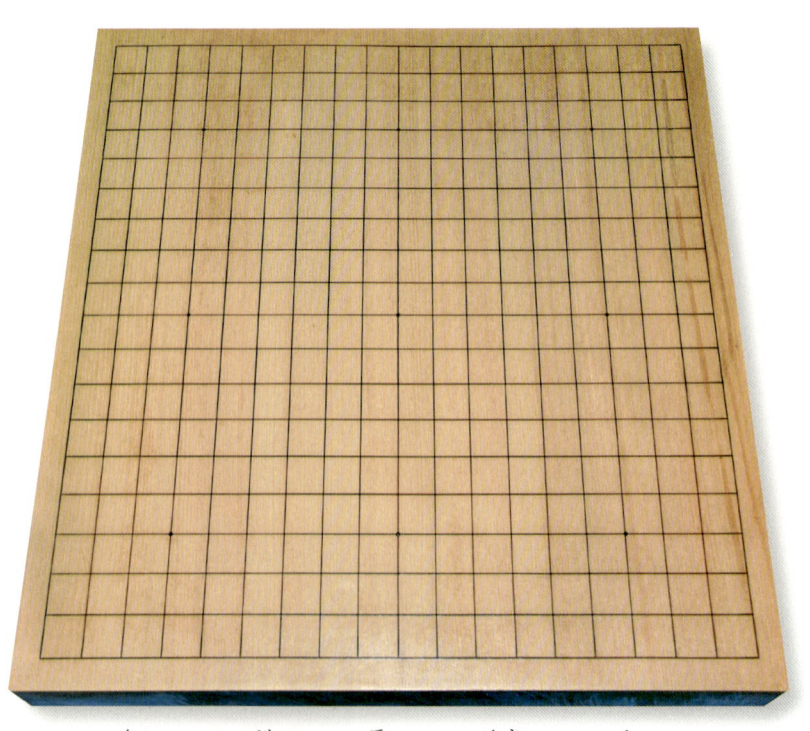

盘纵46.3cm，横42.3cm，厚23.7cm，总高35.7cm，重23kg

13. 日本棋院地方棋士 加藤荣四段制盘

本品为日向本榧盘，盘底书"日本棋院地方棋士四段加藤荣谨制"。加藤荣名不见经传，查上世纪中日围棋开始交往后的日本职业棋士资料，未发现有加藤荣其名，从盘的包浆及老旧程度判断，加藤荣可能是上世纪四五十年代或更早棋手。所书"加藤荣谨制"的解读应该有两种可能性，一为此盘为加藤荣亲手制作，另为此盘为加藤荣定制。虽然从字面理解，应该是加藤荣亲手制作的意思，但作为职业棋手又兼职制盘师，似乎行业跨度有些大，所以，"加藤荣谨制"所表达的意思为第二种的可能性更大一些。但无论是哪种情况，此盘做工精良，也是一件值得收藏的老榧棋盘，而且从盘覆外罩一层缂丝布罩这一细节来看，足以证明加藤荣先生对此盘的钟爱。众所周知，缂丝制品是所有织物中最为贵重的，工艺复杂，用料考究，关于缂丝，后文将做详细介绍，此不赘述。

盘纵45.3cm，横41.5cm，厚17.4cm，总高29.5cm

四、金莳绘工艺盘

1. 本梨地四方金莳绘盘

关于莳绘工艺,前文已有简单介绍,再略加补充。莳绘工艺是日本特有的一种漆艺技法,始创于奈良时期,至平安时代,日本匠人借鉴大唐鎏金、错金银、洒金等漆工艺,将中国洒金罩明研磨推光的"末金镂"创造性地发展成为"平尘莳绘"艺,再发展成为"研出莳绘"工艺。

到镰仓时代（1185-1333年），出现了将不同型号的金丸粉用于莳绘工艺的"平莳绘"与"高莳绘"技法。室町时代（1336-1573年），日本人逐渐将多种莳绘工艺综合运用于一件漆器之上，莳绘工艺日趋成熟，室町后期，受中国明代漆器极度夸张的奢靡装饰之风的影响，日本又将珊瑚、金、贝等贵重材料交织用于高莳绘技法中，所制多为王侯之家的日常器具，高等级的莳绘师甚至为将军和大名家所豢养，这种社会风气促进了莳绘工艺精益求精的进一步发展。安土桃山时代（1573-1603年）出现了撒金银粉不再罩明研磨的工艺——"莳放"，一反室町时代莳绘的复杂 精细风格，典型构图是以闪电形折线把装饰面对角切割为两部分，用不同的地莳和纹样装饰的"片身替法"，被称之为桃山时代的印象派风格。

江户时期是金莳绘工艺大发展的时期，出现了集"研出莳绘""平莳绘""高莳绘"于一身的"肉合莳绘"技法。至此，日本莳绘形成了具有自身独特风格的完整的、登峰造极的漆艺工艺体系。

所谓莳绘，就是一种将金、银等粉播撒在漆器上或加以研磨推光，或描绘成画，莳者，播也，绘者，画也，莳绘技法就是播撒金粉或色粉成像再拭 漆或罩明、研磨、推光的漆艺技术。

日本莳绘种类繁多，大体有"色粉莳绘"（莳色粉）、"消粉莳绘"（莳消粉）、"平极莳绘"（莳平极粉）和"本莳绘"（莳丸粉）四种。其中，"本莳绘"是莳绘体系中材料和工艺最为复杂的部分，下分"研出莳绘""平莳绘""高莳绘""肉合莳绘""木地莳绘"等多种；"高莳绘"又分"薄高莳绘""炭粉上高莳绘""锖上高莳绘""锡高莳绘"等多种。就"地莳"也就是莳粉后的地子区分，日本莳绘分为"沃悬地"（又称"金地"、"金溜地"）、"平目地"、"梨子地"、"消金地""付浓地"等多种。平目地、梨子地又各有浓淡，按其莳播花纹的形状，梨子地又有"玉梨子地""斑梨子地""霞梨子地"等多种。仅消金银粉一种，根据其中含金、银量的多少，日本莳绘师就将其分为"纯金消""大烧消""青金消""银消"等五种。名目繁多，不可尽述。

本品为本梨地四方金莳绘盘，工艺特征带有安土桃山时代大名御用莳绘师典型画风，既庄严肃穆，又不失典雅，更透出一种雍容华贵，富丽堂皇的王者气派。此盘与日本大德寺龙源院藏秀吉，家康对局之梨地四方金莳绘盘形制和金莳绘工艺都极相似，有异曲同工之妙。

秀吉与家康对局之梨地四方金莳绘盘

与之配套有本梨子地金莳绘棋笥，工艺及图案与棋枰完全相同，内奁江户时期手工制作玉化蛤棋石，本那智黑棋子。

手工制作玉化蛤棋石

2. 总梨子地四方肉合莳绘蝶戏牡丹盘

　　日本的莳绘工艺，除了研出莳绘、平莳绘、高莳绘与肉合莳绘这四种基础性技法之外，还有卵壳、螺钿、平文、金贝、切金、付描、描割、梨子地、沃悬地等装饰装饰性更强的工艺。其中螺钿、卵壳莳绘、平文、金贝和切金都属于百宝嵌的范畴，付描和描割是在镶嵌工艺基础之上的再加工创造，梨子地和沃悬地追求的则是个性鲜明的底色背景和整器物体效果。

本件藏品就是总梨子地四方肉合莳绘蝶戏牡丹盘。四端图案各不相同，栩栩如生。

江户时期，宽永十六年（1639年）就有三面蝴蝶莳绘盘出现在德川家光息女千代姬婚礼中，此盘现藏于德川美术馆。

蝴蝶牡丹图是日本古代金莳绘工艺中经常出现的题材，但只有在较大器物上才能充分表现出肉合莳绘工艺的极富立体感的艺术效果。

本盘榧香怡人，莳绘工艺精湛，是不可多得的江户末期材料工艺俱佳的藏品。

盘纵45.3cm，横42.3cm，厚19.3cm，总高31.2cm

3. 螺钿镶嵌凤凰衔草莳绘盘

螺钿，是指将螺壳与海贝的珍珠层磨薄，制成各色图案，镶贴在器物表面的装饰工艺。漆器嵌螺钿不消细说，中国人都很熟悉，这种工艺在中国是百宝嵌的大宗。清代学者钱泳（1759-1844）《履园丛话》曾描述"百宝嵌"工艺："其法以金、银、宝石、真珠、珊瑚、碧玉、翡翠、水晶、玛瑙、玳瑁、车渠、青金、绿松、螺钿、象牙、密蜡、沉香为之，雕成山水、人物、树木、楼台、花卉、翎毛，嵌于檀，梨、漆器之上。"此种工艺传到日本，日本匠人将其与莳绘工艺相结合，创造出许多精美的作品。

螺钿莳绘工艺就是将贝壳的珍珠层磨平切割成图样贴于器物表面

变涂皱漆纹样的特殊莳绘工艺

    本品就是螺钿镶嵌工艺与漆艺、莳绘工艺的完美结合。盘整体黑漆涂，四面螺钿镶嵌凤凰衔草图，盘底则是一种极具立体感变涂皱漆纹样的特殊莳绘工艺的装饰手法。

盘纵45.4cm，横41.7cm，
厚14.3cm，总高26.6cm

变涂工艺起源于中国的彰髹和犀皮漆，彰髹起源于三国东吴时期，犀皮漆，变涂，又称犀皮、西皮、虎皮漆、波罗漆，在孙吴墓和刘宋墓都曾有犀皮漆器出土，说明变涂工艺在三国时期已经十分流行，而变涂工艺的产生应该更早。唐宋时期是犀皮的兴盛期，此种工艺所制作出的图案会产生表面起皱和点纹高低起伏的变化。

变涂古称为"彰髹"，也称之为"斑漆"，彰髹和斑漆之名是由于这类技法多是模仿自然界的斑纹形象而起。变涂技艺是我国传统髹饰技艺中的一种重要技法。变涂起皱工艺的变幻莫测、流动迷离的艺术特征表达了人与自然的互相渗透，不可分割的关系。变涂工艺所产生的偶然性的艺术表现，最大化地使得髹饰技艺的艺术创造达到了极致。

值得一提的是，本盘布覆极有特色，土黄色绒布织有万字锦吉祥图文，沧桑古朴，见证了岁月的痕迹。

配套有同款同纹棋笥，内盛30号老玛瑙棋子。

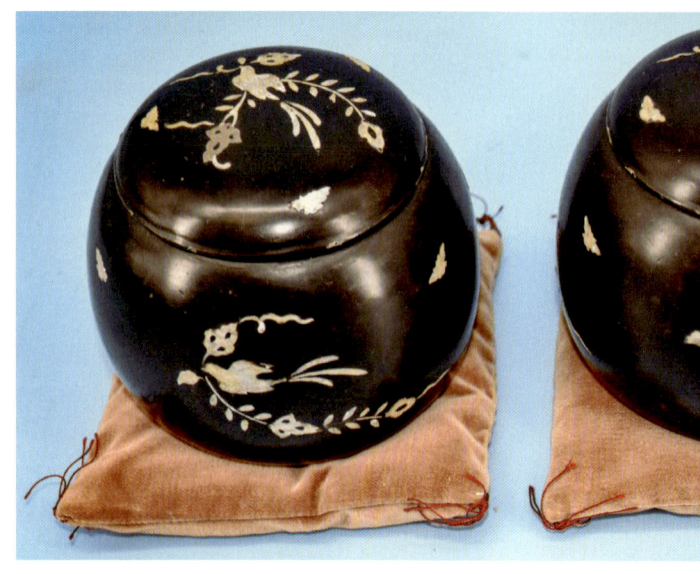

4. 日向榧金贝两面梅竹图莳绘盘

金贝莳绘就是将金、银、锡金属薄板按图样切割贴于表面的莳绘工艺。本品与一般金莳绘盘大不相同，仅以金贝莳绘工艺在两木口端面直接绘梅竹图，并无漆地，画面古朴有致，令人耳目一新，别有情趣。

盘纵44.5cm，横42cm，厚15.5cm，总高27.5cm

　　从金莳绘工艺特点分析，本藏品应该是江户时期或更早作品，盘足工艺也带有明显的江户时期特征。

　　日本佐贺县佐贺市松原2丁目5-22《公益财团法人锅岛报效会》藏有一具江户中期（18世纪）梨子地松竹梅鹤龟莳绘棋盘棋笥与此盘有异曲同工之妙。如图：

5. 江户唐草纹迷你金莳绘盘

此品是迷你棋盘，日本称之为雏棋盘，多用以陈列案几，以示风雅。也用来作幼儿启蒙围棋道具，前文日本第七位女天皇女一宫所用御手游棋盘即是一例。本品与御手游棋盘造型寸法殊无二致，只是莳绘图案不同。前者为四面皇室菊纹图案，此品为唐草金莳绘图案。

唐草是曼生植物。曼生植物枝茎蔓延生长，滋滋不断，象征生命力的顽强，被人们寄予生机勃勃的吉祥寓意。日本也称唐草纹为卷草纹，日本唐草纹的盛行始于奈良、平安时期，受大唐文化影响颇深，直至今日，唐草纹仍是日本最受欢迎的漆器图案造型。

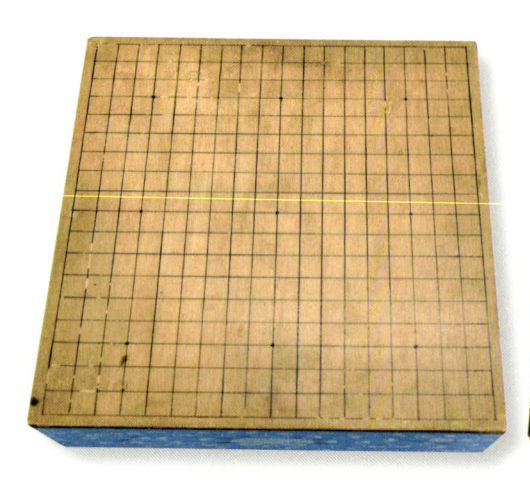

本品为两面唐草金莳绘图案雏棋盘，造型优美，工艺精湛，包浆莹润，略有脱漆，是江户时期作品。配同款德川型棋笥。

盘纵18.2cm，横15.3cm，厚9.8cm。

五、木雕工艺盘

1. 檀香木龟形盘之一

龙凤龟麟是中国古代象征祥瑞的四大图腾，其中龙、凤和麒麟都只存在于神话和人们的精神世界中，在自然界中并不存在，而只有龟，是实实在在存在于自然界和人们生活中的一种长寿动物。龟又与蛇合体被称之为玄武，与朱雀、青龙、白虎合称四灵，玄武为北方镇守之神。古代曾以龟壳为货币，所以它是财富的象征。汉代丞相、列侯、将军等所用金印印钮都是龟形，俸禄二千石以上官员，所用银印印钮也都是龟形。唐代规定，五品以上的官员，墓前石碑才可用龟砖。

龟是一种神秘的动物，龟壳背上的数字为13×28，与玛雅历法和中国商代历法都有密切关联。

玛雅历法也就是13月历，它被称为13×28时间。13代表一年被分为13个月，28是指一个月28天。一周七天，一个月是四周，一年共13个月，以上总共是364天。现行公历每年的7月25日，在玛雅历中被称之为无时间日，在这一天，玛雅人举行意义重大的祭祀和庆典。

古朝鲜和日本的文化传承都受汉文化的影响至为深远，龟所代表的文化符号自然也远播朝鲜、日本。本件藏品明显带有古朝鲜木雕风格，古朝鲜如中国古代一样，将龟视为祥瑞之神物，直至今日，韩国还有将围棋盘雕刻成龟形的习俗。日本著名棋手二十五世本因坊赵治勋功成名就之后衣锦还乡，回日本时就曾带回一具龟形盘赠给日本棋院，以回馈多年来日本棋院对其培养之厚情。

本品以独木檀香木雕琢而成，腹部明显可见剜取檀香木髓之凹槽。整体器形硕大，龟背纹和龟足鳞片栩栩如生，包浆醇厚沉稳，泛棕色琥珀光。微有淡淡甜香味溢出。掀开龟壳，可见19路罫枰，龟头尾部各有一棋筒状圆形孔洞，可做收纳棋子之用。设计十分巧妙。

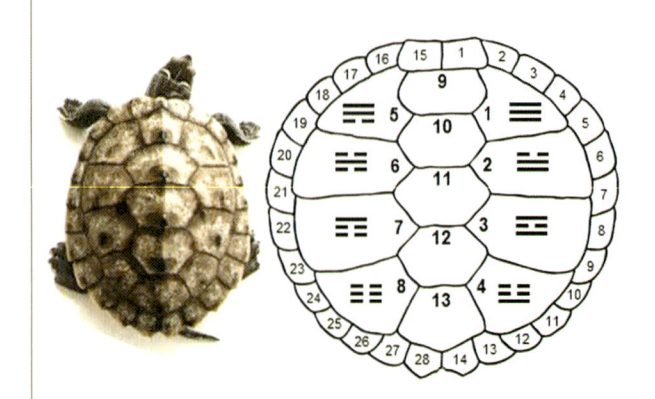

檀香木呈黄褐色，随时间推移则渐变为深褐色，质地坚硬、细腻，香气醇厚，久则不甚明显。

檀香木素有"绿色黄金"之称，自古以来，便因其具有避凶趋吉、护佑平安之象征意义而备受推崇。

早在2500多年前，我国就有关于檀香木的记载，《诗经》《小雅·鹤鸣》："爰有树檀，其下维萚。"《魏风-伐檀》："坎坎伐擒兮，寘之河之干兮。"《大雅·大明》："牧野洋洋，檀车煌煌。"都有对檀香木的歌颂吟咏。

檀香木树心部分，也就是木髓被取出制成香料，芳香宜人，香味醇和久闻不腻，清神醒脑。

可用于雕刻大型器物的檀香木，则取自去掉木髓之树大干及根部。

我国很早就对檀香木进行开发，用于佛像雕刻及其他工艺品的制作，檀香扇、檀香香合、檀香宝函、檀香屏风等。因佛教对檀香尤为推崇备至，乃至"檀林"经常被作为佛寺的代名词。檀香令人馨悦，可调动心智的灵性，佛家在檀香缭绕中调息可助通鼻、开窍、令身心进入宁静空灵之境，于心旷神怡中得定，证如来法性，妙用无穷。

　　檀香木极为稀少。檀香木雕刻的工艺品珍贵无比，极具升值潜力，一件檀香木雕刻精品，价格动辄数十万、百万，极受藏家追捧。

　　本品质地细腻，如肤如脂，盈盈光泽，如绸如缎。

纵92.5cm，横59cm，高19cm，总高27cm

2. 檀香木龟形盘之二

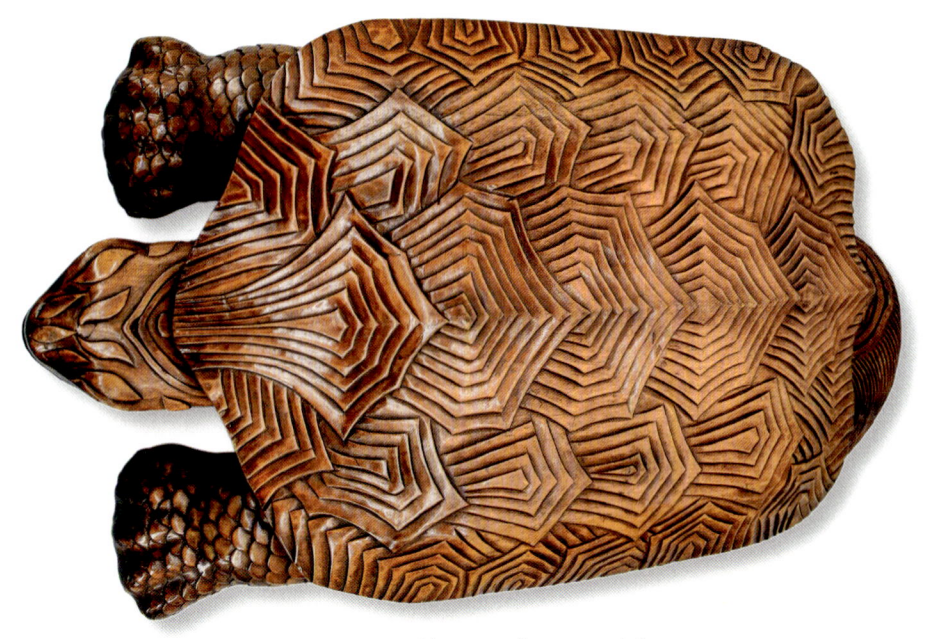

纵92.5cm，横59cm，高19cm，总高23cm

此为前盘姊妹盘，材质同为檀香木，造型与前盘并无二致，仅在细节处略有小异，工艺造型亦同前盘，只是前盘龟背纹更加柔和，而此盘龟背纹线条硬朗，当不是出于同一雕师之手，但艺术风格并无差异，当是同时代作品。

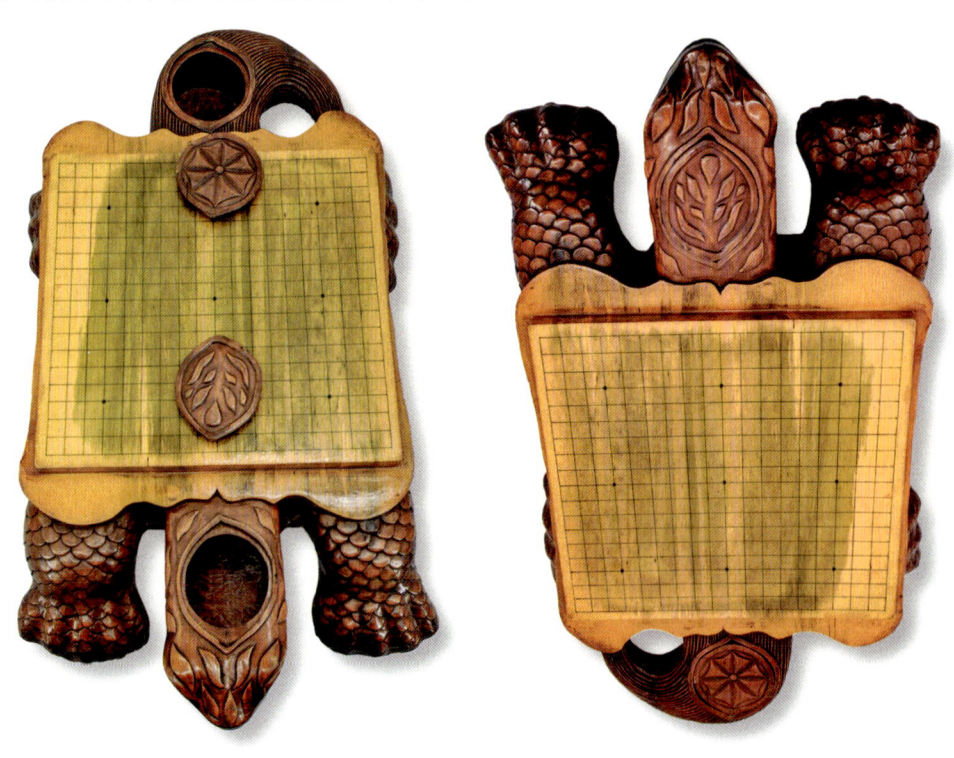

3. 银杏木龟形盘

此为韩国工艺银杏木龟形棋盘，较之前两盘，此盘雕工更加写实逼真，是近现代工艺特征。

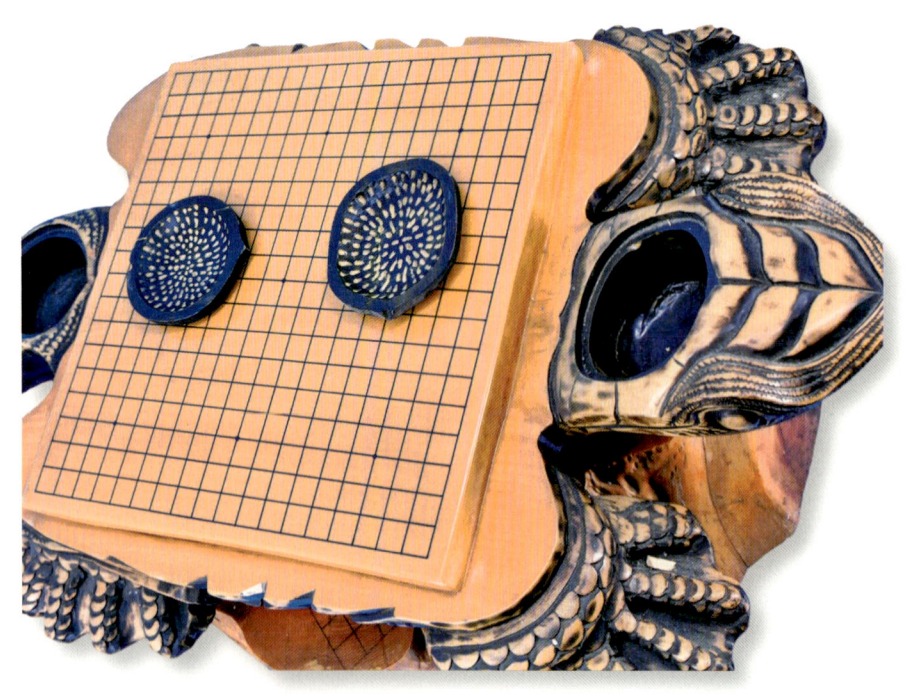

盘纵82cm，横60cm，高37cm

此盘器型硕大，威武庄严，不仅可作实用棋具，更是一件精美的艺术品。

4. 桃花芯木雕花盘

桃花芯木原产中美洲和非洲，400多年前有荷兰殖民者带入印尼，在印度尼西亚生长的大叶桃花芯木综合了洪都拉斯和非洲桃花芯木的双重优点。桃花芯木主要用以制作高档家具、船舶、汽车、钢琴、小提琴等，其中尤以欧式古典风格家具闻名世界，在家具市场中享有很高的地位。桃花芯木质地坚硬，干缩性小，木纹非常漂亮，因其浪漫中带有贵族气质的桃花瓣颜色，故得名桃花芯木。不同的桃花芯木颜色不同，从金黄色至深红棕色不一而足。像黄花梨、紫檀等珍稀木材的颜色岁久变深一样，桃花芯木的颜色会由最初的带点淡红的棕褐色发展到后来的深红棕咖啡色，桃花芯木家具外观带有自然的纹理，美观时尚，色泽古朴，高雅沉稳而不失厚重，由内而外，散发出独特的贵族气息。

此件藏品为桃花芯木棋墩，由桃花芯木精雕而成，出于著名的印尼宾塔拉艺术展览馆，其整体工艺造型豪华气派又不失典雅庄重，充分体现了欧洲宫廷贵族的古典主义风格。

棋墩四面均为欧洲宫廷古典家具中经常出现的雕花图案，四围并有同样花饰的裙栏，紧接裙栏的四腿根部雕有古希腊神祇头像，更使其平添一种神秘庄严的朦胧色彩，其中每一根线条，每一片花纹都堪称匠心之作，所有这些，都向世人展示：此墩绝不仅仅是一方棋具，更是一件独一无二的精美艺术品。此墩的迷人魅力，更在于其独具的历史岁月的痕迹，而其中所体现出的优雅隽永的气度，彰显了原主人卓越的生活品位。此墩的精髓之美还体现在其细节处理的手法，此手法显而易见是经过历史锤炼的经典，精雕细刻、雍容优雅，亦赋予此件精美的艺术品以浓郁的人文气息和庄重气派，兼以有品位、有文化内涵的异国情调，使之充满了贵族气息。

此墩配有桃花芯木盘覆。配有超超特大桃花芯木精雕花饰棋筒，并配有一副江户时期镰仓海岸蛤棋石薄子。可以想见，此墩的原主人当是一位17世纪雅好围棋的印尼荷兰殖民者领主。直至20世纪印尼赶走了荷兰殖民者，此墩不知何时被收入宾塔拉艺术展览馆，又不知何时流出，辗转至今，机缘巧合，得以入笔者手中珍藏，每每欣赏把玩，感慨之余，也算是见证了一段历史。

纵44.8cm，横41.8cm，厚10cm，总高29m

5. 轮岛塗雕花盘

本品与众不同之处甚多，当是搜奇猎艳者所最钟爱。

其一，所用材质为桃花芯木，关于桃花芯木，前文已做介绍，此不赘述。

其二，盘体为日式足附棋盘工艺，盘底有切子，罫线也是目盛技法，但盘足却非日式栀子花果造型，而带有明显古朝鲜风格特征。盘两端有轮岛变涂皱漆纹样，花形自然，千变万化，巧夺天工。

其三，盘覆亦是桃花芯木所制，雕刻精美甲壳形花草图案。此为新颖的韩日合璧风格足跗棋盘，似是古朝鲜旅居日本者定制棋盘。

6. 精雕"竹林七贤"盘

本品为超大本榧杢木盘,榧香怡人,盘两端红漆涂地,刻有竹林七贤图。

魏晋尚清谈隐逸之风,晋之王中郎以围棋为坐隐,支公以围棋为手谈,作为"魏晋风流"的标志之一,围棋也便成为了"体道得玄"的修炼之一途。

竹林七贤应算是时代翘楚了。古人认为，居山水间者为上，村居次之，郊居又次之。著名风景胜地云台山百家岩，岩上有银瀑高挂，蔚为壮观，岩下平坦可容百家，岩间古松苍翠，竹林清幽，以嵇康为首的七人隐居于此二十余载，日会竹林，寄情山水，笑傲风月；鹿裘带索，鼓琴而歌；清谈纵酒，坐隐扪虱。时人称之为"竹林七贤"，后之文人士大夫无不以之为风流榜样，画记诗咏，不胜其数。其中明李东阳《竹林七贤图》诗：

中原胜地衣冠薮，魏晋风流动人口。竹林有客称七贤，千古闲情一杯酒。

明庄昶《题画竹林七贤》诗：
放酒溪山此数翁，长拚潦倒醉春风。先生亦有疏狂意，只在随花傍柳中。
道尽七贤风流。

此盘刻工精湛，刀法娴熟，线条流畅，形象生动，博带大氅，形清骨秀，神态各异，栩栩如生。形神兼备，潇洒飘逸。

每抚此枰，便觉身在竹林，共七贤纹枰论道，竟有一种穿越之感。

黑白轩主有诗题记：

戊戌竹秋，偶得本榧棋枰一具，两端木口有红漆地细雕墨染竹林七贤图，刻画精奇，格调高雅，为枰中所仅见，追思前古，临局感念，赋得七律一首并记。

魏晋风流未可期，七贤谁与斡璇玑，
鼓琴散宕嵇康赋，论道清谈阮籍诗，
曲水流觞多进酒，鹿裘带索少扪虱，
竹林月古清光冷，曾照刘伶醉后棋。

盘纵47.8cm，横42.5cm，厚13.4cm，总高25.7cm，重15.6kg

六、魔除四方木口斜切盘

1. 或在日本南北朝时代魔除古盘

本品为四方目口魔除盘，木取斜切，盘面对角线处山形纹赏心悦目，古桑材斫制，经过多年氧化，已呈深褐色，无味，然包浆厚重油润，以手抚之，如镜面般光滑。盘脚呈细长栀子花形，可见明显手工制作痕迹，背脐（血溜、音受）只有简单凹槽，不同于普通棋盘凹槽中有金字塔型凸起。此盘纵一尺五寸（45.4cm），横一尺四寸一分（42.8cm），厚三寸四分（10.3cm），脚高三寸（9.2cm），总高六点五寸（19.5cm）。以上寸法及工艺特征可证，此盘用料奢华，木取独特，制作工艺极为古朴，切子及盘足工艺均取古法，寸法颇合古制。

前面详细介绍过日式足跗棋盘历代寸法制式演变过程，为分析此盘寸法年代特征，引述如下：

日本有记录的最早关于棋盘规格形制的记载是延喜朝平安时代醍醐天皇命令宽莲撰写献上的《棋式》，一条兼良曾著《花鸟余情》为《源氏物语》作注，书中有"延喜十三年（913年）五月三日，宽莲奉召著成《棋式》，献与醍醐天皇"的记载，但《棋式》今无传本，仅有收录在《群书类从》中的《围棋口传》转载了其中一部分内容。《围棋口传》是正治元年（1199年）由僧人玄尊（生卒年不详）编写的。书中记载了对局行棋诀窍，以及历代沿袭之围棋术语。其中《围棋式》有载："棋局寸法 长一尺四寸八分，广一尺四寸 高六寸二分（应为六寸六分），木厚三寸四分，足高三寸二分，此为寸法大旨。"《群书类从》编纂者塙保己一为江户时人，本书编纂于宽政五年（1793年），所采《围棋式》内容，当有所据。可知在延喜朝平安时代，棋盘形制就已经摆脱唐制束缚，日式足跗棋盘形制也已成熟，形成传承至今的具有鲜明特色的日式足跗棋盘风格。

其后据可查的最早关于棋盘规格形制的记载是成书于日本南北朝时代（1331年）的《尘滴问答》一书，其中关于围棋条记："围棋象征十八界，故棋盘广一尺八寸。"此规格形制与正仓院所藏唐制木画紫檀棋局和桑木棋局形制大略相同而略大，可见古日本棋盘规格循唐而制。不过此条记载也未必就是当时广泛流行的棋盘规制，或者说此规制棋盘应该是在皇家和贵族之间流行，因为此后不久，南北朝室町幕府前期武将（1326－1420年），今川贞世（剃发后称了俊）所著《今川大双纸》对棋盘规制的记载就与前述大相径庭：大内御物棋盘立目一寸，横目八分，盘厚四寸五分，足三寸五分也。此条虽未直接记载盘纵、横寸法，但根据方罫纵横数据，可知盘纵当在一尺八寸以上，平民棋盘立目八分，横目七分，盘厚四寸五分，足高二寸五分，总高七寸也。

此条虽未直接记载盘纵、横寸法，但根据方罫纵横数据，可知平民所用盘纵在一尺五寸左右，而上条记载皇家所用盘纵当在一尺八寸以上，可见民间广泛流行的棋盘寸法要明显小于贵族阶层所用之棋盘规制。

成书于1446年的《壒囊钞》是日本一部类书，古刊本15册，共收500多条目。广引日本和中国典籍，主要介绍中日两国的佛教与世俗事物知识，据《壒囊抄》记载：棋局做法，高六寸，长一尺四寸（42.4cm），广一尺三寸八分（41.5cm），目七分（2.1cm）。此时棋盘不知为何变小。

后世不断有关于棋盘规制的记载，成书于天正年间（1573年）的《大诸礼》闻书：棋盘寸法 内里（目）立目一寸，横目八分，盘厚四寸五分，足高三寸五分以上，总高八寸。

　　武家 立目八分，横目七分，盘厚四寸二分，足高二寸八分以上，总高七寸。

　　此条所载棋盘规制与前条《今川大双纸》所载棋盘规制略同，此时又恢复了百多年前古制。

　　本品制式基本符合《棋式》所记规制之"寸法大旨"，尤其是盘脚高度以及棋盘厚度接近唐制，但盘纵与《今川大双纸》和《大诸礼》所载平民所用盘寸法相同，亦可见此盘所制时代应处于日本棋盘制式虽具大旨，却仍尚无定法之年，且盘脚、切子（血溜）形状均为古法形制，由此判断，此盘应早于室町（战国）时代前期，或在南北朝时代。

2. 御藏岛桑根杢魔除古盘

本品为日本御藏岛桑根杢魔除古盘，天面及盘底均有对角线斜向中心弦纹，包浆厚重，色极莹润，苍劲古朴，沉稳端庄。天面在光照之下，有灿灿金丝闪烁。

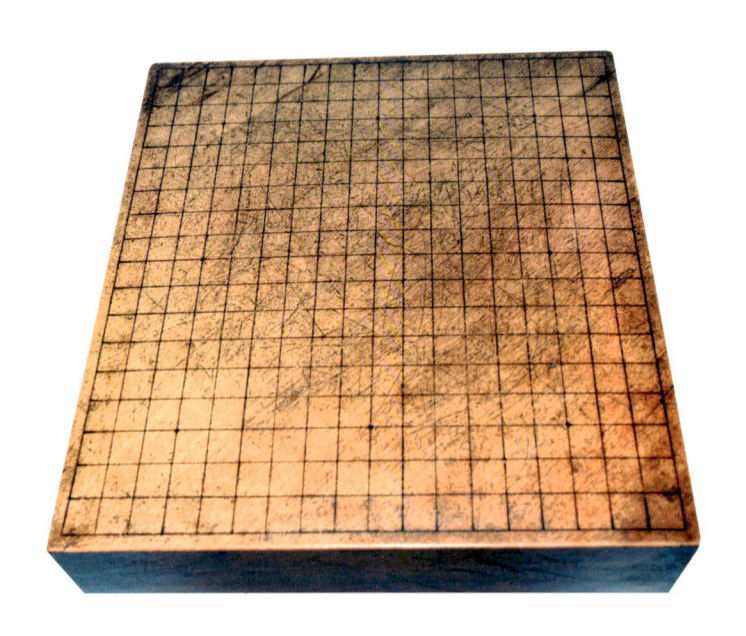

自古以来，桑木在围棋发展史上就占有举足轻重的重要地位，说它是制盘之木的王者也不为过，早在南朝，梁元帝所著的《金楼子》（卷一·兴王篇一）中就有记载："初，尧教丹朱棋，以文桑为局，犀象为子。"文桑之局乃帝王之棋具，桑木至高无上之地位不言自明。

桑木更是日本重要铭木，从古至今，桑木便是日本最高档制器木材，没有之一。而其中生长于伊豆诸岛之一的御藏岛之山桑变异种更是备受推崇，御藏岛桑俗称岛桑，为日本桑木之最。御藏岛就是一座不定期喷发的活火山，土壤石灰质含量极高，降雨充沛，因其森林资源丰富，巨木林立，御藏岛又被称为巨树之岛，御藏岛桑在这样的生长环境中逐渐产生变异，造就了其与众不同的优良质地。相较于日本其他地区桑木，御藏岛桑材色较浅，金澄黄色，且富光泽，并随光照角度变动而闪烁，因此享有"黄金桑"之美誉，岛桑材质坚硬有韧，不易反翘变形，且弦切纹路极为优美，古时常用于细木作、乐器、茶具及高档棋具等。

江户时期，精于榫卯结合技术（作品绝无钉子或胶黏）之传统木作者被称为指物师，而指物师中技术精湛之佼佼者方有资格斫制桑木，进阶为桑物师，桑物师中之更佳者，方斫制御藏岛桑。桑物师所制岛桑作品也多上奉日本天皇。岛桑作品流传至今者，已不多见。在古代，更准确地说是在室町时代以后开始有专业的指物师出现。相对于京都指物的涂漆工艺，江户指物则更注重桑、桐等素材自身木纹绚丽优势，而不用漆涂，只用蜡打磨。其中，在伊豆附近的御藏岛采集的桑，因其木纹和光泽之美而更加珍贵，能入手、加工岛桑的工匠为数不多。而御藏岛的桑制品经过一段时间后会变得非常漂亮。岛桑被认为是幻之桑材，是日本最稀少珍贵之材。可制足趺棋盘的大料古已难得，现在更是绝无仅有了。

此盘规制寸法较之江户末期寸法略小，而以13.4cm厚度，盘重却达18kg，实属罕见，除去岛桑材质密度较大的原因之外，此盘取材为岛桑根杢是其主要因素。

从盘底切子既浅且小，盘足清隽，棱间凹槽甚浅的造型特点来看，此盘制式颇合古法。从此盘寸法分析，盘纵44.2cm，横41.9cm，厚13.4cm，总高26.3cm，并不符合有记载的日本各时期棋盘寸法，当是道悦所定寸法之前的作品。

综合分析，此盘当是江户前期或更早作品。

桑材原本为黄色，但经过时间的洗礼，即使不涂任何漆色，也将渐变为美丽的茶色。而御藏岛桑色泽更与众不同，尤为绚丽。

桑材根部最为洁净，没有霉斑、虫蛀，腐朽裂纹。

此盘是御藏岛桑根材制成，随着时间的流逝，已经成为深茶色，并泛琥珀荧光。

黑白轩主曾有诗记：丁酉玄月，得大名家传御藏岛桑根杢魔除古盘，厚重沉稳，包浆灿然，色如黄金，光似琥珀，启枰布子，得句。

风摧雨洗渡劫荒，大匠谁斫御藏桑，

鬼斧犹存先古韵，魔除未减旧时香，

千秋淬染黄金色，百岁琢磨琥珀光，

问道何须参秘法，玄机尽在一枰藏。

3. 宽政三年魔除盘

本品为五寸本榧四方木口斜切魔除盘，一盘底足凹处书有"宽政三年亥八月"字，另一盘足书有"年八月仕立"字，未署制作者名。宽政三年是公元1791年，此盘距今已有228年，包浆醇厚，略显沧桑，触手莹润，榧香悠长，天面有魔除盘特有的对角线斜向杢木花纹，十分漂亮。

盘底切子凹槽既浅且小，盘足纤瘦，棱间刳槽弧度平和，都带有明显的江户工艺特征。

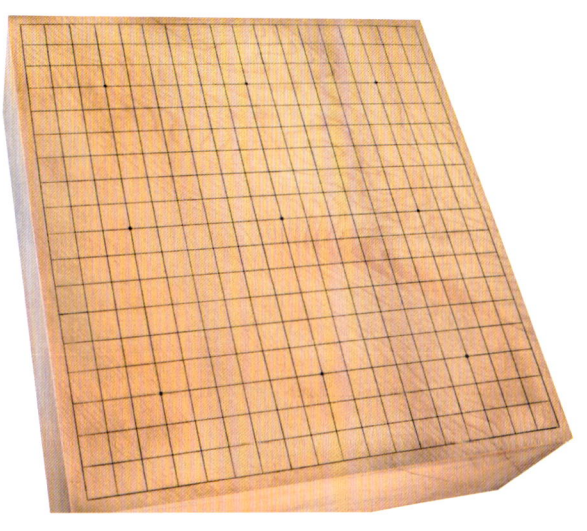

4. 江户时期本榧根杢魔除盘

　　本品为本榧根杢魔除盘，整体呈饴黄色，包浆灿然，光滑油润，天面杢纹若云龙乍现，神奇震撼。盘足如前盘，同样带有明显的江户工艺特征。

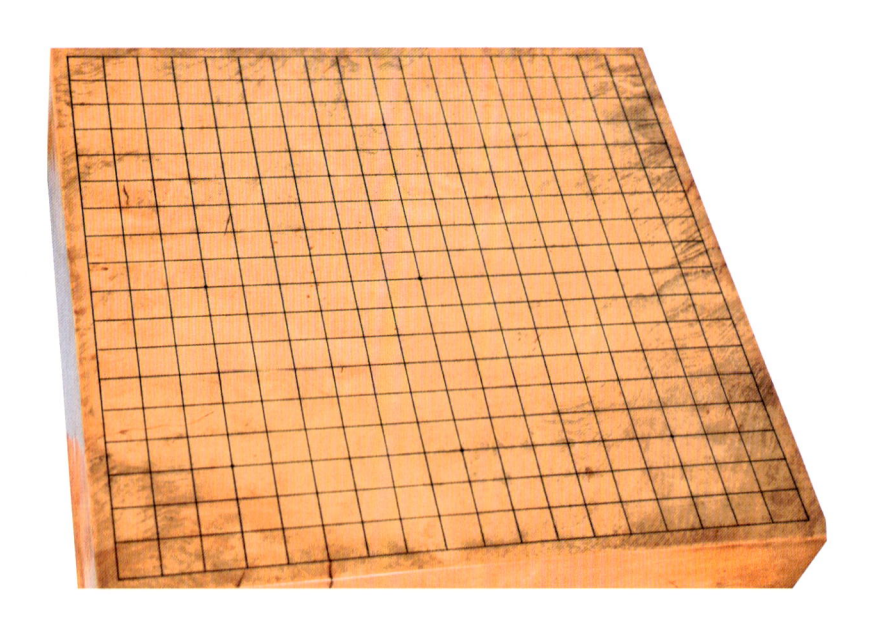

　　因为是根杢取材，所以此盘木质紧密，较之一般榧木盘比重甚大。

此盘纵45.3cm，横42cm，厚14.6cm的规制，重量本应在14.5kg左右，而此盘重量却在17kg，可见其密度之高。

天面杢纹若云龙乍现

5. 南条家魔除盘

南条氏是日本古老氏族中的一员，伯耆国人，也是战国大名的一族。据《伯耆民谈记》《羽衣石南条记》等记载，南条氏是以出云守护盐冶高贞的二子南条贞宗（盐冶高秀）为始祖的佐佐木氏流盐冶氏一族。此外，关于南条氏的出身，除佐佐木流盐冶氏说，还有平氏说、名和氏说等多种论说，详不可考。不过，在南北朝至室町时代，南条氏曾自报贺茂姓。

在《足利尊氏下文》等文书中，曾有关于南条又五郎其人事迹记载，南条又五郎为当时实力派人物。

此为南条家族世传名盘，斜切魔除，天面对角线斜向柾纹极具震撼力，包浆醇厚，榧香怡人，老气十足，历久弥新，江户时期作品无疑。盘底刻有"南条"二字，未知是何时何人所刻，传至昭和时期，主人为其定制盘覆并题字于面："心坦道自生 昭和三十八年春 凡宕堂"。

"心坦道自生"当从《子华子》执中篇来。子华子曰：

"道之所载，曰出拓（或作宕）坦，有足者斯践之矣。夫何故，平故也。恢漓蒙湏而无不容，一与二，二与三，吾不知其攸然，而同谓之平，夫何故，虚故也。唯虚为能集道，唯平为能载道……故曰一虚一平，而道自生；一平一虚，而道自居。"

子华子为春秋末期晋国人，（一说战国时魏人），早于庄子，与孔子所处同一时代，是著名的思想家、哲学家。著有《子华子》一书。早于古希腊哲学家亚里士多德所提出的"生命在于运动"的观点300多年，子华子早在公元前6世纪就提出"流水之不腐，以其游故也。户枢之不蠹，以其运故也。"（《北宫意问篇》）的"动以养生"理论。

此盘主人对子华子"宕坦"之重要性独有所悟，故取"凡宕堂"名，于盘覆上题"心坦道自生"句。养生之道如是，弈道又何尝不如是！棋法阴阳，神游局内，尽可"宕"无拘束。无论是棋局还是人生，坦然面对，便识"道"之所之。

盘纵44.6cm
横41.8cm
厚13.7cm

与此盘配套的棋笥奁箱题有"好之者不如乐之者，七（后两字不辨）翁 凡宕堂"字。棋笥内奁日产32号雪印蛤棋石，那智黑石。

"好之者不如乐之者"出自论语《述而》篇，原文为"知之者不如好之者，好之者不如乐之者。"此盘主人引此句，一语道破围棋妙谛——以弈为好，乐在其中，是为提高棋艺之要道！

此件藏品非但整套棋具材质华美，工艺精湛，昭和南条传承主人题字更见学问，直令本就难得一见的古器更增其文化价值。

6. 屋久杉斜切魔除盘

此盘纵45cm，横42.2cm，厚16.5cm。《大江俊矩记》曾记一条以"代金壹两三步"买得棋盘棋子事，详细记录了棋盘寸法："文化四年二月廿八日庚子　棋盘柏厚五寸三步（约16cm），广一尺三寸七分（约41.8cm），长一尺四寸八分（约44.8cm），高九寸。此盘形制寸法与此大略相合略大一分，当是同期制品。

本品所用材质为罕见的屋久杉。其最大的特点是天面对角斜向呈现罕见的笹形杢纹和乌久杉特有的鹑杢纹，极尽华美又不失高贵典雅，令人不能移目。此盘是不可多得的精品。

屋久杉产于日本的世界自然遗产之地——屋久岛，岛上千年以上杉木称之为屋久杉。屋久岛土地贫瘠，怪石丛生。并时有台风来袭。以其恶劣的生长环境，致使屋久杉不得不扎根于石缝之间，深植广布，亦因此根深蒂固，得以历数千年而不朽，犹如我国的崖柏，其中最古老者树龄竟达七千年，正是日本最早的绳文弥生时代，屋久杉与日本的文明史同步，故屋久杉古木又称绳文杉，而由于火山爆发，地壳变动久沉水中或久埋地下者称神代杉。2001年开始，屋久杉已被禁止砍伐。

2018年10月7日日本屋久岛通信员武田刚曾以《（鹿儿岛）屋久杉埋木高价最高1立方米318万日元》为题报道一则消息，称从世界遗产屋久岛森林运出的屋久杉"埋木"投标会于5日在鹿儿岛市东开町的县木材铭木市场进行。由于江户时期的砍伐残留在山中的树桩和树干等，林野厅的大规模搬出2年前结束，库存很少。屋久杉工艺品的加工业者们相继投入高价的牌子，最高中标额达到每立方米约318万日元……

7. 四寸六分魔除盘

此为工艺标准的四方木口斜切盘，木取切工精准，十分漂亮，盘足造型奇隽。但寸法形制殊异，较《瓺囊抄》所载寸法更小，而盘厚与总高又符合幕末形制，实不可解，盘足造型古朴典雅，盘底切子工艺符合古制，结合此盘包浆综合分析，此盘应是江户中后期或更早制品。

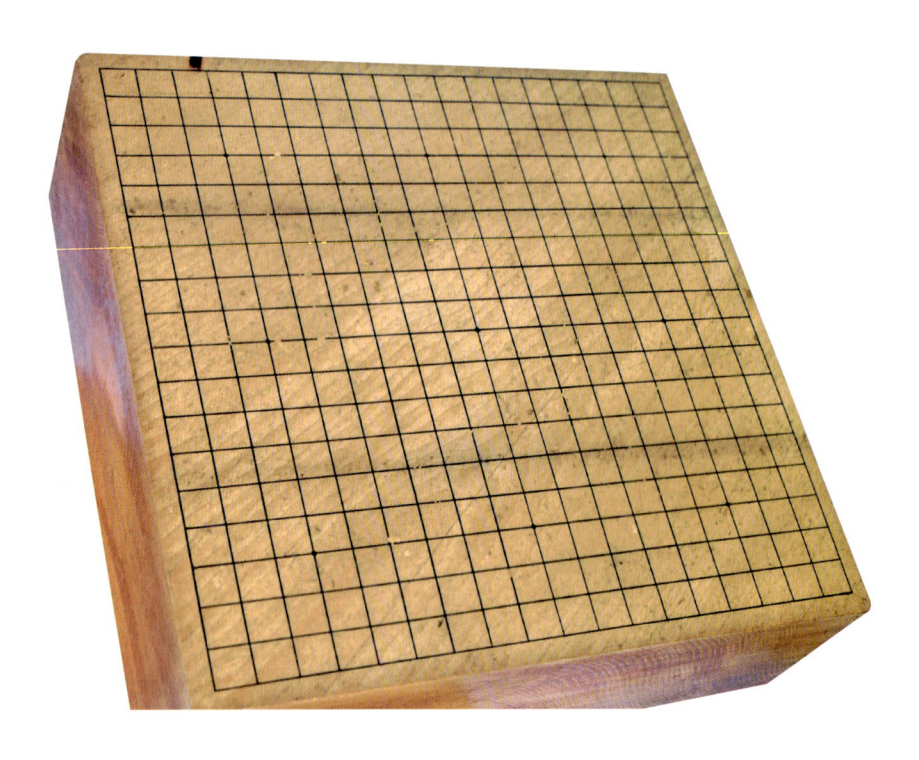

盘纵约一尺三寸九分（42cm），横一尺三寸二分（40cm），厚四寸六分（14cm），高14.7cm，总高27cm

8. 四寸六分魔除盘

本品为本榧四寸六分四方木口魔除盘，与前盘相比，此盘寸法颇合江户古制。

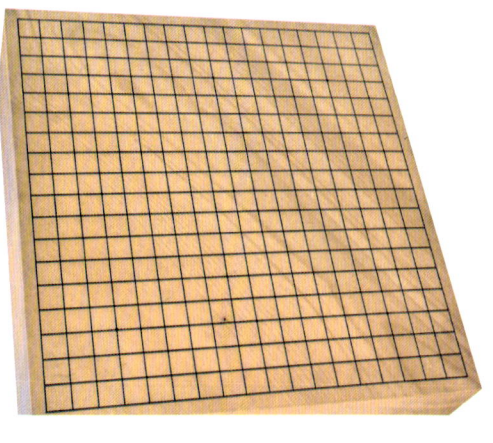

盘纵44.8cm，横42.2cm，厚13.9cm，总高25.8cm，重12.2kg

9. 三寸五分魔除盘

　　此盘为缩减道悦寸法本榧四方木口魔除盘，整体崭新如昨，当是道悦形制古盘。此盘最大特点是轻巧可爱，娟秀隽永，置此一枰于闺中琴房案几之侧，其雅可知！

| 第四章 鉴 赏

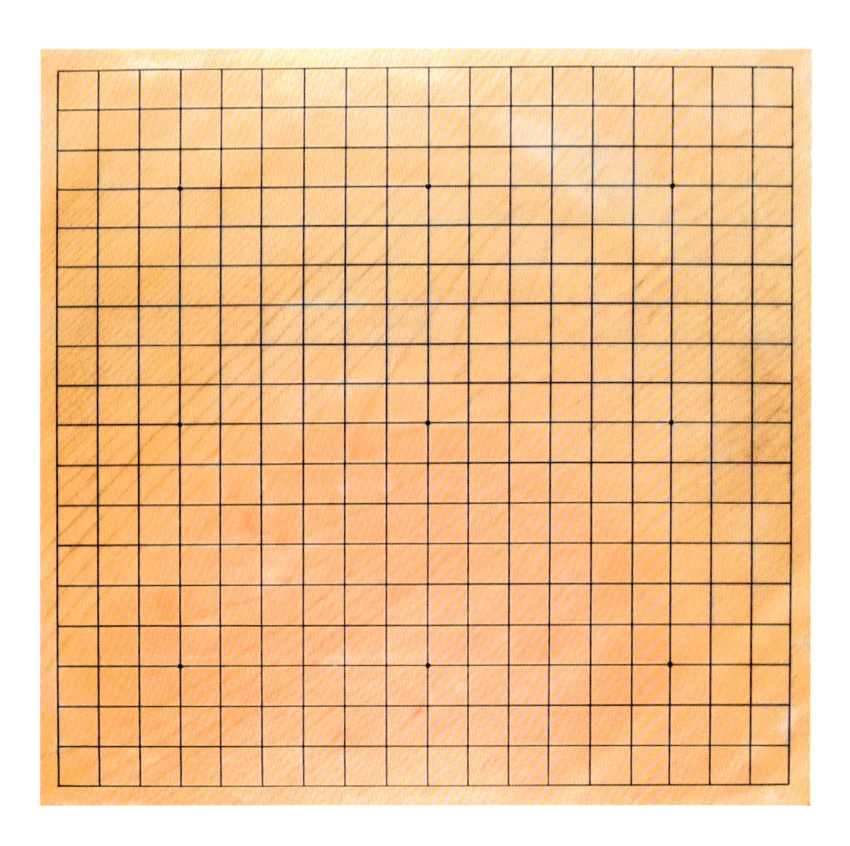

盘纵43.3cm，横41.4cm，厚10.7cm

10. 银杏魔除盘

银杏木不翘不裂不变形，边材色黄略白，芯材红褐色，所制器物色差明显，别有意趣，且木纹美丽，容易加工，自古以来就被视为高档家具的优质用材。相传我国北宋皇帝御椅就是银杏木做成，开封相国寺的"千手千眼佛"也是用银杏木雕刻而成；元时大臣上朝所持朝笏也是银杏木制成；至今仍保存完好的始建于明朝成化年间的河南嵩县白河乡下寺村云岩寺，其梁、柱、橼、门窗及佛像等俱用银杏木雕刻而成。已历经500多年不朽。

银杏木含有草酸钙结晶晶簇。可以抑制腐生菌侵蚀，因此具防腐作用。美中不足的是银杏木材含有大量甘露聚醣和半乳聚醣，为白蚁所喜食，因此抗白蚁蛀食的能力较差。

因为银杏木材质优良，其价也较昂贵，自古以来，日本就有以银杏木制高档棋具的历史，古时日本棋盘师有"一松二榧三银杏"之谚语。现代银杏木资源也已枯竭，如榧木一样，以银杏木制日式足趺棋盘已成为一种奢侈。

此盘斜切工艺十分巧妙，天面洁净，有呈对角线斜向山形纹隐约可见，盘两对角呈红褐色，盘底中间红褐色，两角黄白色，呈对称几何图形，构图新颖别致。

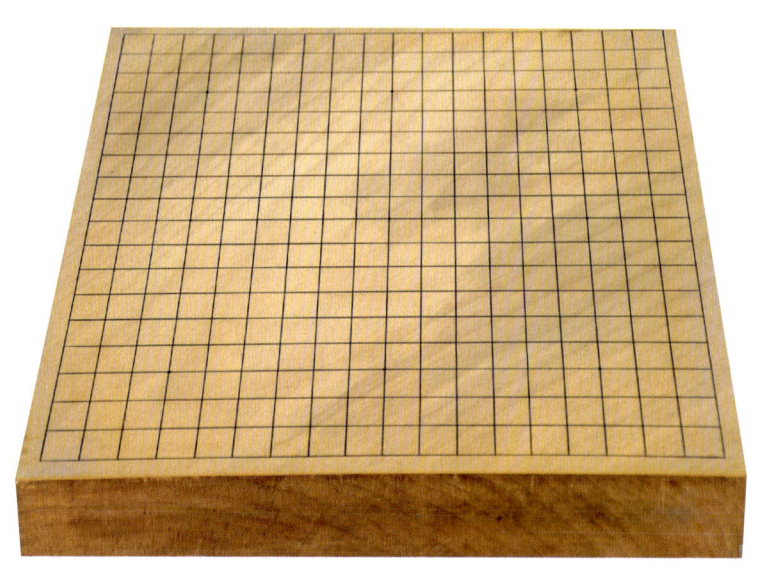

盘纵45.2cm，横41.2cm，高17.5cm，总高30cm

七、杢木埋木盘

1. 金丝楠阴沉木盘

本品所用材质为稀世之宝金丝楠古沉木。古沉木又称阴沉木，民间又称乌木。阴沉木在日本称之为埋木，神代木。据《逸周书 黄会篇》载，我国早在西周成王时（公元前1027年），阴沉木即作为贡品进献王上。

清袁枚《新齐谐·盘古以前天》"（《新齐谐》，初名《子不语》，因元《说部》中有同名作品，后改名《新齐谐》）载："相传阴沉木为开辟以前之树，沉沙浪中，过天地翻覆劫数，重出世上，以故再入土中，万年不坏。其色深

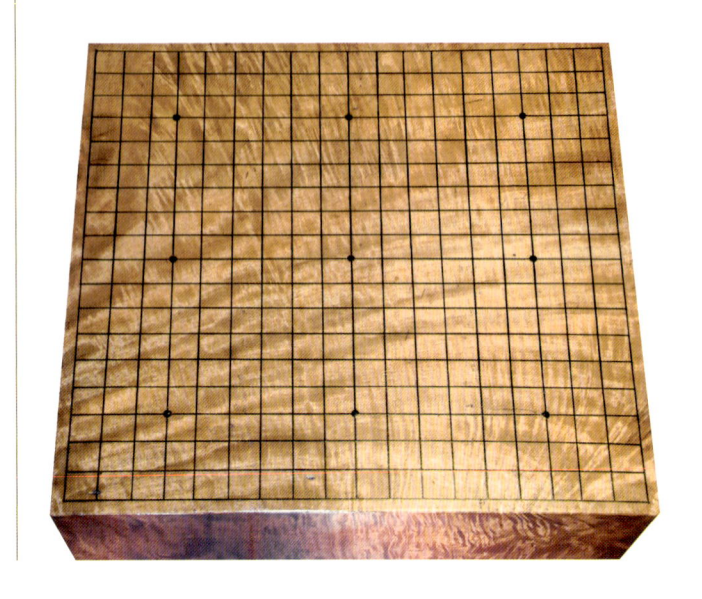

绿，纹如织锦。置一片于地，百步以外，蝇蚋不飞。"又在《续新齐谐·阴沉木》载："阴沉木，湖广施南府属山中土产此物，悉掘地得之，名阴沉木。质香而轻，体柔腻，以指甲掐之即有陷纹，少顷复合，如奇楠然。阴沉木乃洪荒以前之木，经过劫灰者，万年不坏，以故历千百年不朽。盘古以前无可考，有相传近混沌之上代……"

由于古沉木深埋于地下或河床下3000年以上直至12000年甚至更久，采天地之灵气，集日月之精华，造就了其永不变形、密度高、不腐朽，虫不蛀之特性，故古沉木堪称树中之精、木中之魂。并非所有树木都能演化成阴沉木，中国至今发现的阴沉木只有青杠、麻柳、香樟、红椿、楠木五种。而日本埋木品种较多，其中屋久杉、榧木埋木赫然在列，已成为日本国宝。经过C14同位素测定，阴沉木须深埋地底3800年至6000年时间才能形成。而楠木阴沉木形成时间最长，需8000年以上。古沉木中尤以金丝楠为最。

金丝楠阴沉木温润如玉，璀璨如金，外表呈黑褐色或黄褐色，切面多为黄褐色，或黄褐色带绿色，浸于水中不褪色，唯遇水则颜色加深，干后即恢复本色，金丝楠阴沉木切面具有灿然如金之丝丝木纹，并有类似绸缎光泽闪烁，在不同角度的光照之下，所形成的画面幻化莫测，被称之为移步换影。其形或如云雾缭绕，或如波浪起伏、或如凤尾排翎，或如水滴水泡。又有极品龙胆纹、龙鳞纹、金玉满堂纹、玫瑰纹、葡萄纹等，美轮美奂，各彰其华。若有形成如山水层林，虫鱼鸟兽图纹者，更是难得一见，堪称绝品。总之，金丝楠阴沉木以其不可复制的独特图纹，成为诸木之冠。

明人谷泰撰《博物要览》记载："楠木有三种，一曰香楠、二曰金丝楠、三曰水楠。南方者多香楠，木微紫而清香，纹美。金丝者出川涧中，水纹有金丝，向阳视之，闪烁可爱，楠木之至美者，向阳处或结成人物山水之纹。水楠色清而木质甚松，如水杨之类，唯可做桌凳之类。"

又明人王象晋撰《群芳谱》载："楠生南方，故又作'南'，黔蜀诸山尤多。其树童童若幢盖，枝叶森秀不相碍，若相避。然叶似豫樟，大如牛耳，一头尖，经岁不凋，新陈相换。花赤黄色，实似丁香，色青，不可食。干甚端伟，高十余丈，粗者数十围。气甚芬芳，纹理细致，性坚，耐居水中。子赤者材坚，子白者材脆。年深向阳者结成旋纹为'骰柏楠'。"

关于骰柏楠，明人王佐《新增格古要论》卷八 骰柏楠 后增（王佐增）满面蒲萄（葡萄）条载："骰柏楠木出西蜀马湖府，纹理纵横不直，中有山水人物等花者价高，四川亦难得，又谓之骰子柏楠，今俗云斗柏楠。近岁户部员外叙州府何史训送桌面，是满面蒲萄，尤妙其纹脉无间处，云是老树千年根也。"

从上述诸条记载中可知，古人以楠木中金丝楠为尊，金丝楠木根部向阳者形成"骰柏楠"者，则至为尊贵。

据传金丝楠木水不能浸，蚁不能穴，坚韧不腐。晚明时人谢在杭撰写的《五杂俎》中曾提道："楠木生楚蜀者，深山穷谷不知年岁，百丈之干半埋沙土，故截以为棺，谓之沙板。佳板解之，中有纹理，坚如铁石。试之者以暑月做盒盛生肉，经数宿，启之，色不变也。"

金丝楠阴沉木虽质地坚韧，却温润、细腻，触之柔滑，状如婴儿之肤，且冬天触之不凉，夏天触之不热，所作器物，打磨后光亮如镜，且越擦越亮，形成包浆后，具有极强的玻璃质感。金丝楠阴沉木数量稀少，成材率低，为不可再生资源，又极具观赏价值，其科研价值、文化价值及经济价值均非其他名贵木材可比，在所有名贵木材，包括紫檀、黄花梨之上。自古以来，就有"纵有珠宝一箱，不如沉木一方"和"黄金万两送地府，换来乌木祭天灵"之民谚。可以说，金丝楠阴沉木早已超脱其木之属性，成为夺天地造化之功的奇珍异宝了。因时代变迁，战乱频仍，中国传统金丝楠木家具及艺术品，大多湮没于历史的长河中，有幸遗存者，除皇家所用，得以传流，民间所藏，寥若晨星，一物难求，弥足珍贵。

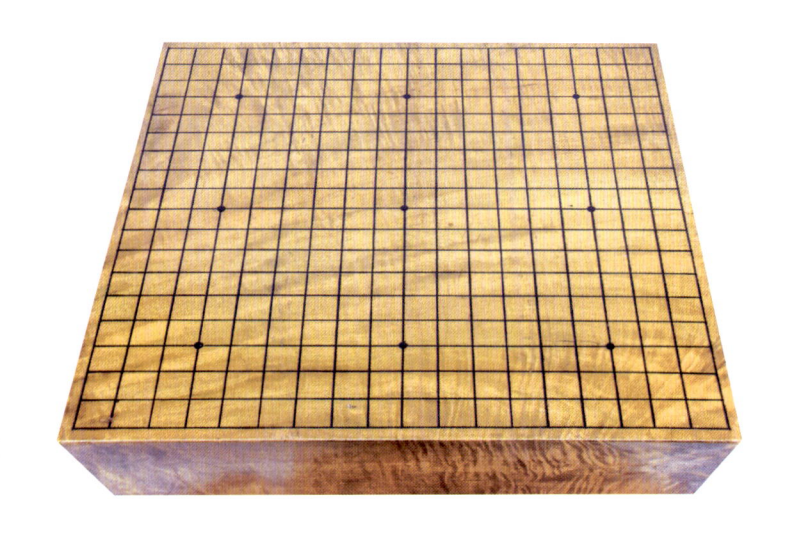

纹如织锦，光亮如镜

　　本品无沙眼空洞，材甚坚密，质地通透、香味纯正、金丝满盘、花纹绮丽，工艺精湛，年代久远，包浆醇厚，虽老气十足，又灿然如新，光亮如镜，温润细腻，纤软柔滑，如婴儿之肤，触之冬天不凉，夏天不热，天面、盘底呈茶色微微泛绿，间以深褐色斑纹夹灿灿金丝，恰如风拂春水，涟漪清波，盘之两正面有暗红略紫老漆浅涂，另两侧面，一侧图纹如江潮起伏，其涛汹涌，在不同角度光照之下，其文移步换影，变幻莫测，另一侧图纹则时如云雾缭绕，时如凤尾排翎。又有局部或如霞蒸雨筱，或如烟锁霜林，美不胜收。

霞蒸雨筱

烟锁霜林

更为罕见的是，局部放大竟有鸟兽图出现，其形似猫似虎，又如雕鹗。

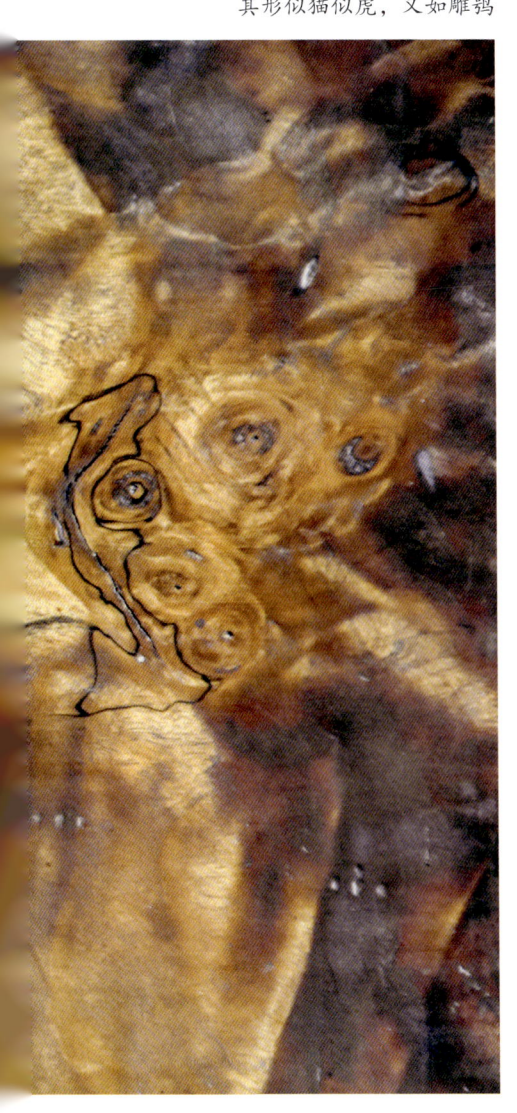

细品此盘，包浆厚重，光亮如镜，具有极强的玻璃质感。其香淡淡，幽如奇楠，似有若无，沁人心脾，整体基调恰如袁枚所述："其色深绿，纹如织锦。"

黑白轩主有诗赞曰：岁在己亥，月序清和，得金丝楠阴沉木棋局，温润如玉，其形古朴，其韵高致，其香馨如奇楠，幽幽绵绵，其色异彩斑斓，金光灿灿，其文旖旎绮丽，炫如瑞锦，其影烟锁霜林，霞蒸雨筱。于是引宣德几炉，净手焚香，取旧藏鲸齿，摩挲拈子，试以敲枰，德音清越，丁丁然声应律吕；点拍击节，流韵舒扬，邈邈乎意醉宫商……不觉神游物外，心住缘空，忽然文涌，得句并记：

浪底沉沙莫问年，出尘只为了前缘，
星石错落金丝浦，乌鹭争栖玉罫田，
烟锁霜林遮万树，霞蒸雨筱霁千竿
须凝醉眼敲鲸齿，弈道机玄也入禅。"

本品材质、色泽、纹路及其本身所蕴含的历史文化信息，都堪称举世无双，绝无仅有，实为盘中极品！此等珍物，可遇而不可求，笔者得藏，何其幸甚！

本品纵43.9cm，横40.6cm，厚14.5cm，总高26.3cm。其寸法脚高与道悦形制相符，纵、横、基本符合道悦所定"纵一尺四寸五分（约43.935cm）、横一尺三寸五分（约40.9cm）"之寸法，盘厚、总高均大于道悦所定"总高七寸八步（分），（23.6cm）盘厚三寸九步（分）（11.8cm）"寸法一寸许，与《大江俊矩记》己亥所记"代金壹两三步"买得棋盘棋子事所详细记录的江户后期棋盘寸法："文化四年二月廿八日庚子　棋盘柏厚五寸三步（约16cm），广一尺三寸七分（约41.15cm），长一尺四寸八分（约44.844cm），高九寸（27.27cm）"相较，纵、总高大致小三分许，横接近，厚度薄五分许。本品形制在道悦形制和江户后期形制两者之间。盘底切子开槽极浅，盘足造型古朴，具江户古制特征，两正面木口有暗红略紫老漆浅涂，亦正符合江户中期也有在盘之两正面木口涂大漆的工艺特征。此盘当是道悦形制从江户中期向江户后期形制改变之际的江户中后期作品，距今已有200多年历史。

其形似猫似虎，又如雕鹗

2. 绚丽虎皮杢盘

水目樱,因其叶子的形状与樱花相似而得名樱,又因为若有外力在树皮上留下伤痕,则会渗出水一样的脂油,故得名"水目樱"。采伐时,水目樱会散发一种略带药香的味道。水目樱杢纹精致绚丽,多做装饰用。所出现的虎斑纹更为人追捧,其纹类似《格古要论三》所载之虎斑木:

虎斑木出海南。其纹理似虎斑,故谓之虎斑木。

第四章 鉴 赏

本品虎斑纹密布，绚丽夺目，惜有虫蛀。

纵43.8cm，横41.8cm，厚11..8cm，总高23.8cm，寸法略和道悦形制，切子开槽既小且浅，盘足造型古朴，是江户中期作品。

3. 御藏岛黄金桑杢木"秋韵流金"盘

本品为御藏岛黄金桑杢木盘。

关于御藏岛黄金桑,前文已有介绍,此文略做补充。

在日本,分布在关东近在、秩父、群马、栃木、福岛等地;关西、岛根、日向和北海道等地;还有朝鲜半岛、中国等地的桑木,统称之为地桑,又称之为本桑。

此四类桑颜色,花纹略有小异,基本大同。

而分布在伊豆七岛(大岛、利岛、新岛、神津岛、三宅岛、御藏岛、八丈岛)和小笠原群岛(父岛、母岛和硫磺岛等30多个岛屿),以及九州、八重山岛,中之岛等各岛之野生山桑统称岛桑,其中御藏岛桑作为野生山桑之代表,杢纹绚丽,目木奇特,韵味十足又具独特的黄金色泽以及如芝麻斑的色点,且于绚丽花纹中可见黑筋缠绕,为桑中之最,由伊豆群岛独有的"蜂鸟"传播种子而繁衍。其次为三宅岛桑和八丈岛桑。特别值得一提的是小笠原桑,小笠原岛特有之桑与众不同,其纤维构造有别于其他桑种,坚韧扭曲,其色深褐近黑,油润光亮,故又称黑桑,后文江户便携盘部分"江户小笠原岛桑便携盘"一节中详细介绍。岛桑在日本早已禁伐,现在仅存残留小料,可制一些小件制品。

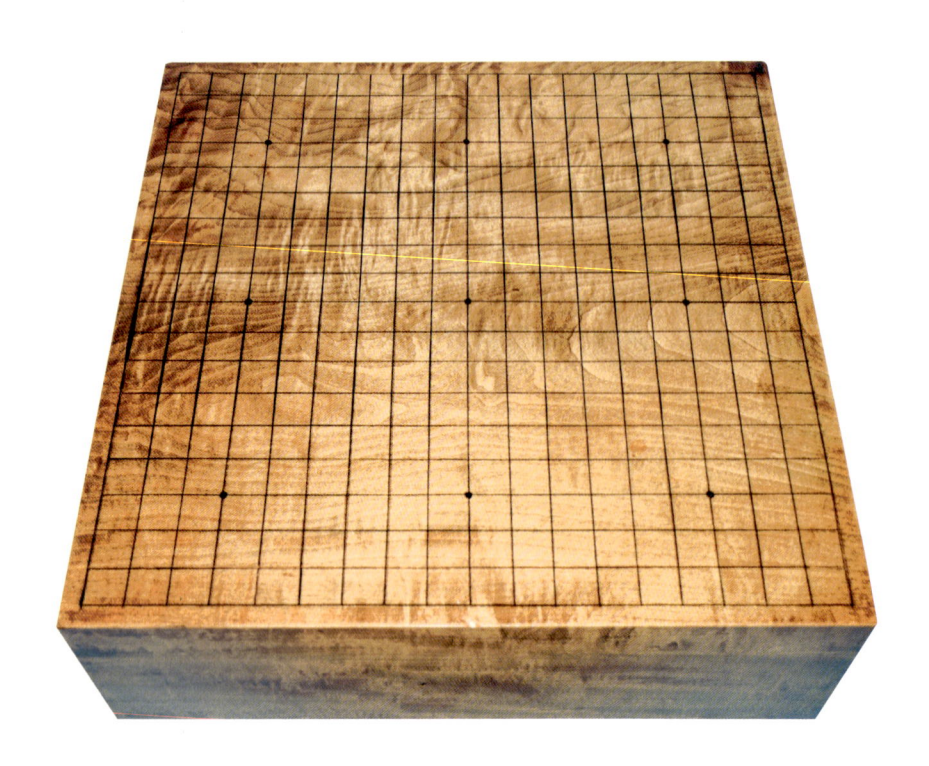

本品以御藏岛黄金桑杢木制成，大料独木，世所难得。盘体两端木口仿江户古工艺髹以黑漆，其余部分可见黄金桑独有的灿灿金光闪烁，并密布芝麻斑色点，绚丽杢纹中有黑筋缠绕，亮而不燥，润泽含蓄，端庄古朴，高贵典雅，气质不凡。

有芝麻斑色点

绚丽杢纹中有黑筋缠绕。

一侧面如蓼汀秋早，麓薮风清，云蒸霞蔚，波彩流金；
　如蓼汀秋早，麓薮风清，云蒸霞蔚，波彩流金。

另一侧面又如空山静谷，阔野疏林，远天近水，云海轻舟，俨然一幅优美的自然风景图画。奇文异景，美不胜收，令人目眩神迷，不忍移步。

又如空山静谷，阔野疏林，远天近水，云海轻舟。

黑白轩主曾为此盘自然形成之意象题咏：
得御藏岛桑盘，色灿如金，文华似锦，俨然一幅秋江山水图景，自然造化，的是天工，诗以纪之。

麓薮秋来早，绮霞照晚明，流金开暮霭，渌水放初晴，
野阔疏林静，山空涧谷鸣，烟舟风雨后，云海一帆轻。

盘底两行"昭和五十一年（1976年）涂师小野三郎"红漆书。小野三郎未见著录，当是昭和中后期漆匠涂师，盘两端木口漆涂工艺便是其大作。涂师署名盘底并记年，也是盘中仅见。

盘底音受较他盘略深数分，敲枰之声，别有韵致。

盘足造型一改日式足趺棋盘盘足传统栀子花形，而是两叠扁圆球体造型，庄重沉稳，颇有欧风，更是与众不同。

似此可作制盘之岛桑大料万中选一，未必能获，御藏岛桑便如玉中和田，以质取胜，其珍自宝，大料难得，可遇而不可求。如此绚丽，别致，光彩照人的御藏岛黄金桑独木枰盘前所未见，绝无仅有！故重而宝之，珍而藏之，名之曰"秋韵流金"。

盘纵45cm，横43.2cm，厚14.5cm，总高26.5cm，重16kg

4. 大名松叶氏古盘

　　本品寸法盘纵43.5cm，横39.5cm，厚12.2cm，总高24.5cm，为典型的道悦形制略减寸法，盘木口端面有深紫漆涂，盘底切子开槽甚浅，唯盘足造型风格特异，有可能是琉球作品。此盘形制寸法及制作工艺特征等种种证据表明，此盘为江户时期作品无疑。但盘覆内书"明治四十三年（1910年）一月　松叶氏"，此盘既为松叶氏家传铭盘，而又无修仕痕迹，说明此盘传至明治四十三年或曾新置盘覆。

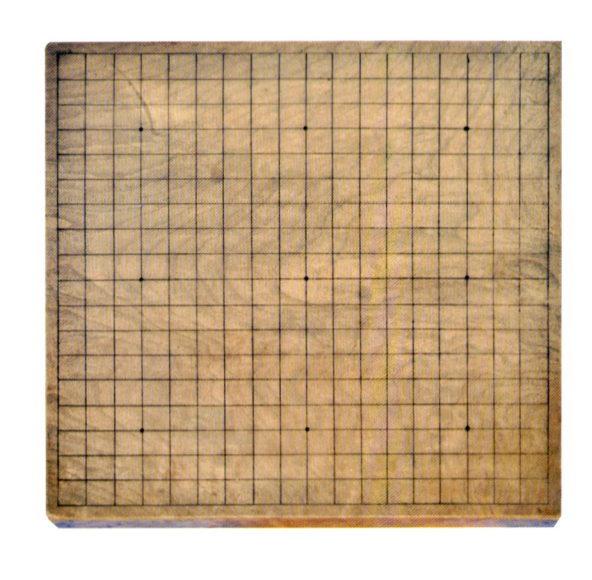

松叶氏家徽

松叶氏为战国时代安艺南部国主,被称为太政大臣良房后裔的平贺氏。据平贺系图载,松叶远江次郎资宗为松叶氏始祖。资宗在《吾妻镜》中曾有所记,被称为松叶次郎,拥有尾张国松叶庄,故称松叶氏。曾参加源赖朝升旗仪式,并在源平合战中立下赫赫战功,拥有出羽国平鹿郡、安艺国高屋保、上总国樱屋乡、越中国油田条等封地。直至明治后期,松叶氏仍作为大名家传承之一。

此盘天面杢纹绚丽自然,两侧水波纹荡如春潮,整体包浆油润,触手光滑,实为不可多得之大名家传承精品。

5. 山水纹杢春潮古盘

本品为江户末期本榧根杢山水纹古盘，盘面、盘底及端面侧面均有根杢特有的葡萄珠状条形花纹，条形花纹极易与榧木经常出现的弥合纹混淆。更为难能可贵的是此盘一侧面出现的山水纹极具震撼力，状如春潮汹涌，惊涛拍岸，故取宋人张若虚《春江花月夜》"春江潮水连海平"句以名。

春江潮水连海平

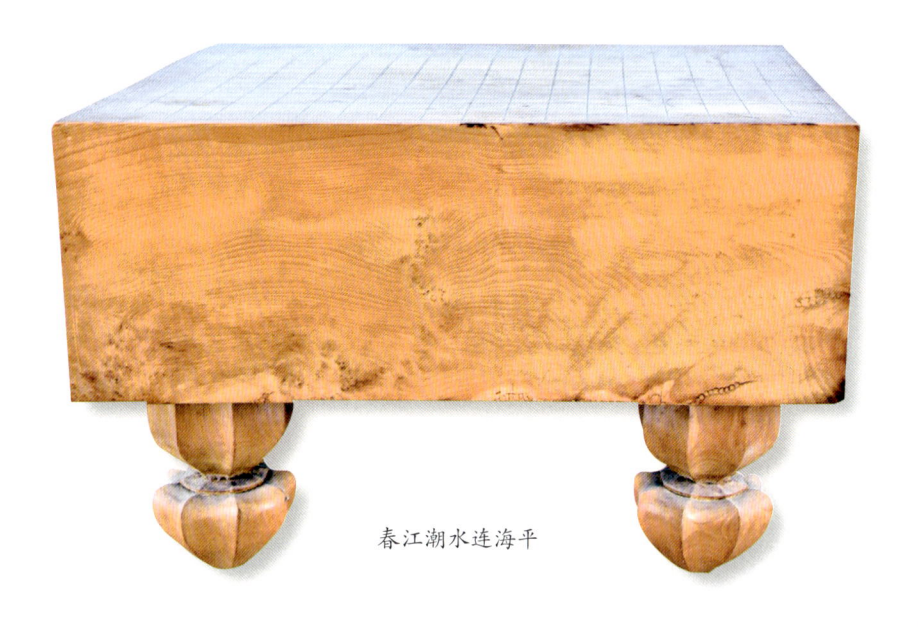

盘纵45cm，横41.5cm，厚15.5cm，总高28cm，棋盘寸法略合江户末期形制。

6. 明治大正期日向榧赤口杢木四方柾盘

本品为明治、大正期四方柾盘，所用材质为九州日向榧，赤口，油脂丰富，木口、盘底渗出油脂经历岁月的沧桑，早已氧化呈深红褐色，天面油润洁净。

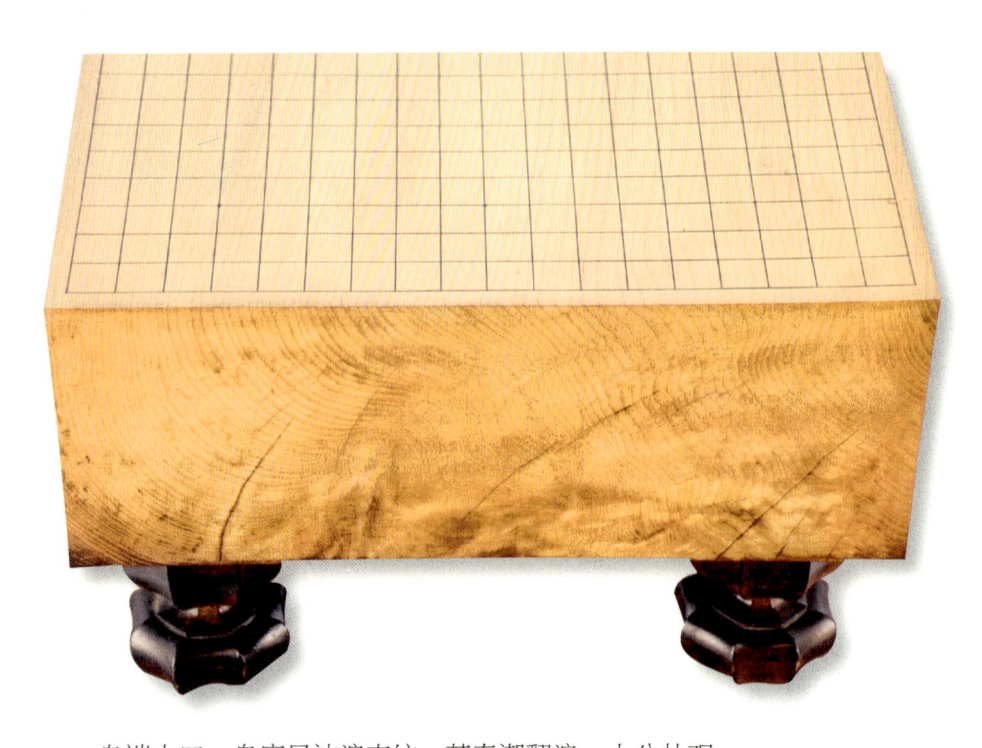

盘端木口、盘底呈波浪杢纹，若春潮翻浪，十分壮观。

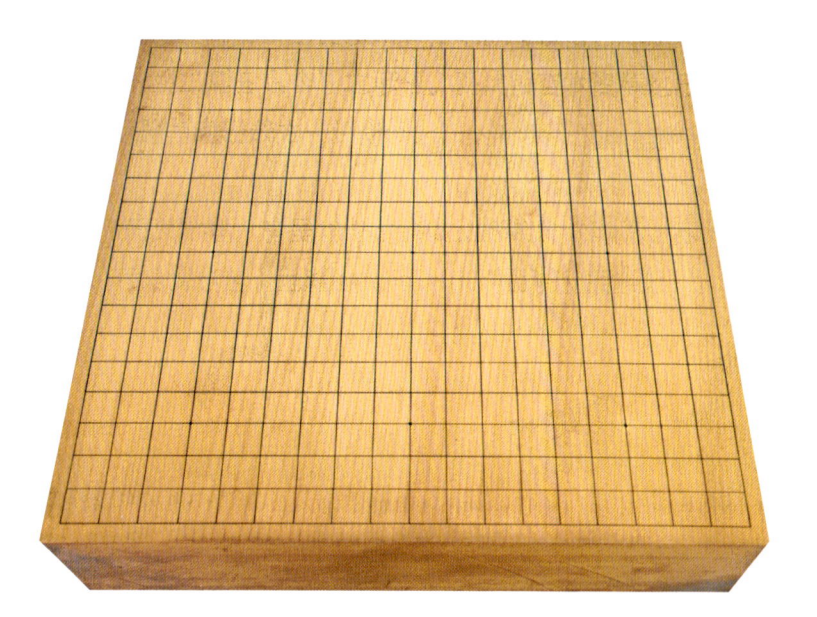

盘纵45.5cm

横42cm

厚15.2cm

7. 四寸八分总杢盘

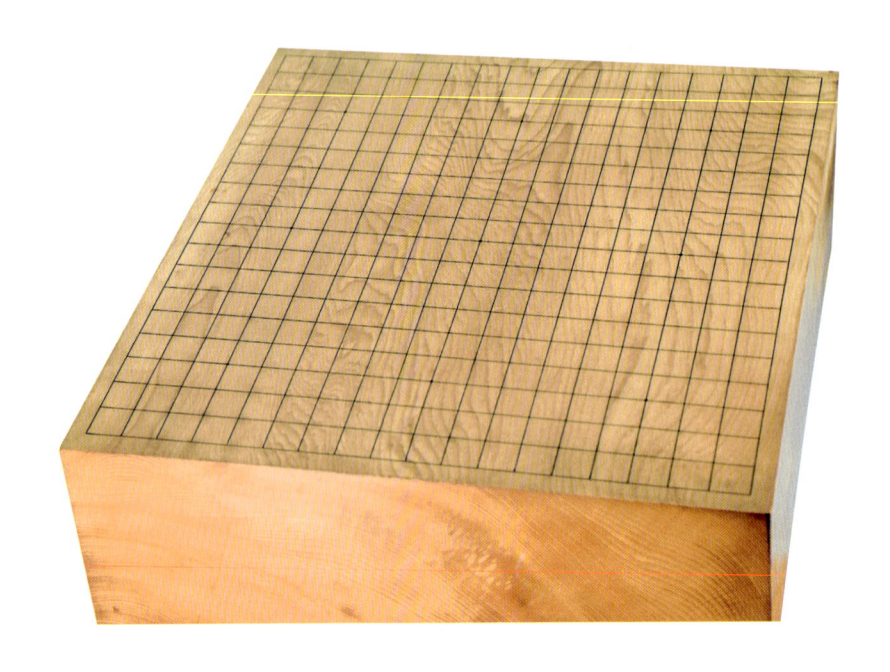

　　杉树中常见的错综复杂的杢纹，日本习惯称之为总杢。榧木属红豆杉科，此为四方柾木取盘，因生长环境和生长过程中的复杂因素影响，形成了扭曲不规则的年轮，使得此盘天面形成一种榧木特有的总杢花纹，看起来赏心悦目，且木质较一般榧盘更加坚韧。

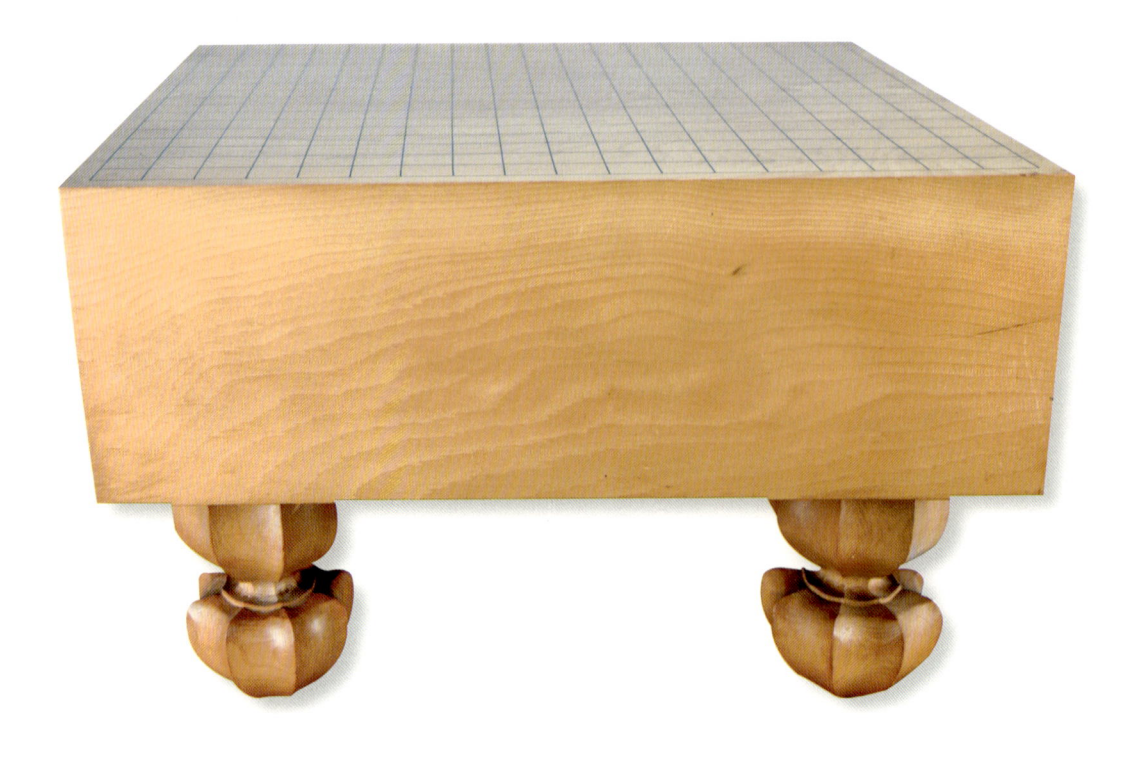

榧杢盘能够形成如此绚丽的花纹并不多见，可遇而不可求。

盘纵44.8cm，横41cm，厚14.8cm，总高27.7cm

8. 日向榧五寸五分总杢盘

同样是因生长环境和生长过程中的复杂因素影响，形成了扭曲不规则的年轮，使得此盘形成一种榧木特有的总杢花纹，只不过此盘杢纹在盘底，天面则是整齐细密，笔直的柾目棋盘特有的条纹，另有一种美感。本品为日向榧赤口天柾五寸五分盘。

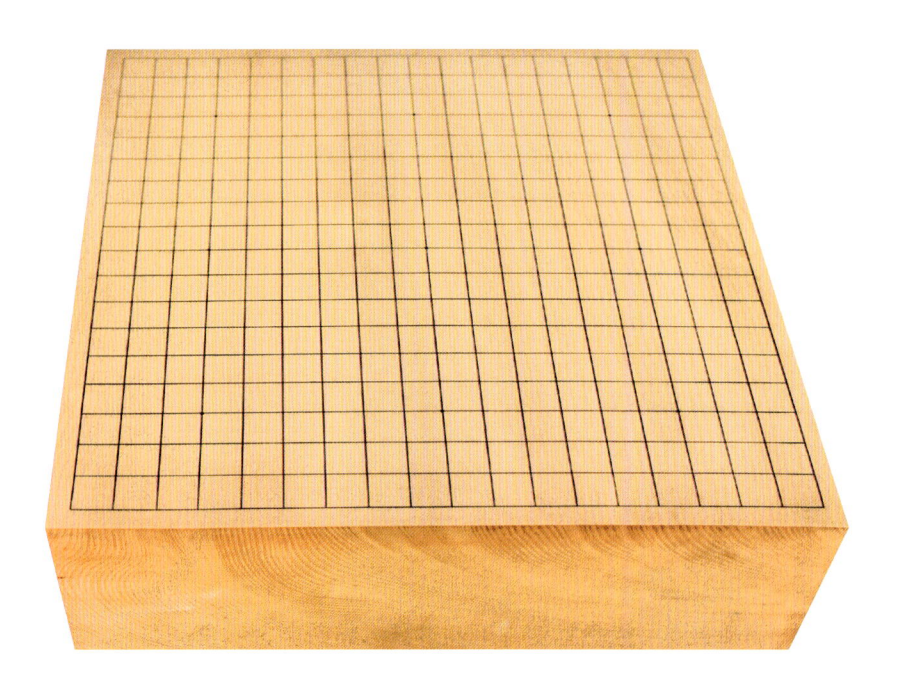

盘纵46cm，横42.6cm，
厚16.6cm，总高29.2cm，重18.3kg

9. 五寸根杢盘

接近树根部分之材，极易产生霉斑，并有裂纹、虫蛀等，因此极难获得足以制盘的大料，而根杢纹路扭曲，花纹变化复杂，所制之盘别有意趣，故根杢盘弥足珍贵。

本品是较为典型的根杢盘，四方柾目木取，木纹却扭曲多变，盘侧有弥合纹，盘底杢纹错综复杂，并有丰富呈棕红脂油外溢，极具特色。

盘纵45.5cm，横 42cm，厚15cm，总高 27.5cm

10. 屋久岛榧六寸七分埋木盘

由于地壳变动以及火山活动致使树木埋于地下数百年甚至数千年，日本称之为神代木，又称埋木，埋木类似于中国的阴沉木。出土的神代木有杉树、桧、榧、桂、榉、榆树、塔摩、樟、栗子、楢、枥、朴、铁杉等。

鹿儿岛火山多发，在鹿儿岛的特殊气候环境以及土壤中多火山灰的特殊地质条件下，由于榧木油脂多的特性，虽埋于地下数千年而不朽不腐，其木质结构也因此变得更加坚硬，致密，其纹理色泽亦变得丰富多彩，用埋木制成的棋墩色泽有别于一般榧木之金黄色泽。埋木不可多得，而榧木埋木更是少之又少，笔者此前仅在日本围棋杂志中见过图片，极为艳羡。下图为1984年1月日本杂志《围棋俱乐部》所载之3000年前埋木所制棋盘图片。标价1200万日元。

后笔者有幸得藏一具柾目六寸七分屋久岛榧埋木盘，较之上图所载埋木盘，无论从质地、色泽、厚度、工艺等诸多方面，都表现得更为醒目，有过之而无不及。如图：

在木材切口处之纹理，本品色泽更是于黄与褐色的渐变中沿着年轮曲线的走向杂以灰黑色的自然条纹，魅力非凡，令人目眩神迷。

本品纵45.1cm，横41.5cm，厚20.4cm，为六寸七分盘，高端大气，庄严厚重，气势不凡。此盘在高端系列产品中，也不多见，较之1984年1月日本杂志《围棋俱乐部》所载之当时标价1200万日元之埋木盘更胜一筹。

11. 笹杢屋久杉桌上盘

　　关于屋久杉，前文已有介绍，不再赘述。屋久杉一木难求，可制盘之大料早已消耗殆尽，世存绝少，而此盘质地致密，花纹绚丽，油脂丰富，香气袭人。即便不是绝品，也是桌上盘中不可多得的精品妙品。

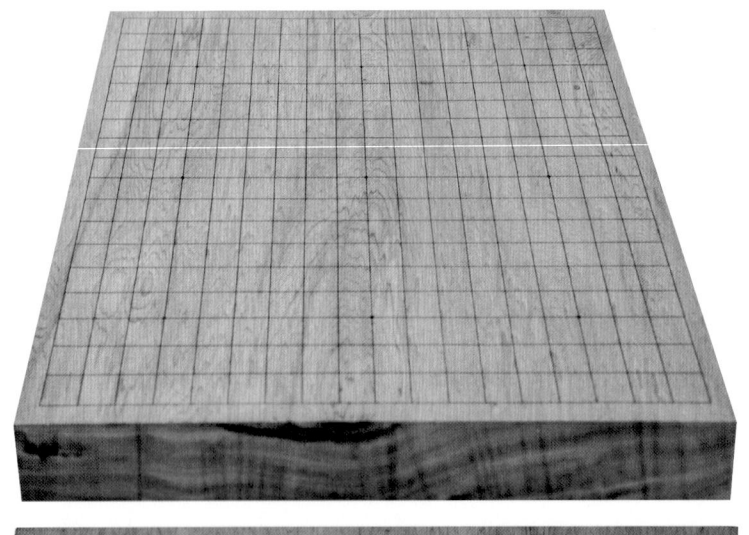

盘纵45.5cm
横42.2cm
厚5.1cm

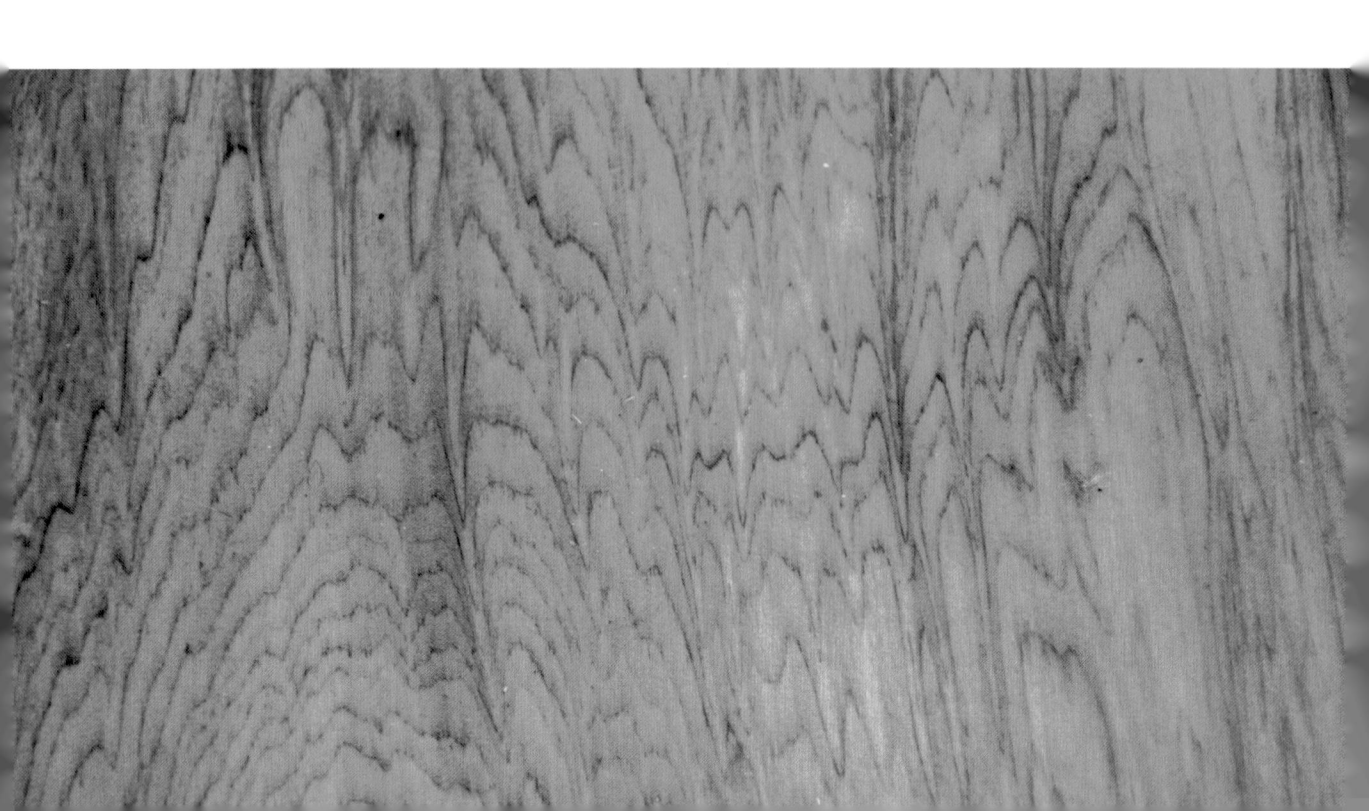

12. 神代杉龟纹本榧桌上盘

神代杉也是日本埋木之一，是长期埋在水中或土中乃至火山灰中的杉木。其色青灰或淡黑色，木纹细腻美丽，多出于伊豆半岛、箱根、京都、福井、屋久岛等地，被挖掘开采出来，制成工艺品或高档装饰材料而备受推崇。

此盘用材便是典型的火山灰中出土的神代杉木，原产地不详，其色青灰，其质坚韧，其香幽绵，其纹枯淡雅致。

八、年代盘

1. 嘉永元年高见氏盘

本品盘底书"嘉永元戊申年弥生（日本三月称弥生）上旬 高见氏"

高见氏起源诸说不一：一说源于现奈良县大和的大神氏。

另一说是现大阪府东部的河内的桓武帝子孙。

还有现岛根县西半部的石见清和天皇的子孙，被赐姓氏（清和源氏）小笠原氏。

另有据说是高见王一脉所传。高见王生没年不详，为平安时代中期之皇族。作为皇族后裔，高见氏血脉式微，现在全日本仅有33200人。

此盘为高见氏家传铭盘，木质不明，盘足有虫蛀，保管不善，老旧沧桑，似乎见证了此盘前主人作为皇族后裔而风光不再的没落无奈。

2. 江户时期明治二十八年改坂田本家用盘

本盘底书"明治廿八年一月改 坂田本家用"两行字，给后人留下两个信息：其一，一般棋盘至少要在几十年甚至上百年后才有修改翻新的必要，此盘既然改于明治廿八年，则制作年代应该在幕末时期。其二，此盘为坂田家用盘。

众所周知，坂田荣男幼时并无名师启蒙，而是其父在教他的哥哥姐姐时旁听开蒙的。据坂田自传载，其父对围棋非常热爱，渴望子女中能有人对围棋学有所成，成为专业棋手，可见其对围棋的痴迷程度。坂田父亲出身农户，后以开杂货店为生，其围棋技艺大概也传承自坂田祖父。作为农民，坂田祖父一定不舍得浪费余钱购买高档棋具，因此不知从哪里寻来旧盘翻新自用。此盘材质不明，改制工艺亦属平平，图中可见两端木口红色漆涂已大半脱落，不仅留下了历史的沧桑，也见证了那个时代日本平民生活的艰辛。此盘虽然材质工艺不在上乘，但却见证了一代宗师坂田荣男的围棋传承，其纪念意义的价值不可估量。

盘覆有"乙未八月 坂田本家用"两行书。明治二十八年乙未年为1895年

盘纵45cm，横42cm，厚11cm，总高23.5cm

3. 昭和九年海部藏盘

　　此盘为典型的昭和前期赤口本榧天柾盘，盘底切子内书"昭和九年 藏"字样。盘覆内书"昭和九年四月 海部藏"海部不知是何许人，也许仅仅是一个围棋爱好者，但此盘做工精良，中规中矩，盘体盘足，切子开槽，无不彰显昭和前期制盘师技艺之精湛。此盘距今80多年，包浆靓丽。值得收藏。

349 | 第四章 鉴 赏

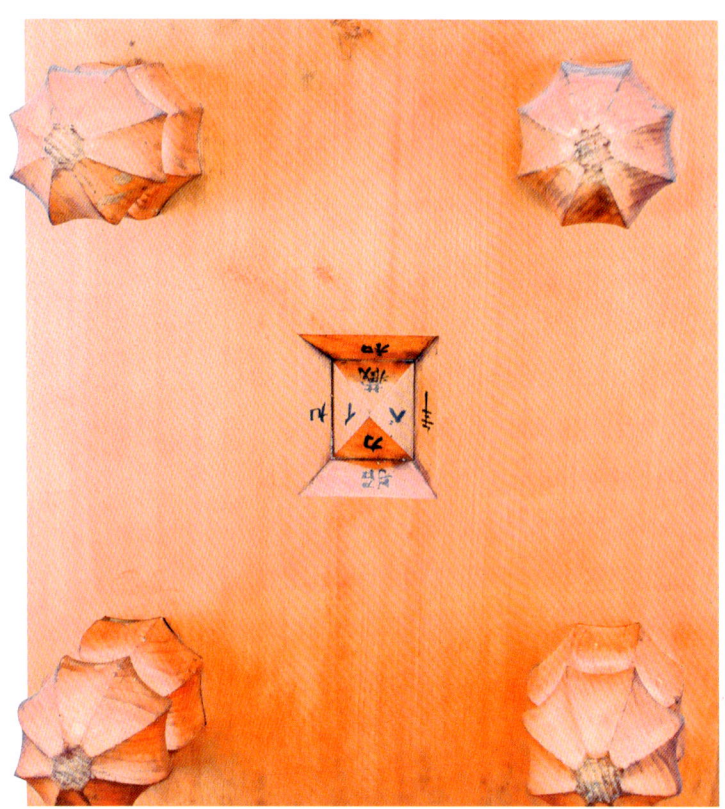

盘纵45.5cm，横41.5cm，厚15cm，总高27cm，重14.4kg

九、江户便携盘

1. 江户小笠原岛桑便携盘

　　本品所用材质为绝稀木种小笠原桑。

　　小笠原桑只生长在伊豆七岛之小笠原岛，岛上的特殊地质条件和气候环境造就了小笠原桑的与众不同。其木质与土壤中的单宁成分发生反应，使桑木的黄褐色增加深度从而变为黑褐色，也因此令小栗原桑形成了其特有的重硬的质感，小笠原桑经打磨之后会泛乌亮黑光，所以又被称为"黑桑"。现在小笠原桑被指定为濒危物种，是绝对禁止砍伐的稀少木种。小笠原桑之所以成为濒危树种，追根寻源，还要上溯到明治时期当局对小笠原岛的开发政策。明治初期，政府积极促进小笠原群岛的移民，由此拉开了滥伐小笠原桑的帷幕。小笠原桑漆黑的木目纹路和美丽的光泽所彰显的华贵气度，远超亚洲黑檀等黑色系木材。其价格远远高于其他木材，甚至达到当时木材市场桧木价格的20倍，巨大的利益促使小笠原开拓团争先恐后地进入森林，开始无序砍伐小笠原桑，小笠原桑很快便被砍伐殆尽，而小笠原桑繁殖力很弱，渐渐被"从内地引进的养蚕桑"的强大繁殖力所淘汰，现在仅存战后发现的小笠原桑数株幼苗，作为珍贵的小笠原固有树种被精心保护。本品作为小栗原桑制品得以流传至今，殊为不易，且是罕见的江户时期便携式棋盘，弥足珍贵。

盘架、足可折叠

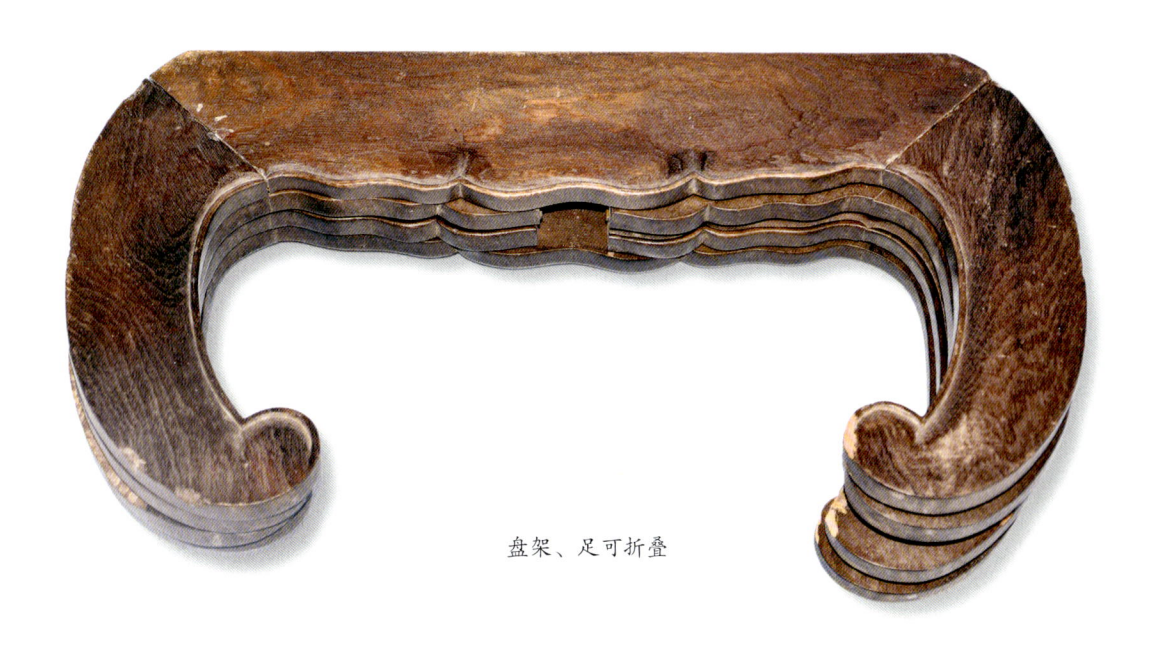

江户德川幕府时代是日本围棋大发展的时代，由于执政者的热爱、提倡、支持和推广，全社会，尤其在贵族，大名之间围棋已不仅仅是风雅的象征，而且是文明教养的必修课程，日本的上流社会也因此形成了凡出行必带棋具的风气，以备旅行郊游或猎狩休闲空暇随时可用，便携式棋具也就流行开来。

组成围棋棋桌

本品就是典型的江户时期贵族大名所用的便携式棋具。整体由可折叠棋桌架腿和两拼棋盘两个部分组成。棋盘两面分别目盛划漆围棋、将棋罫线。设计巧妙，做工精良，所用材质为日本最稀有之小笠原岛桑材，经过岁月的洗礼，可见包浆莹润，早已变为深褐色接近黑色，配以桑杢绚丽的花纹，赏心悦目。总之，此盘种种细节无不彰显着江户时期贵族生活的高雅奢华，风流醉狂之风。

盘面可折叠

背面为将棋盘
此盘纵43cm，横42cm，盘厚一寸许，总高23cm

2. 幕末便携迷你盘

本品也是江户时期流行的便携式迷你棋具,虽方便使用,但过于小巧玲珑,应该是贵族名家夫人小姐们出行便携之物。此盘为箱型,箱面即为盘面,底座嵌盘足,携带时盘足向内,成一小箱,内盛棋笥棋子,使用时底面反转,盘足撑起箱盘,看上去与足附棋盘无异。

此盘材质似为岛桑，总重量仅有559g，十分轻巧。棋笥为本因坊型，值得注意的是棋子为竹制，应该也是为最大限度达到轻便的目的，所以采用最轻材料制成棋子。黑子也是竹制染色。可惜此盘略有小伤，棋笥有裂，但作为有代表性的江户时期女性便携棋具，也很有纪念意义，故留藏。

箱盘纵23cm，横22.7cm，总高10cm（盘足盘面），箱高7.3cm，总重量559g

十、棋桌

1. 幕末秋田杉屋柱足棋桌

　　此为轻便型屋柱足棋桌，盘足造型新颖别致，材质为秋田杉，有极浓郁醇厚甘香味，提神醒脑。花纹绚丽，龙蟠虬结。应是日式与西洋风格混搭造型棋具。

　　盘厚不足二寸，故盘底无切子。

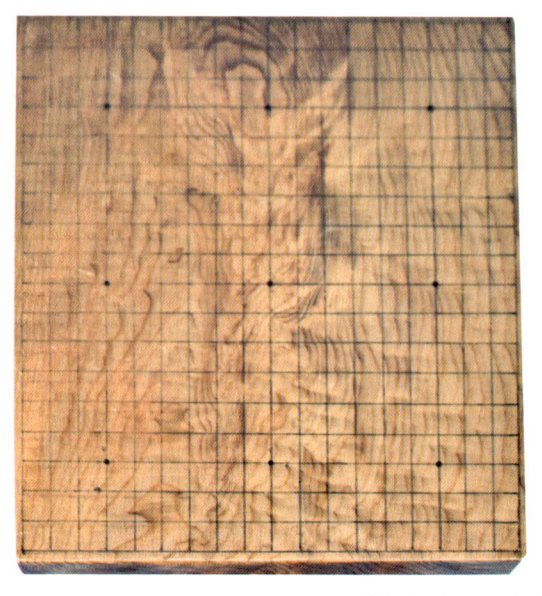

盘纵44.8cm，横40.6cm，厚4.2cm

2. 明治三十五年猫足棋桌

　　此盘为罕见的日式仿唐制式棋桌，桌腿猫足内翻，造型简洁明快，整体包浆凝重，古拙质朴。盘覆内面有"明治壬寅三十五年一月 远藤到来 江角"三行书。笔者脑补，远藤当是江角先生弈中挚友，远来手谈，江角先生特为购置此桌，对弈之时，把酒言欢，兴尽挥毫，欣然命笔，以志纪念。

第四章 鉴 赏

盘厚二寸，总高八点三寸，
天面纵一尺五寸八分，
横一尺四寸七分

明治壬寅叁言五年一月
遠藤ヨリ到来

江角

图书在版编目（CIP）数据

弈藏天下：围棋棋具文化经典收藏 / 李昂，李忠著.
— 成都：成都时代出版社，2021.8
ISBN 978-7-5464-2856-7

Ⅰ.①弈… Ⅱ.①李… ②李… Ⅲ.①围棋 – 体育用品 – 收藏 – 中国 Ⅳ.①G262.8②G891.3

中国版本图书馆CIP数据核字(2021)第146826号

弈藏天下：围棋棋具文化经典收藏（第一卷）
YI CANG TIANXIA：WEIQI QIJU WENHUA JINGDIAN SHOUCANG

李昂　李忠　著

出 品 人	李若锋
责任编辑	李　林
责任校对	樊思岐
装帧设计	原创动力
责任印制	张　露
出版发行	成都时代出版社
电　　话	（028）86742352（编辑部） （028）86615250（发行部）
网　　址	www.chengdusd.com
印　　刷	成都市金雅迪彩色印刷有限公司
规　　格	190mm×285mm
印　　张	60
字　　数	1300千
版　　次	2021年8月第1版
印　　次	2021年8月第1次印刷
书　　号	ISBN 978-7-5464-2856-7
定　　价	1280.00元

著作权所有·违者必究
本书若出现印装质量问题，请与工厂联系。电话：（028）84842345